1956

La Campagne
de 1813
publiée par Georges Bertin

LA

CAMPAGNE

DE 1813

LA

CAMPAGNE

DE 1813

D'APRÈS DES TÉMOINS OCULAIRES

PUBLIÉE

PAR

GEORGES BERTIN

PARIS

ERNEST FLAMMARION, ÉDITEUR

26, RUE RACINE, 26

PRÉFACE

« Il me faut des hommes et non des enfants », écrivait Napoléon à son ministre de la guerre après Lutzen.

N'est-ce point là la phrase résumant le mieux la fatale issue de la campagne de 1813 et précisant le plus complètement les causes du désastre.

A peine de retour de Russie, Napoléon s'occupe de reconstituer son armée et de l'organiser solidement. Jamais le manque d'officiers éprouvés et de bons cadres ne s'est plus fait sentir ; jamais aussi le génie de l'Empereur n'a mieux embrassé l'ensemble des circonstances.

« Il semble, a écrit M. de Pontécoulant en ses *Souvenirs historiques*, que le malheur avait rendu à son génie toute la verdeur de la jeunesse. »

Une conscription anticipée venait d'envoyer dans les dépôts de tout jeunes gens n'ayant ni forces physiques ni habitude des fatigues.

Napoléon fait alors venir d'Espagne tout ce qu'il peut en officiers, en sous-officiers, même en caporaux : il compte sur eux pour encadrer ses jeunes troupes.

N'a-t-on pas dit et répété que la bataille de la Moskowa avait été le tombeau de la cavalerie française ? Napoléon n'a probablement jamais prononcé ces mots, mais il a pu être pénétré de cette vérité, sans jamais oser se l'avouer.

Improviser une cavalerie n'est point chose facile et cependant il lui en faut. C'est encore en Espagne qu'il ira en puiser les éléments. Deux ou trois vieux régiments rejoignent par ses ordres la Grande Armée. Ils sont si bien entraînés, si parfaitement aguerris que, malgré leur effectif qui va s'amoindrissant à chaque rencontre, ils sèmeront la terreur dans les rangs ennemis toutes les fois qu'ils apparaîtront.

Les troupes de la marine lui fournissent quinze à vingt mille hommes faits. Le reste de l'armée se compose de régiments de nouvelle formation, provenant en majeure partie des cohortes, lesquelles fondront avant même de passer le Rhin par suite de l'indiscipline, du manque de cohésion et d'instruction et, surtout, de l'incapacité notoire des officiers tous rappelés à l'activité, tous trop vieux ou trop impotents pour faire campagne.

C'est au milieu des multiples occupations d'une si hâtive organisation que Napoléon a connaissance du manifeste du roi de Prusse qui, d'ailleurs, n'attendait que l'occasion favorable — c'est-à-dire une complète préparation — pour se venger des humiliations d'une alliance contractée par la force.

Après avoir confié la régence à Marie-Louise, Napoléon quitte Paris le 15 avril. Deux jours après, son quartier général est établi à Mayence, qui devient désormais le point de concentration de cette armée « toute neuve, créée comme par enchantement. »

Dès le 2 mai, les conscrits français reçoivent le baptême du feu : la victoire de Lutzen les immortalise à jamais. « Ces braves enfants », comme les appelle paternellement le *brave des braves* — un bon juge celui-là — culbutent les vieilles phalanges russes et prussiennes, parce qu'ils « veulent de la gloire » et que, sans s'effrayer d'aucun obstacle, « ils ne regardent ni à droite ni à gauche, mais toujours en avant ». Lauriston, faisant allusion au sang-froid et à la vaillance de ces *blanc-becs*, écrira de son côté au major général : « Les officiers russes et prussiens sont humiliés et trouvent qu'il est déshonorant pour eux d'être assommés par des enfants, »

La journée de Lutzen, si glorieuse pour nos armes, termine la belle carrière du duc d'Istrie. Le deuil de la mort de ce fidèle compagnon de gloire et de cet illustre chef est également ressenti par l'Empereur et par les troupes.

Le 21, nouvelle rencontre à Bautzen, dont l'heureux résultat est fort significatif pour notre jeune cavalerie à laquelle Napoléon, dans son deuxième bulletin, s'empresse de rendre justice par des éloges mérités.

Les joies du triomphe sont encore une fois atténuées par un deuil. Duroc, le dévoué, le sincère Duroc, est frappé à mort par un boulet perdu alors que la bataille est presque terminée.

Napoléon vient donc de perdre, en moins de trois semaines, deux de ses plus vieux compagnons. Par quelles cruelles angoisses a dû passer l'âme fataliste et toujours inquiète du conquérant ! Bessières et Duroc furent moins à plaindre : ils eurent, du moins, en mourant à temps, l'étrange consolation de ne pas être témoins de l'astre pâlissant.

Une suspension d'armes demandée après Lutzen est refusée.

Bautzen avait changé la face des choses. Les souverains alliés, effrayés cette fois de la force encore si imposante de leur indomptable ennemi, la sollicitent eux-mêmes et se la voient accordée.

Discuté à Plesswitz, l'armistice est définitivement conclu le 4 juin. Le duc de Vicence et le vieux général de Narbonne sont chargés de défendre les intérêts de Napoléon au congrès réuni à Prague.

Tandis que ses plénipotentiaires négocient, l'Empereur, qui n'a qu'une confiance médiocre en la bonne foi de ses adversaires, et qui se méfie surtout de la politique tortueuse de M. de Metternich, n'a garde de perdre son temps.

Par ses ordres, les troupes sont journellement exercées dans leurs cantonnements : la cavalerie manœuvre et les hommes vont apprendre principalement à se tenir en selle.

Napoléon vient s'installer à Dresde auprès de son dernier allié, le roi de Saxe, de retour dans sa capitale depuis le 12 mai. Il comble son ami de toutes les attentions, mais il ne cesse d'étudier les environs de la place, témoins des belles et savantes combinaisons stratégiques du grand Frédéric. C'est autour de Dresde, si les négociations en cours n'aboutissent pas, qu'il compte attirer ses ennemis pour les écraser.

Enfin, dans le but de tromper sans doute l'opinion publique sur l'état de ses véritables préoccupations, il fait venir à Dresde les principaux artistes de la Comédie française.

Dès le commencement d'août, il prend ses pré-

cautions et fait célébrer avec force appareil la fête
du 15 août en ayant soin de l'avancer de quelques
jours afin qu'elle ne coïncide pas avec le terme probable de l'armistice. Prévoyance absolument sage,
car, dénoncé le 10 l'armistice doit prendre fin le 16,
et désormais les forces de l'Autriche, jusque-là hési-
tante, iront grossir les rangs de la coalition.

Blücher n'attend pas le 16. Anxieux de profiter du
relâchement occasionné par la fête de l'Empereur
qu'il ignore avoir été avancée, il se rue traîtreuse-
ment sur le 5ᵉ corps de Lauriston la veille de la reprise des hostilités. Prévenu à temps, Napoléon
vient aussitôt prendre contact avec les cent vingt
mille hommes de l'armée de Silésie. Mais Blücher,
rendu prudent par l'expérience et malgré le gros
avantage de ses forces, se garde bien d'affronter les
coups directs de son rude adversaire et se dérobe
prudemment derrière la Kaïzbach.

Sur ces entrefaites, Gouvion-Saint-Cyr, resté à
Dresde et menacé par l'armée importante de Schwarzenberg, presse l'Empereur de se rabattre sur lui.
La Garde et le corps de Ney font quarante lieues en
trois jours et se battent désespérément, sous les
murs mêmes de la ville, les 26 et 27 août. La deuxième
journée de la bataille de Dresde acheva de relever
le prestige de la cavalerie française. Elle a retrouvé,
il est vrai, Murat pour charger à sa tête.

Les résultats de cette victoire sont brillants : 15.000 prisonniers, douze canons et autant de drapeaux, tombent en notre pouvoir.

Moreau, revenu d'Amérique sur les instances réitérées de l'empereur Alexandre, a les deux jambes broyées par un boulet français et, le surlendemain, le vainqueur de Hohenlinden expire avec le regret de ne pouvoir être témoin de la chute de son mortel ennemi.

Toutes les espérances, alors, sont possibles, car le dieu des batailles semble continuer à protéger nos armes. Malheureusement, ces victoires, si chèrement acquises, n'ont pas de lendemain. Les plans si savamment combinés de Napoléon sont déjoués par les défaites successives de ses lieutenants qui tous seront obligés de reculer.

C'est d'abord Vandamme. Chargé, à la tête de 40.000 hommes, de gagner la Bohême, de tourner les alliés et de les refouler sur Napoléon adossé à Dresde, il se fait battre à Kulm et tombe même au pouvoir des Russes. Quelques débris démoralisés de son armée parviennent seuls à rejoindre. Macdonald est défait sur la Katzbach ; Oudinot, chargé de couvrir Berlin, doit céder le terrain devant les forces supérieures de Bernadotte après la bataille de Gross-Beeren. Ney, placé à la tête du corps d'Oudinot, a l'ordre de reprendre Berlin, mais aussi malheureux que le duc de Reggio, il est battu à Dennewitz, en partie grâce à la défection des Saxons qui s'enfuient sans même tirer un coup de fusil.

Voyant son armée diminuer à la suite des marches continuelles et des combats journaliers de la première quinzaine d'octobre, contrarié en plus dans l'exécution de ses plans primitifs, l'Empereur prend le parti de gagner Leipsick afin d'assurer ses lignes de communications.

Les armées ennemies sont toutes réunies devant la sienne : Napoléon le sait, mais n'en accepte pas moins la lutte qui s'engage le 16. Nos cent soixante-dix mille combattants résistent avec une imperturbable fermeté aux deux cent cinquante mille hommes des alliés et arrivent même à conserver leurs positions durant toute la journée. La bataille recommence plus acharnée que jamais le lendemain sur plusieurs points du champ de bataille. L'instant paraît solennel. Devant le chiffre énorme de nos pertes et en présence de l'épuisement prochain des munitions — depuis cinq jours, on a tiré 250.000 coups de canon, et il en sera encore tiré 80.000 ce jour-là — l'Empereur doit enfin envisager la possibilité de la retraite.

La défection de douze mille Saxons avec quarante bouches à feu, allant encore grossir les rangs des ennemis, vient mettre le comble au désarroi et accentue les conditions déplorables d'une marche rétrograde insuffisamment étudiée.

Les faubourgs de Leipsick deviennent témoins d'une résistance héroïque de la part des nôtres : chaque maison doit être enlevée de vive force.

Des ordres mal donnés ou mal interprétés précipitent la confusion. Les ponts de l'Elster sautent alors que l'acharnement de la résistance a déjà permis au plus gros de notre armée de se retirer. Poniatowski, l'espoir des Polonais et qui vient de conquérir la veille son bâton de maréchal, trouve la mort dans la rivière que Macdonald doit passer à la nage.

Quatre-vingt mille hommes à peine sont rassemblés sur la rive gauche de la Saale pour entreprendre de se frayer un passage jusqu'au Rhin, que rendra possible la poursuite molle de nos ennemis épuisés.

Le 28, l'armée arrive devant Hanau, dernière étape. Le général de Wrède, avec soixante mille Bavarois qui ont abandonné notre cause, prétend couper la retraite aux débris de l'armée française. Mais, malgré les efforts présomptueux de ce Bavarois que l'Empereur a fait comte sans pouvoir en faire un général passable, notre armée continua sa route non sans cueillir de nouveaux lauriers, dans les journées des 28 et 29.

Le 2 novembre, l'armée avait regagné Mayence.

Napoléon, dans un moment d'extrême décourage

ment, a pu se révolter à l'idée de n'avoir que des
enfants au lieu de soldats résistants. Mais, plus tard,
dans ses longues méditations de Sainte-Hélène, re-
passant de sang-froid ce qu'il avait encore pu faire
avec ces *enfants*, il a rendu spontanément à l'endu-
rance et à la bravoure de nos conscrits ce consolant
témoignage :

« La Campagne de 1813 sera toujours le triomphe
du courage inné dans la jeunesse française. »

LA
CAMPAGNE DE 1813

ITINÉRAIRE DE L'EMPEREUR
PENDANT LA CAMPAGNE

15 avril. Départ de Paris à 4 heures du matin.	8 — Dresde vers 7 h. du soir.
16 — Arrivée à Mayence à minuit.	9-17 — Séjour à Dresde.
17-24 — Le quartier impérial est établi à Mayence. L'Empereur part le 24 à 8 heures du soir.	18 — Départ dans la matinée. Harta.
	19 — Bischoffsverda. — Aux avant-postes au delà de Kleinfortgen.
25 — Erfurt à 9 h. du soir.	20 — Bautzen.
26-27 — Séjour à Erfurt.	21 — Champ de bataille de Bautzen.
28 — Départ d'Erfurt à 8 h. du matin. Wach.	22 — Bivouac sur la route en avant de Reichembach.
29 — Naümbourg.	23-24 — Gorlitz.
30 — Weissenfels.	25-26 — Buntzlau.
1er mai. Lutzen à 4 heures de l'après-midi.	27-28 — Liegnitz.
2 — Rentre à Lutzen à 10 h. du soir.	29 — Ferme du village de Roosnigk.
3 — Pégau.	30-31 — Neumark.
4 — Départ à midi. Borna.	1-4 juin. Id.
5 — Codlitz dans la matinée.	5 juin. Liegnitz.
6 — Waldheim.	6 — Haynau.
7 — Vossen.	7 — Buntzlau.
	8 — Gorlitz.

9 — Bautzen.
10-30 — Dresde.
1-9 juil. Dresde.
10 — Wittemberg.
11 — Deslau.
12 — Magdebourg.
13 — Leipzig.
14 — Leipzig, départ dans la soirée.
15 — Dresde à 3 heures du matin.
16-19 — Dresde.
20 — Luckau.
21 — Luben.
22 — Dresde dans la nuit.
23-24 — Dresde.
25 — Départ à 2 heures du matin pour aller rejoindre l'Impératrice.
26-31 — Mayence.
1er août. Départ à 6 heures du soir.
2 — Wurtzbourg.
3 — Bamberg, Bayreuth, Plauen.
4 — Arrivée à Dresde à 10 heures du matin.
5-14 — Dresde.
15 — Départ à 5 heures.
16 — Bautzen.
17 — Reichembach.
18 — Gorlitz.
19 — Départ à 8 heures pour Zittau.
20 — Gorlitz à 3 heures du matin. Laubau.
21-22 — Lowemberg.
23 — Gorlitz.
24 — Bautzen.
25 — Stolpen.
26 — Dresde à 10 heures du matin.
27-31 — Dresde.
1-2 sept. Dresde.

3 sept. Hartau.
4 — Hochkirch.
5-6 — Bautzen.
7 — Dresde.
8 — Dohna.
9 — Liebstadt.
10 — Geyersberg. — Breituau.
11 — Bermerssdorf. — Pirna.
12 — Dresde le soir.
13-14 — Dresde.
15 — Pirna.
16-17 — Peterswalde.
18-20 — Près de Pirna.
21 — Dresde.
22 — Hartau. Bisschoffverda.
23 — Bisschoffverda.
24-30 — Dresde.
1-6 oct. Dresde.
7 — Départ à 6 heures du matin. — Seerhausen.
8 — Wurtzen.
9 — Eilenbourg.
10-14 — Düben-sur-la-Mulde.
15 — Autour de Leipzig.
16 — Bivouac sur le champ de bataille.
17 — Sous la tente.
18 — Leipzig, hôtel des *Armes de Prusse*.
19 — Mark Ranstadt.
20 — Pavillon dans une vigne près de Weissenfels.
21 — Pont sur l'Unstrutt, près d'Echartzberg.
22 — Freybourg pendant la nuit. — Erfurt.
23-24 — Erfurt.
25 — Gotha.
26 — Vach.
27 — Hunefeld.
28 — Schlutern.
29 — Château du prince d'Isembourg, à Laugen Selbod.

30 — Bivouac de la forêt, près de Hanau.

31 — Faubourg de Francfort, habitation du banquier Bethmann.

1er nov. Manufacture de tabac, à Hochest.

2-6 — Mayence.

7 — Départ de Mayence à 10 heures du soir.

8 — En route.

9 — Saint-Cloud, à 5 heures du soir.

MARÉCHAUX ET GÉNÉRAUX FRANÇAIS
TUÉS EN ALLEMAGNE EN 1813

Morand, général de division, tué au combat de Lunebourg (Saxe), le 2 avril, à l'âge de 55 ans.

Bessières (maréchal, duc d'Istrie), tué d'un boulet de canon au combat de Poserna, le 1ᵉʳ mai, à l'âge de 44 ans.

Gouré, général de brigade, tué à la bataille de Lutzen, le 2 mai, à l'âge de 45 ans

Grillot, général de brigade, meurt, le 19 mai, des suites de blessures reçues à la même bataille, à l'âge de 47 ans.

Duroc, duc de Frioul, général de division, grand maréchal du palais, est emporté par un boulet de canon au combat de Reichembach, le 22 mai; il était âgé de 41 ans.

Kirgener de Planta, général de division, tué à la même affaire et par le même boulet qui emporta Duroc; il était âgé de 45 ans.

Pastol, général de brigade, tué au combat de Narkirch, le 31 mai, à l'âge de 43 ans.

Brugnière, dit *Bruyères*, général de division, tué au combat de Gorlitz, le 5 juin, à l'âge de 41 ans.

Sicard, général de brigade, meurt, le 13 juin, des suites de blessures reçues à la bataille de Lutzen, le 2 mai, à l'âge de 40 ans.

Sibuet, général de brigade, tué dans un combat sur le Bober, en avant de Lœwemberg, le 29 août.

Vachot, général de brigade, tué le 23 août, en enlevant la position de Wolfberg aux Prussiens; il était âgé de 50 ans.

Reuss, général de brigade, tué à la bataille de Dresde, le 26 août.

Dunesme, général de brigade, tué à la bataille de Kulm, le 30 août, à l'âge de 46 ans.

Combelle, général de division, meurt, le 15 septembre, des suites de blessures reçues à la bataille de Dresde, le 26 août précédent; il était âgé de 39 ans.

Laboissière, général de brigade, meurt, le 15 septembre, des suites de blessures reçues à la même bataille (26 août); il était âgé de 32 ans.

Azémar, général de brigade, tué au combat de Gros-Drepnitz, le 17 septembre, à l'âge de 47 ans.

Cacault, général de brigade, meurt à Torgau, le 30 septembre, des suites de deux amputations pour blessures reçues à la bataille de Interbock ou de Dennewitz (Prusse), le 6 du même mois; il était âgé de 47 ans.

Ferrière, général de brigade, tué au combat de Wachau (Saxe), le 16 octobre, à l'âge de 42 ans.

Bachelet-Damville, général de brigade, tué au combat de Goslar, le 16 octobre, à l'âge de 42 ans.

Frédéricks, général de division, tué à la bataille de Leipzig, le 18 octobre, à l'âge de 40 ans.

Maury, général de brigade, tué à la même bataille, à l'âge de 48 ans.

Estko (Sixte d'), général de brigade, tué à la même bataille, à l'âge de 39 ans.

Camus-Richemond, général de brigade, tué à la même bataille, à l'âge de 39 ans.

Rochambeau, général de division, tué à la même bataille, à l'âge de 58 ans.

Vial, général de division, tué à la même bataille, à l'âge de 47 ans.

Cœhorn, général de brigade, tué devant Leipzig, le 19 octobre, à l'âge de 42 ans.

Poniatowski (le maréchal prince) se noie dans l'Elster, le 19 octobre; il était âgé de 47 ans.

Baville, général de brigade, tué devant Magdebourg, le 24 octobre, à l'âge de 56 ans.

Couloumy, général de brigade, meurt, le 29 octobre, des suites de blessures reçues le 19 du même mois; il était âgé de 43 ans.

Delmas, général de division, meurt, le 30 octobre, des suites de blessures reçues à la bataille de Leipzig, à l'âge de 45 ans.

Boyer, général de brigade, meurt, le 30 octobre, des suites de blessures reçues devant Leipzig, le 19 du même mois; il était âgé de 38 ans.

Montmarie (*Lepelletier de*), général de brigade, meurt, le 2 novembre,
   des suites de blessures reçues à la bataille de Leipzig, le
   19 octobre; il était âgé de 40 ans.

Aubry, général de brigade, meurt à l'hôpital de Leipzig, le
   10 novembre, à la suite de l'amputation de la cuisse droite,
   à l'âge de 40 ans.

Bressand ou *Breissand*, général de brigade, meurt à Dantzig, le
   2 décembre, des suites de blessures reçues pendant la campagne;
   il était âgé de 43 ans.

Esclevin, général de brigade, tué au combat de Schemetz (Bohême),
   le 28 décembre, à l'âge de 48 ans.

DÉBUTS JUSQU'AU 1ᵉʳ MAI

Je me résignais à passer le reste de mes jours à Anvers, lorsque la nouvelle des désastres de l'armée française en Russie fut suivie par l'ordre, arrivé à la fin de l'hiver, en 1813, de mettre à la disposition du ministre de la guerre toutes les troupes d'artillerie de marine. Ces troupes devaient se réunir à Mayence, et ce fut dans les premiers jours de février 1813 qu'on retira de l'escadre les détachements d'artillerie qui y étaient embarqués pour les diriger sur cette ville.

Rester à Anvers lorsque mon régiment marchait à l'ennemi, c'eût été, à mes yeux, renoncer aux lauriers et à l'avancement. Impossible de rester en place, et résistant à toutes les représentations du commandant Coupe, directeur de l'artillerie de la place, qui voulait me garder auprès de lui, je me fis inscrire sur le rôle de la troupe qui partait. Bien me prit que ce départ ne fût pas différé, car deux ou trois jours après, M. Coupe obtint du ministère de la marine l'ordre de me faire rester à Anvers; mais l'oiseau était déniché.

Mon père, que je ne consultai point, comme cela se comprend, ne voyait pas du même œil et avec le même espoir que moi la gloire des armes françaises, et préférait de beaucoup pour moi un service savant et plein de sécu-

rité au service aventureux où j'allais risquer bras et jambes. Il vit mon escapade de fort mauvais œil.

De tels calculs n'abordaient pas mon esprit, et ce fut
en héros d'avenir que j'entrai à Mayence, le 23 février
1813. Ce que je vis là était fait pour rabattre quelque peu
mes fumées de gloire : c'étaient les premiers débris de la
retraite de Russie, officiers et soldats arrivant isolément,
couverts de vêtements délabrés, plusieurs mutilés par la
gelée.

Telle était cependant la confiance qu'on avait encore
en Napoléon, qu'il ne venait en la pensée d'aucun de ces
conscrits qu'on menait au carnage, et qui avaient sous les
yeux un si décourageant spectacle, de douter des futures
victoires.

Le maréchal Kellermann commandait alors à Mayence ;
il ne nous laissa point entrer dans cette ville, mais nous
fit rétrograder sur Kreutznach, où nous restâmes can-
tonnés pendant un mois environ, en attendant l'arrivée
des autres troupes d'artillerie de marine venant de Brest
et des autres ports. Au bout de ce temps, nous fûmes
passés en revue et traversâmes le Rhin au commencement
d'avril 1813, pour être réunis au corps d'armée aux environs de Francfort. Ce corps d'armée était le 6ᵉ, commandé par le maréchal duc de Raguse, soit Marmont ; il
se composait de deux divisions : la première, dont mon
régiment faisait partie, était commandée par le général
de division Compans ; la seconde l'était par le général
Bonnet. Ce corps d'armée comptait en tout environ 16.000
hommes dont 14.000 environ d'artillerie de marine.

A cette époque, le 16 avril 1813, je fus nommé capitaine ; j'entrai donc en campagne à la tête d'une compagnie, ayant pour lieutenants deux jeunes officiers sortis de
l'École de Saint-Cyr. On ne devait, malgré notre titre d'ar-

tilleurs, nous faire faire que le service d'infanterie, et comme l'on complétait nos cadres, depuis longtemps négligés, les lacunes furent, provisoirement et pour le temps de notre service à terre, remplies en partie par des officiers d'infanterie.

J'avais pour chef de bataillon un excellent homme, nommé Préville; peu militaire, il avait fait ses campagnes à Paris comme officier chargé du recrutement de l'arme.

Ce fut aux environs de Naumbourg, ville située sur la route de Francfort à Leipsick, que notre premier bivouac eût lieu; c'était le signal de l'approche de l'ennemi et ce ne fut pas sans émotion que je vis à deux lieues de là, à Weissenfeld, les traces du bivouac de l'avant-garde russe qui s'était retirée à notre approche. Il y avait aux environs quelques cadavres laissés sur place à la suite d'une affaire qui s'était passée entre la division russe, commandée par Wintzingerode et le 3ᵉ corps français, division Souham, affaire de mauvais augure, car le maréchal Bessières, commandant la cavalerie de la Garde impériale et ami intime de Napoléon, y avait été tué par un boulet perdu.

(*Mémoires de Jean-Louis Rieu*, ancien premier syndic de Genève. Genève et Bâle, H. Georg, in-12, 1870.) M. Rieu, sorti de l'École polytechnique en 1808, était alors capitaine au 1ᵉʳ régiment de marine formant, avec le 32ᵉ léger, la 1ʳᵉ brigade (général Pelleport) de la 20ᵉ division (général Compans) du 6ᵉ corps.

MORT DU MARÉCHAL BESSIÈRES, DUC D'ISTRIE

1er MAI

Le 30 avril 1813, le quartier général impérial passa la nuit à Wessenfels. Le maréchal, qui commandait toute la cavalerie, y coucha également.

Déjeunant seul avec lui, le lendemain au matin, je le trouvai triste et fus longtemps sans pouvoir lui faire accepter un seul des mets que je lui offrais : il répondait constamment qu'il n'avait pas faim. Je lui fis observer que nos vedettes et celles de l'ennemi étaient en présence et que nous devions nous attendre par conséquent à une affaire sérieuse qui ne nous permettrait probablement de rien prendre dans la journée. Le maréchal finit par céder à mes instances, et prononça ces paroles singulières : « Au fait, si un boulet de canon doit m'enlever ce matin, je ne veux pas qu'il me prenne à jeun ! »

En sortant de table, le maréchal me donna la clé de son portefeuille et me dit : « Faites-moi le plaisir de chercher les lettres de ma femme. » Je les lui remis. Il les prit et les jeta au feu. Jusque-là le maréchal les avait toujours soigneusement conservées. Mme la duchesse d'Istrie me l'a assuré depuis en ajoutant que le maréchal, en la quittant, avait dit à plusieurs personnes qu'il ne reviendrait pas de cette campagne.

L'Empereur était monté à cheval, le maréchal le suivit.

Son visage était si pâle et sa physionomie était empreinte d'une telle tristesse, que j'en fus frappé. Me rappelant les paroles fatales que m'avait adressées le maréchal, je dis à un camarade : « Si nous nous battons aujourd'hui, je crois que le maréchal sera tué. » L'affaire s'engagea. Le duc d'Elchingen avait envahi le village de Rippach avec son infanterie; le duc d'Istrie s'empressa de reconnaître le défilé dont l'ennemi venait d'être chassé : son but était de le faire traverser aux troupes sous ses ordres. En arrivant sur la hauteur qui domine le village, lorsqu'on en sort par la route de Leipsick, il se trouva en face d'une batterie d'artillerie que l'ennemi venait d'établir pour enfiler la grande route. Le premier boulet qui partit de cette batterie emporta la tête d'un maréchal des logis de chevau-légers polonais de la garde : ce sous-officier faisait depuis plusieurs années le service d'ordonnance auprès du maréchal Bessières. Cette perte affligea le duc d'Istrie, qui s'éloigna au galop. Cependant, après avoir examiné quelques instants la position des Prussiens, il revint, accompagné du capitaine Bourjoly, de son mameluck Mizza et de quelques ordonnances et dit, en s'approchant du cadavre : « Je veux qu'on fasse enterrer ce jeune homme; d'ailleurs, l'Empereur serait mécontent de voir un sous-officier de sa garde tué dans ce lieu; car, si ce poste était repris, la vue de cet uniforme persuaderait à l'ennemi que la Garde a donné. »

Un boulet lancé par la même batterie, l'étendit raide mort à l'instant où il prononçait ces paroles.

Le maréchal remettait sa lunette dans sa poche. Il eut la main gauche qui tenait les rênes, entièrement fracassée, le corps traversé et le coude brisé. Sa montre s'arrêta, quoiqu'elle n'eût pas été touchée.

(Baudus, *Études sur Napoléon*.)

M. le maréchal, prince de la Moskowa, à la tête de son corps d'armée en marche, venait de tourner, suivi de son état-major dont je faisais partie, le village de Rippach, par sa gauche, et s'était arrêté à la hauteur de ses dernières maisons, ayant une large plaine en face et couverte de cavalerie étrangère qui faisait mine de vouloir s'opposer vigoureusement à la continuation de notre mouvement, lorsque M. le maréchal Bessières, arrivant près de M. le maréchal Ney, celui-ci lui dit : « Ah! te voilà, que viens-tu faire seul?... Vois!... si ta cavalerie était ici... la bonne besogne. — Je viens de l'envoyer chercher, répondit M. le maréchal Bessières, et elle va venir là, en montrant la terre avec son doigt. » A ce moment même, une bordée d'artillerie fut lâchée sur notre groupe, et comme si elle avait fait long feu, un des derniers coups frappant M. le maréchal Bessières l'enleva de dessus son cheval, le jeta de toute sa longueur à terre, en même temps que son sang et des lambeaux de chairs, dont je fus couvert en partie, furent projetés de tous côtés! L'ennemi, dont nous étions très près, s'ébranla alors pour exécuter une charge, et M. le maréchal Ney, tout en donnant des ordres à ses troupes pour bien en recevoir le choc, s'écria : « Il ne faut pas le laisser là!... » Aussitôt, comprenant sa pensée, je me précipitai à bas de mon cheval que j'abandonnai, je m'emparai vite du corps de M. le maréchal Bessières, et en cherchant un refuge quelconque, j'aperçus une espèce de ravin vers lequel je me dirigeai et au fond duquel je ne parvins qu'en me traînant, me roulant avec mon fardeau que je ne pouvais porter. Là, ne pouvant plus rien voir, mais entouré des cris de hourra! d'en avant! je saisis mon épée, et soutenant M. le maréchal dans mon bras gauche, j'attendais avec la résolution ferme de me défendre, de périr avec mon mourant, plutôt que

de le voir arracher de mes bras et devenir ainsi un trophée pour l'ennemi. Ce fut M. le maréchal Ney qui parut
le premier au sommet de mon ravin, lequel me demanda
avec vivacité comment était le blessé. « Il a le corps tout
déchiré, ses yeux tournent dans leurs orbites, il balbutie,
et je ne le comprends pas, lui dis-je. — Tenez, ajouta-t-il,
en me jetant une fiole, tâchez de lui en faire avaler un
peu. » J'essayai; mais les yeux très mobiles jusqu'alors
se fixant, je vis les paupières se baisser et elles ne se
relevèrent plus. « Il meurt! m'écrirai-je à M. le maréchal
Ney, et, après un moment de silence, il me dit : Il faut
l'emporter et cacher sa mort. — Mais il est trop pesant,
repliquai-je, je ne puis pas seul. — Je vais vous envoyer
quelqu'un, dit-il. » Bientôt des soldats vinrent, et m'aidè-
rent à le porter dans la maison la plus voisine que je
remarquai, et qui se trouva être celle d'un tisserand. Là
nous le déposâmes sur un lit. Je lui ôtai son épée et ne
trouvai dans ses poches qu'une montre et un mouchoir;
après quoi je le couvris de la couverture du lit du paysan,
et comme j'étais à réfléchir sur ce qui me restait à faire,
il se présenta un officier pleurant, à qui je demandai, par
rapport à son uniforme, s'il était un des officiers de M. le
maréchal; et sur ce qu'il me répondit qu'il était un de
ses aides de camp, je lui remis l'épée, la montre et le
mouchoir. Je retournai ensuite à mon poste auprès de
M. le prince de la Moskowa, à qui je rendis compte de ce
qui venait de se passer, et après une pause et avec l'accent de la douleur, il prononça ces mots : « C'est notre
sort... c'est une belle mort. »

(Lettre du colonel en retraite Saint-Charles, insérée dans le
journal *le Commerce*, du 6 novembre 1839.)

BATAILLE DE LUTZEN

2 MAI

Le 2 mai, l'armée se mit en mouvement sur Leipsick, notre corps d'armée faisant l'arrière-garde; mais l'on s'aperçut que l'ennemi, au lieu de se concentrer sur Leipsick comme on le croyait, faisait une diversion sur la droite de l'armée qu'il cherchait à tourner; ordre fut aussitôt envoyé au sixième corps d'armée de se porter à travers champs et au pas de course sur la droite, où le général en chef ennemi Wittgenstein avait rassemblé une formidable artillerie et toute sa cavalerie pour couper la retraite des Français, dont le gros de l'armée se trouvait arrêté à Lutzen par les forces ennemies.

Nous nous trouvions ainsi, le sixième corps, exposés, afin de protéger le reste de l'armée, à une puissante attaque, et fûmes obligés de soutenir de pied ferme et pendant environ quatre heures de temps, sept charges de cavalerie, plus une grêle incessante de boulets et de mitraille qui nous décimait. Nous n'avions pour nous soutenir ni artillerie ni cavalerie, l'artillerie ayant été concentrée au centre de l'armée, et la cavalerie détruite dans la retraite de Russie, n'ayant encore pu être réorganisée.

Je ne cache pas que le premier membre que je vis emporter par un boulet, me fit une fort désagréable impres-

sion et que, malgré toute mon ardeur martiale, je me
serais trouvé plus à l'aise à une distance plus respectable
des canons ennemis. Je finis cependant par surmonter
passablement cette première émotion; il n'y avait d'ailleurs pas moyen de changer de position; et, comme on se
fait à tout, le spectacle continuel des hommes frappés à
mon côté, dont les cervelles rejaillirent plus d'une fois sur
moi, le tonnerre toujours roulant de centaines de canons,
le sifflement des projectiles, les hourras des charges de
cavalerie, le bruit de la mousqueterie, les cris des blessés,
tout cela causait un assourdissement et une excitation
tels qu'on ne songeait plus à sa propre conservation.

Je vis le moment où nous allions être forcés à la retraite
ou mis en déroute et tournés par des forces supérieures,
affaiblis par un combat si disproportionné; heureusement
alors le corps d'armée du général Bertrand arrivant d'une
position éloignée et à marche forcée à notre secours, vint
appuyer notre droite menacée et faire reculer l'ennemi;
l'avantage restait aussi aux Français à Lutzen, centre de
l'armée, en sorte que la bataille gagnée, nous eûmes un
répit bien nécessaire pour nous rajuster. Je me trouvai
fort heureux d'en être quitte pour la coutusion que me
causa sur la nuque une balle de mitraille frappant de biais
sur le collet rembourré de ma capote; le coup m'avait
violemment jeté le nez en terre, et en me relevant j'avais
eu un avant-goût de mon décès en trouvant mon lieutenant qui s'était mis à la tête de ma compagnie, persuadé
que j'étais tué.

La bataille de Lutzen fut glorieusement gagnée par une
armée de jeunes conscrits, mais l'absence de cavalerie en
rendit nuls les résultats, et si nuls que, craignant la nombreuse cavalerie qu'avait par contre l'ennemi, nous fûmes
obligés de passer la nuit formés en carrés sur le champ

même de la bataille. Bien nous en prit, car à dix heures du soir et par une profonde obscurité nous entendîmes soudain le piétinement des chevaux, la trompette sonnant la charge, et fûmes cernés par la cavalerie ennemie bien déconcertée de nous trouver sur nos gardes; la surprise était manquée, et, après avoir galopé deux ou trois fois autour des carrés en déchargeant ses pistolets, elle fut réduite à se retirer laissant de nombreuses victimes du feu de notre mousqueterie.

Nous fûmes opposés dans cette échauffourée à un corps de cavaliers volontaires organisé à Berlin, jeunes gens de bonne famille et supérieurement équipés; plusieurs vinrent tomber au milieu de nos carrés.

L'expérience d'une grande bataille m'apprit combien y est passif le rôle d'un officier subalterne; enclavé dans un rang, il n'a le plus souvent que le mérite de la patience, rarement celui du courage actif; à ce prix le plus lâche peut se croire un héros. Il ne connaît ordinairement ni les lieux, ni la force des armées, ni leur position générale, ni le but des opérations, et il est réduit à s'admirer après coup, pour des exploits dont il ne se doute pas, dans des bulletins boursouflés, tandis que l'honnête bourgeois lisant la gazette les pieds sur le chenet, sait mille fois mieux que lui ce qu'il a fait lui-même.

(Mémoires de Jean-Louis Rieu.)

DU 2 AU 8 MAI

Depuis quelques jours, l'ennemi faisait des mouvements pour couper notre petite armée et se porter en avant vers les frontières de la France, mais il fut arrêté dans sa marche par l'arrivée de Napoléon, qui, à la tête de nouveaux corps de troupes, opéra sa jonction en avant de Mersbourg, dans la journée du 1er mai, avec celles que commandait le prince Eugène. Dès ce moment les deux états-majors furent réunis, et je reçus l'ordre de rejoindre le grand quartier général à Lutzen.

Je partis de Mersbourg avec les ambulances légères dans la nuit du 1er au 2 mai, et nous arrivâmes à Lutzen le 2 à onze heures du matin. On entendait déjà sur la droite de notre armée une forte canonnade, et les dispositions très actives se faisaient de part et d'autre pour une grande bataille. Elle se livra, en effet, peu de moments après, avec une grande violence, et sur toute la ligne. En la parcourant, le chef de l'armée m'ayant aperçu, se dirigea vers moi et m'adressa lui-même ses ordres : « Vous arrivez fort à propos, me dit-il, allez dans la ville choisir les locaux nécessaires pour recevoir les blessés de la bataille qui va se donner, et prenez vos mesures pour leur faire donner tous les secours nécessaires. »

Après avoir déterminé l'emplacement des ambulances,

et avoir tout disposé pour le pansement des blessés, je
revins sur le terrain pour observer les premiers effets de
la bataille, et placer les ambulances de la première ligne
que je pris en grande partie dans celles de la Garde. Les
attaques de part et d'autre furent extrêmement vives, et
l'on fut quelques instants dans l'incertitude du succès.
Cependant nos jeunes soldats, excités par les exemples de
valeur qu'ils avaient sous les yeux et par la présence du
chef de l'armée, s'élancèrent avec impétuosité sur les
colonnes ennemies qu'ils rompirent et dispersèrent. La
victoire nous rendit maîtres du champ de bataille, mit à
notre disposition un grand nombre de prisonniers, des
pièces d'artillerie, et une grande partie des bagages de
l'ennemi. Le reste de l'armée coalisée précipita sa retraite
sur Dresde, où elle ne s'arrêta point. Elle se contenta de
couper le pont de l'Elbe pour se donner le temps de se
rallier et de prendre position sur les hauteurs de Bautzen.

Le champ de bataille de Lutzen était couvert de morts
et de mourants, dont le plus grand nombre appartenait
aux Prussiens. Nous fûmes ramasser tous les blessés, tant
de l'armée française que de celle des coalisés, et nous les
réunîmes dans la petite ville de Lutzen qui fut convertie
presque tout entière en ambulances. Nous fûmes occupés les deux premières journées et les deux premières
nuits à les panser.

Après avoir fait faire le premier pansement de tous les
blessés français et étrangers, j'assurai la continuation du
service auprès d'eux par un nombre suffisant de chirurgiens, à qui je donnai les instructions nécessaires pour
leur évacuation et leur traitement consécutif. Je me hâtai
de rejoindre le quartier général que je ne pus atteindre
que le 5 mai, à Codlitz, où l'armée s'était arrêtée. C'est là
que l'ennemi aurait pu nous attendre avec sécurité : car

cette petite ville commande un défilé de montagnes assez élevées, dont le passage est très difficile. Nous établîmes une ambulance à l'hôpital général, comme étant d'une bonne construction et très spacieux.

De Codlitz nous arrivâmes en peu d'heures sur les collines qui bordent la rive gauche de l'Elbe, et du haut desquelles on découvre la capitale de la Saxe et les montagnes de la Bohême; c'est un tableau magnifique et extrêmement varié. Les éclaireurs de l'avant-garde nous apprirent bientôt que les troupes ennemies ne s'étaient point arrêtées dans la ville, et qu'après l'avoir évacuée, elles avaient coupé le pont. A cette nouvelle le quartier général et la Garde entrèrent dans la place, et les divers corps d'armée furent campés dans les environs.

(Baron D.-J. Larrey, *Mémoires de chirurgie militaire et campagnes*. Paris, J. Smith, 4 vol. in-8°, 1817.)

Nous prîmes à Dresde, du 10 au 12 mai, un repos bien nécessaire. Car il ne faut pas oublier que nous étions à notre début de la vie des camps et des batailles, et ce début avait été aussi brusque qu'il était rude. Outre les coups de l'ennemi nous avions eu la fatigue de marches incessantes et surtout la privation de toute distribution régulière de vivres; plus, des nuits passées à la belle étoile.

Notre inaction ne fut pas longue, et le 12 mai nous étions en marche sur la route de Bautzen et traversions les rues chaudes et dévastées de la petite ville de Bischofswerda, entièrement brûlée dans les combats d'avant-garde; le 13 nous arrivâmes en vue de Bautzen, jolie ville située sur la Sprée au fond d'une vallée couronnée par des hauteurs. Le coup d'œil qui s'offrit à nous était magnifique et tel que dans une vie d'homme on en rencontre rarement. La vue embrassait de part et d'autre de la vallée deux armées établies en présence l'une de l'autre et comptant chacune près de cent mille hommes. C'étaient à perte de vue des armes reluisantes et des colonnes de poussière élevées par les corps qui prenaient position : les avant-postes respectifs étaient presque en contact, séparés par un cours d'eau étroit et peu profond. De près, l'agitation de cette multitude réunie, des chevaux, des voitures allant dans tous les sens, des fourrageurs partant et d'autres revenant chargés de la dépouille des villages voisins, des alertes vraies ou fausses causées par la proximité de l'ennemi, et qui faisaient prendre les armes, tout ce brouhaha, en un mot, répété sur une étendue de près de trois lieues, était un étourdissant spectacle.

L'armée russo-prussienne s'était donc arrêtée à Bautzen, ville qu'elle occupait et avait fortifiée, se développant du reste sur la rive droite de la Sprée et nous offrant la bataille.

Notre inaction ne pouvait durer longtemps, car la concentration de tant d'hommes, sur une étroite zone de terrain, amenait la disette des vivres et forçait les soldats à se répandre au loin pour la maraude, où ils s'exposaient à être pris par les cosaques, ce qui fut le cas pour plusieurs.

Le 20 mai, à l'aube du jour, Napoléon parcourut la ligne avec son état-major pour reconnaître la position de l'ennemi : c'était le présage de la bataille, bataille prévue et méditée pendant plusieurs jours et non improvisée comme l'avait été celle de Lutzen. Ainsi, de tant d'hommes encore pleins de vie, plusieurs, dans quelques heures, allaient être des cadavres, mais aucun d'eux ne paraissait se préoccuper de cette pensée, chacun croyait avoir un bon lot dans cette loterie de vies humaines : enthousiasme pour l'Empereur, victoire assurée, voilà tout ce qui entrait dans l'esprit du soldat français, soldat d'action, peu penseur de son naturel, ni pour le succès, qui n'est point fait pour les idées sérieuses ou philosophiques, et avec lequel on peut tout entreprendre, mais à charge de réussir.

Notre corps d'armée occupait le centre de la ligne en

présence de la ville de Bautzen ; une canonnade engagée
sur l'extrême gauche par un corps envoyé pour tourner
l'ennemi, commença l'action. Nous eûmes mission de
nous emparer de Bautzen, et pour cela il fallut défiler
sous le feu d'une formidable batterie qui en défendait les
abords et que nous dûmes prendre à revers après avoir
traversé à gué la Sprée. Cette manœuvre réussit, mais
elle nous coûta bien des hommes ; la batterie tournée fut
évacuée et nous nous trouvâmes formés en bataille sur la
gauche de la ville que nous fîmes occuper sans beaucoup
de peine. Je ne puis m'empêcher de citer ici une manœuvre
d'un autre genre de notre colonel : il avait fait distribuer
avant la bataille des effets d'habillement à la troupe,
mais d'une manière incomplète, comptant sans doute que
la mort viendrait à son aide pour justifier ou plutôt pour
embrouiller ses états de livraison, soldant à son profit
dans tous les cas ; il eut raison, matériellement parlant,
et ceci me rappelle qu'une de mes distractions, pendant
que le boulet décimait ma compagnie, fut de prélever sur
les tués les objets qui manquaient aux vivants.

Après cinq heures de combat et après avoir essuyé quelques charges de cavalerie, nous prîmes position à la nuit,
devant l'armée ennemie qui n'avait fait que se retirer sur
une seconde ligne choisie et fortifiée à l'avance ; ce n'était
donc que demi-ouvrage fait et nous avions la certitude de
recommencer la danse le lendemain.

Il fallait bien que l'honneur militaire soutînt les soldats,
car la journée s'était passée sans manger autre chose que
quelques malheureuses pommes de terre pillées de la
veille, et il n'était pas question de renouveler la provision
sous le feu de l'ennemi.

Le lendemain 21 mai, Napoléon vint au point du jour,
sans état-major, descendre de cheval devant notre régi-

ment, et braquer sa lunette sur les corps ennemis; je le vis parler au général Compans dont il tira l'oreille, signe ordinaire de sa satisfaction.

Devant nous était une énorme batterie russe de gros calibre, dûment fortifiée; placé, comme la veille, au centre de la ligne, notre corps d'armée avait, ce jour-là, la mission de faire devant lui une fausse attaque et de tenir bon, tandis que la véritable attaque aurait lieu sur la gauche par le corps du maréchal Ney; ceci explique pourquoi toute la journée se passa, de notre part, à recevoir passivement des boulets l'arme au bras. Comme à Lutzen, notre perte fut grande; une batterie d'obusiers nous inquiéta surtout; les obus pleuvaient au milieu de nos carrés, qui étaient obligés de se coucher pour attendre le moment où le projectile aurait éclaté. Plus d'une fois, placé dans la ligne de tir d'un boulet, j'évitai le coup par un mouvement latéral; je ne puis oublier dans cette sanglante boucherie, deux incidents qui me firent une impression particulière. Je vis un vieux soldat, dont la cuisse venait d'être atteinte par un boulet, se mettre sur son séant, couper froidement les lambeaux de chair qui retenaient encore le membre, et allumer sa pipe qu'il fumait en criant : « Vive l'Empereur! » — Un jeune et charmant lieutenant, arrivé depuis peu de jours de l'École de Saint-Cyr, et appartenant à une bonne famille, voulut, malgré les avertissements contraires, sortir du carré pour voir plus à l'aise ce qui se passait : il fut instantanément atteint d'un éclat d'obus qui lui déchira le bras, blessure mortelle. Cela me confirma dans la superstition de ne jamais changer devant l'ennemi mon poste officiel ou mon tour de service, croyant éviter d'inutiles et regrettables blessures.

La première journée fut nommée bataille de Bautzen,

la seconde reçut le nom de bataille de Wurschen, petite ville située en arrière du camp retranché de l'ennemi, et dont la prise par le maréchal Ney décida de la victoire. Cette victoire fut infructueuse par le défaut de cavalerie, car l'ennemi, ne laissant que ses morts, se retira en bon ordre, sans perdre de prisonniers ni d'artillerie. Quoiqu'il en soit, ce fut pour nous un beau moment que celui où nous vîmes fuir ces canons qui nous persécutaient, et où nous occupâmes le camp retranché abandonné par l'ennemi.

Il faut ajouter que, ce jour-là au moins, nous avions le sentiment d'avoir bien compris la bataille, car la position d'amphithéâtre qu'occupait respectivement chaque armée, laissait aisément voir et saisir l'ensemble et le résultat des manœuvres. L'Empereur fut presque constamment placé en arrière de notre corps, et fit la remarque que *nous devions souffrir beaucoup;* il faut avouer que l'ambition et l'égoïsme se réjouissaient quelquefois de ces pertes et que ce n'était pas toujours par pure commisération que les jeunes officiers comme moi s'informaient soigneusement après l'affaire de la santé de leurs supérieurs.

Le 22 mai nous vit de bonne heure sur les traces de l'ennemi; le 6me corps n'étant pas à l'avant-garde, nous n'eûmes qu'à marcher et non à combattre; nous étions à la droite de l'armée, côtoyant les montagnes de la Bohême, et ayant devant nous Wittgenstein, qui se retirait sur Breslau. Nous arrivâmes ainsi à Jaüer, près de Schweidnitz, à une quarantaine de lieues de Bautzen, le 29 mai. Je souffris beaucoup, dans cette circonstance, de la privation de sommeil; je souffrais aussi de la visite d'une nouvelle connaissance, la vermine, qui me fut inoculée par la paille des bivouacs où les Russes nous avaient précédés. Il m'arriva souvent alors de rêver en

marchant et même de tomber endormi; le soldat atteint
ainsi du sommeil tombait aussi, ou laissait souvent échapper son fusil.

La halte de nuit, halte tardive, partagée entre les devoirs
de la garde et l'obligation de s'abriter et de se nourrir,
reposait bien peu. Un commandant de compagnie avait,
en outre, le souci de voir ses soldats, harassés ou affamés,
se disperser en route et de n'arriver au bivouac qu'avec
la moitié ou le quart de la compagnie. Alors même, force
était d'envoyer officiellement à la maraude ce qui restait
de troupe, pour piller dans les villages voisins bois, paille
et vivres; puis il fallait préparer, avec les matériaux ainsi
rassemblés, un abri, c'est-à-dire une espèce de toit suffisant pour couvrir au moins la tête du soldat couché sur la
paille, puis il fallait cuire les aliments, à supposer qu'il y
eut et du bois à brûler et des aliments à cuire, ce qui
n'arrivait pas toujours. Enfin, après un frugal repas, on
prenait un tardif repos, bientôt interrompu, au jour naissant, par le tambour qui appelait la troupe à rester sous
les armes pendant que des reconnaissances de cavalerie
allaient observer la position de l'ennemi.

Les gardes de police et d'avant-poste se fournissaient
par compagnies entières, et l'on y faisait un service que
dictait bien plus l'instinct de la propre sûreté que des
règlements ignorés par les officiers supérieurs eux-mêmes.

Je ne me rappelle pas, par exemple, avoir jamais donné
ni reçu un mot d'ordre pendant toute la campagne.

Le défaut de distributions régulières relâchait nécessairement les règles de la discipline; il se formait sur les
derrières de l'armée des corps de traineurs, bien plus re-
doutés par les malheureux habitants que l'armée elle-
même.

Les officiers, tout en déplorant la maraude, ne pouvaient vivre qu'en prenant une part dans le pillage de leurs soldats.

On comprend que cela changeait assez les rapports du chef au subordonné, et que, s'il y avait moins de sévérité que dans la vie de garnison, il y avait, par contre, plus d'intimité. Une compagnie devenait une espèce de famille où l'on s'aidait par bienveillance encore plus que par devoir, et rien n'était malheureux quelquefois comme un officier d'état-major sans troupe. Je n'ai point conservé, pour ma part, un souvenir désagréable de cette manière d'être les uns vis-à-vis des autres, quoique je ne me sois jamais complètement départi d'une sévérité qui était dans mes allures.

La différence est grande, en général, entre la théorie réglementaire et la pratique sérieuse du métier du militaire en campagne. Il faut, dans la vie de garnison, occuper les loisirs du soldat, et le rompre à la discipline par mille devoirs minutieux qui se désapprennent à la guerre, où tout prend la forme nouvelle que dictent les circonstances et l'impétueuse nécessité; c'est une autre école, mais une école intelligente qui tend à son but par le chemin le plus court et dont les leçons se gravent pour toujours dans la mémoire. On paraît disposé, dans l'époque actuelle, à mettre davantage en harmonie le régime de la paix et celui de la guerre; on sent la nécessité de simplifier un peu les complications du service, de rendre l'uniforme moins gênant et moins chargé d'inutiles superfluités, d'éloigner enfin bon nombre de manœuvres d'esplanade, et de se borner à ce qui se pratique devant l'ennemi.

Ce que j'ai vu en 1813 est bien propre à justifier de telles simplifications; une armée, composée en grande partie de conscrits à peine dégrossis, se comportait en ligne avec le sang-froid et l'aplomb de vieux soldats.

Nous nous arrêtâmes en avant de Jaüer pendant trois ou quatre jours, pour attendre la conclusion d'un armistice qui se traitait à Neumarck, dans le voisinage de Breslau, et qui fut signé le 4 juin 1813. Nous rétrogradâmes alors sur Buntzlau, ville de Silésie, ayant, non sans satisfaction, la perspective d'une paix qui nous permettrait de montrer en France nos lauriers.

(*Mémoires de Jean-Louis Rieu.*)

19 ET 20 MAI

Notre corps d'armée (le 5ᵉ) était devenu l'avant-garde de Ney, et le 19 mai, il se trouvait déjà proche du nouveau champ de bataille.

Je me demandais naturellement si ce serait à Bautzen que ma curiosité se trouverait enfin satisfaite, touchant ma tenue au feu. Je ne me doutais guère que l'épreuve s'en ferait auparavant, et qu'elle aurait lieu ce soir même. Voici comment cela arriva. Les alliés avaient détaché de leur aile droite un corps de 24.000 hommes pour arrêter la marche du maréchal Ney, qui menaçait de les prendre en flanc. Le croyant fort réduit par ses pertes à Lutzen, ils espéraient lui faire subir un échec, ou tout au moins l'empêcher de prendre part à la bataille qui se préparait. Ce corps, composé de Russes et de Prussiens, marchait en deux colonnes, dont l'une rencontra la division italienne du général Peyri, qui s'avançait de notre côté pour nous tendre la main et nous relier avec le reste de l'armée. Cette malheureuse division, faute de se bien garder, se laissa surprendre aux environs de Kœnigswàrtha et perdit beaucoup de monde.

Quant à nous, nous eûmes affaire avec la colonne prussienne, commandée par le général d'York. Nous la rencontrâmes vers le soir, près du village de Weissig, où la route traverse une forêt. L'attaque eut lieu immédiatement et notre régiment s'y trouva en première ligne. L'heure et le théâtre du combat étaient vraiment faits pour monter l'imagination.

Sur ce terrain uni et tapissé d'aiguilles de sapin que présentent d'ordinaire les forêts de cette espèce, au milieu de ces innombrables colonnes lisses, parfois assez espacées et qui portent si haut leur dôme de verdure, dans ces chemins de traverse ménagés pour l'exploitation, non seulement l'infanterie pouvait manœuvrer, mais on pouvait aussi faire jouer l'artillerie. Une fois l'action commencée, le bruit incessant de tant d'armes à feu, rendu plus formidable encore par les échos qui le répétaient, les éclairs continuels jetés par les fusils et les canons au milieu de la nuit, et qui répandaient ainsi à courts intervalles, sur les combattants et les feuilles des arbres, une lumière fantastique, tout cela formait comme une magnifique décoration à cette scène guerrière, qui ressemblait presque à une bataille d'opéra.

En avançant toujours à travers la fusillade, nous finîmes par aborder à la baïonnette les ennemis qui se barricadaient derrière des monceaux de bois coupé. J'étais alors comme enivré du combat; je me jetai à la tête de ma compagnie, l'épée à la main, l'entraînant au cri de : vive l'Empereur! La mêlée fut vive, on se battait corps à corps. Saisi par un Prussien vigoureux qui me tirait à terre, j'allais être tué ou pris, quand mon sergent-major, qui ne m'avait pas quitté, enfonça sa baïonnette dans le corps de mon ennemi et m'en délivra. La victoire se déclara pour nous. Bientôt, tout braves qu'ils étaient, les Prussiens se mirent en retraite, et nous les accompagnâmes à coups de fusil assez loin dans la forêt.

Il pouvait être dix ou onze heures quand nous cessâmes

la poursuite; mais alors, au milieu des ténèbres, notre bataillon se trouva dans un assez grand embarras. Il était fort avancé dans le bois, sans trop se préoccuper des autres qui, en raison de la nature des lieux, faisaient aussi leur affaire à part. La question était maintenant de rejoindre la division, ou au moins le régiment; mais de quel côté les chercher? La nuit était profonde, nous n'avions aucun moyen de nous orienter, et nous risquions, ou de nous jeter au milieu d'un corps ennemi ou de nous fusiller avec quelques-uns des nôtres, égarés comme nous dans la forêt.

Dans cette situation, notre commandant réunit ses officiers en conseil de guerre et leur demanda leur avis. Nous formions un cercle étroit autour de lui, lorsque, à mon grand étonnement, je fus invité à prendre le premier la parole. J'appris bientôt que ce n'était pas pour me faire honneur, mais tout simplement pour suivre la règle parce que j'étais le plus jeune. J'ouvris donc la délibération, et mon avis fut que pour éviter les deux dangers signalés, nous devions rester tranquillement où nous étions et y attendre le jour. Eh bien, cet avis judicieux ne fut pas suivi; mes anciens se crurent plus sages en décidant qu'il fallait chercher de notre mieux à nous tirer de là, sous prétexte que nous n'avions rien à manger. On partit donc à tâtons, et il arriva précisément ce que j'avais voulu prévenir: nous échangeâmes quelques coups de fusil avec notre second bataillon. Heureusement qu'ils ne causèrent aucun mal, ce qui ne m'empêcha pas de m'écrier en moi-même avec une certaine satisfaction : Voilà ce que c'est que de ne pas écouter les gens!

Le lendemain, au point du jour, on fit l'appel dans chaque compagnie pour constater les pertes et faire un rapport sur le combat de la veille. Mon sergent-major était enthousiasmé de ma conduite, et comme c'était lui qui rédigeait la situation, il voulut absolument me mettre au nombre et même à la tête de ceux qui s'étaient le plus signalés. Il me semblait bien qu'il n'en devait pas être ainsi et que ce n'était pas là ma place, mais il tint bon, et je finis par me fier à sa vieille expérience, à laquelle il en appelait hautement ; en conséquence, je signai moi-même le témoignage honorable qui m'était rendu. C'était à moi, en effet, de le signer, parce que je restais seul des trois officiers de la compagnie ; les deux autres étant tués, le commandement me revenait.

On dut sourire à l'état-major, je n'en doute pas, à la lecture de ce rapport ; mais il n'y eut que demi-mal, parce que je m'étais réellement bien conduit, et notre commandant lui-même m'en fit le compliment et m'annonça que je serais porté pour la croix. Elle ne vint pas, il est vrai, mais je suis sûr que ce ne fut pas la faute du digne commandant, à la bonté duquel je sens le besoin de rendre hommage ici.

Le commandant Chapuzet, né à Briançon, était capitaine et aide de camp du général Plauzonne, lorsqu'il fut appelé comme chef de bataillon à la formation de notre régiment. Il s'y fit également respecter et aimer des officiers et des soldats, dont il était vraiment le père. Il disait souvent que, amené à l'armée par la conscription, il savait par expérience combien les paroles dures étaient douloureuses pour les conscrits, et il voulait qu'on les leur épargnât. Il m'avait pris en amitié à cause de ma jeunesse. Déjà officier à votre âge ! s'écriait-il ; ah ! si j'avais pu commencer ainsi, je serais plus avancé que je ne le suis.

Il avança pourtant, car, lorsque notre colonel fut fait prisonnier, au mois d'août suivant, il le remplaça en cette qualité et commanda le régiment jusqu'à la fin de 1813. En 1814, après la paix, et lorsque ce même régiment fut réorganisé à Condé sous le nom de 42ᵉ, il resta à sa tête malgré le retour de colonels plus anciens, et il le commandait encore à Waterloo. En sorte que j'ai servi sous lui pendant toute ma carrière militaire. Je lui avais voué un sincère attachement, et, quoiqu'il soit mort sans doute depuis bien des années, je conserve encore pour sa mémoire la plus vive reconnaissance, non seulement à cause de l'indulgence paternelle qu'il eût toujours pour mes petites sottises, mais surtout pour les excellents conseils qu'il me donna.

On peut le dire, notre jeune régiment s'était très bien comporté pour son début, et il avait ainsi fondé la bonne réputation qu'il conserva depuis, mais il l'avait payée cher. Nous avions perdu vingt-trois officiers (dont cinq élèves de Saint-Cyr sur onze que nous étions), proportion peu ordinaire, et, dans notre bataillon, la moitié de la compagnie de voltigeurs avait été couchée par la mitraille.

Lorsque je visitai notre champ de bataille, je me sentis saisi à la vue de tant de cadavres qui jonchaient la terre dans toutes les attitudes, et qui gardaient un affreux silence, eux qui avaient tant crié la veille. Je vois encore celui de ce voltigeur qui fixait le ciel de ses yeux vitreux tout grands ouverts, et dont la bouche contractée semblait prononcer des mots. Il avait évidemment lutté contre une agonie bien douloureuse, car son corps, courbé en arc, ne s'appuyait sur le sol que par les talons et le sommet de la tête. Étrange position, qui me paraissait inexplicable et qui m'impressionna tellement que l'image de ce cadavre est restée toujours gravée dans ma mémoire. Un contraste venait s'ajouter encore à la navrante tristesse de ce lieu, c'étaient les rayons du soleil naissant qui, se glissant entre les arbres, faisaient scintiller également les gouttes de rosée sur les feuilles et sur les morts.

Mais il me restait une tâche active à remplir, car j'étais là pour m'assurer que tous nos blessés étaient relevés et surtout retrouvés. Avertis par le rôle de la compagnie, il nous fallait aller, souvent au loin, chercher dans les buissons, dans les fossés, ceux qui nous manquaient encore, et qui peut-être mouraient lentement à l'écart sans pouvoir se faire entendre. C'est, en effet, dans une telle situation qu'en fouillant le bois avec persistance, je finis par retrouver notre lieutenant. Oh! que d'affreuses misères entassées sur une pareille fin! Aussi je comprends l'axiome du soldat : « Plutôt tué que blessé »; mais je ne comprends pas, je l'avoue, ceux qui disent : « Plutôt blessé que prisonnier. »

[*Souvenirs d'un ex-officier* (du 154e) (le pasteur Martin) (1812-1815). Paris et Genève, Cherbuliez, in-12, 1867.]

20 ET 21 MAI

L'avant-garde de l'armée de Ney, composée de trois corps, le 3e, le 5e et le 7e, n'était qu'à quelques lieues de Luckau, sur la route de Berlin, lorsqu'il reçut un ordre ainsi conçu (le général Jomini l'a entre les mains) : « Faites tête de colonne à droite, dirigez-vous par Hoyerswerda, de là marchez *droit* sur le clocher de Hohenkirch ; soyez-y le 20. » En jetant les yeux sur la carte, on voit le plan de Napoléon ; il allait attaquer de front les positions des alliés, et Ney, arrivant au milieu de l'action avec une véritable armée, prenait leur droite à revers, perçait leur ligne, s'établissait en arrière d'elle à Hohenkirch, détruisait les réserves, s'emparait du matériel, et renouvelait là un de ces grands désastres qui anéantissent les empires et changent la face du monde. « C'eût été la dernière bataille de la guerre, ajoutait le général Jomini en racontant ces faits ; les souverains alliés eux-mêmes eussent échappé avec peine ; le soleil couchant du 21 mai aurait vu l'Europe aux pieds du vainqueur. Mais l'homme propose et Dieu dispose. » Ney marcha lentement.

Le 19, une division italienne du 4e corps (Bertrand), détachée pour rétablir la liaison avec le maréchal Ney, dont on n'avait pas eu de nouvelles, fut attaquée par des forces supérieures, à Königswarden, et mise en déroute. Le bruit de ce combat accéléra la marche de Ney, qui déboucha enfin d'Hoyerswerda. L'Empereur qui, depuis deux jours, restait immobile en face des positions ennemies, ne comprenait rien au retard de Ney, le crut enfin en mesure, et le 20 mai, au milieu du jour, il fit attaquer Bautzen par Marmont, Macdonald et Oudinot : la ville, que défendait le général Miloradowitch, fut promptement enlevée. Le général prussien Klast défendit avec opiniâtreté les hauteurs voisines, mais enfin il fut contraint de se retirer. En vain de la colline de Bürk, dont les Français venaient de s'emparer, des signaux répétés annonçaient-ils à Ney que le moment d'agir vigoureusement était arrivé, il était encore en arrière, se laissant distraire par des combats de peu d'importance, entre lesquels il eut fallu passer tête baissée, marchant, comme disait l'ordre, « sur le clocher d'Hohenkirch ». La nuit survint ; aucun des officiers envoyés par l'Empereur à Ney ne lui étaient parvenus ; le maréchal arriva à neuf heures du soir sur les hauteurs de Preititz ; la plus grande partie de ce village est dans la vallée, au-dessus de laquelle s'établit Ney ; un ruisseau traverse la vallée ; les troupes fatiguées arrangèrent leur bivouac.

Aux premières lueurs de l'aube, et elle arrive de bonne heure le 21 mai, un spectacle étrange frappe les regards des troupes de Ney. Au-dessous d'eux, le village de Preititz et la plaine qui y aboutit sont occupés par les alliés. « Nous voyions les gibernes des soldats », nous disait le général Jomini. Prévenu de cette circonstance, il court au maréchal, qui vient s'assurer lui-même de la vérité de ce rapport. Jomini ne doute pas qu'il ne donne immédiatement l'ordre d'attaquer ; mais Ney est soucieux et mécontent, il trouve que l'Empereur a négligé de l'instruire à

fond de ses projets. « J'attends dés ordres », dit-il brusquement, et il rentre dans son cabinet.

Quelques minutes après arrive enfin un officier d'ordonnance de l'empereur au triple galop. « Ah ! monsieur le
Maréchal, je suis heureux de vous trouver; je vous ai
cherché toute la nuit. J'avais été dirigé sur *** (le nom
du village m'échappe, c'était à plus de deux lieues de
Preititz) ». En même temps il lui remit l'ordre dont
il était porteur; il était conçu en ces termes : « Vous serez rendu à trois heures sur les hauteurs de Preititz;
vous ferez manger la soupe, et vous attaquerez avant
six heures. »

Ney passe la dépêche au général Jomini. « Vous voyez
que j'ai eu raison de ne pas me presser; vous voyez que
nous avons le temps. »

— Mais il me semble au contraire, répond Jomini, que
nous n'avons pas une minute à perdre; l'ordre est positif,
il faut attaquer.

— Comment ! reprit Ney, vous ne savez donc pas lire ?
Nous ne devons pas bouger avant six heures.

— Mais permettez, monsieur le Maréchal, cet ordre
vous a été adressé à ***, où l'on pensait que nous avions
bivouaqué cette nuit. L'Empereur supposant que vous
partiriez aussitôt, n'a pas voulu que les troupes fussent
engagées après une marche de nuit, sans avoir au moins
deux heures de repos, et sans avoir mangé la soupe. La
soupe est mangée, nos hommes ont dormi, nous sommes
prêts, il faut attaquer; c'est remplir les intentions de
l'Empereur. Voyez, monsieur le Maréchal, l'ennemi qui
n'a pris hier nos feux que pour ceux d'un corps égaré,
voit maintenant qu'il a affaire à un corps d'armée; il fait
ses dispositions; le parc de réserve s'éloigne, dans deux
heures il sera trop tard.

— Bah ! dit Ney, je ne sais où est l'Empereur ; voulez-vous que je me jette en étourneau au milieu de l'armée ennemie sans être appuyé ?

— L'Empereur entendra notre canon ; il attaquera de son côté.

— Vous avez trop d'esprit pour moi, reprit Ney avec dépit ; je me conforme aux ordres que je reçois ; et il rentre chez lui, tiraillé évidemment entre son jugement et son ardeur, qui lui faisaient apprécier l'avis de Jomini, et son amour-propre, qui l'empêchait de paraître céder à un conseil après s'être prononcé comme il l'avait fait.

Cependant, Jomini remarque que les ennemis voulant reconnaître l'importance réelle du corps placé ainsi dans une position dominante sur leurs derrières, dirigent contre lui des nuées de tirailleurs. Les postes avancés du maréchal ripostent. Jomini retourne auprès de son chef, lui représente cette reconnaissance comme un engagement sérieux. Le bruit de la fusillade a plus d'influence sur l'esprit de Ney que les raisonnements de son chef d'état-major ; il ordonne à Jomini de détacher une division pour repousser les assaillants.

Le général a soin de commander la division Delmas, qui avait été décimée à Lützen, et qui comptait à peine deux mille combattants. Cette petite troupe marche bravement à l'ennemi, et s'engage dans les enclos qui entourent le village ; les alliés reconnaissent sa faiblesse, la pressent, la repoussent, et bientôt on voit les soldats de Delmas rétrograder vers le corps d'armée.

A cet aspect, le prince de la Moskowa redevient le maréchal Ney ; il tire sa vaillante épée. « Ah ! les insolents, s'écrie-t-il ; il vont voir de quel bois je me chauffe. » Il fait prendre les armes à toutes ses lignes, et engage l'action avec cette vigueur et ce talent qu'on lui connaît ; mais il était trop tard ; les alliés furent repoussés, il est vrai ; ils se retirèrent, mais en bon ordre, sans laisser derrière eux ni artillerie, ni prisonniers.

[Rilliet de Constant, *Journal d'un sous-lieutenant de cuirassiers* (1ᵉʳ régiment). *Bibliothèque universelle*, t. IV, avril 1859.]

DU 20 AU 22 MAI

Quelques heures après, nous étions en marche sous le maréchal Ney, qui avait réuni tous ses corps sous sa main, et nous campions le soir sur la Sprée, à une lieue ou deux du point où nous devions combattre le lendemain.

On sait qu'il y eut deux batailles de Bautzen, parce qu'il y avait deux positions successives à emporter. La première bataille, celle du pont de Bautzen, venait de se donner en notre absence, dans l'après-midi du 20 mai; c'était la moins importante et comme le prélude de la seconde, celle qui allait se livrer le 21 et qu'on appelle aussi bataille de Wurtzen. L'Empereur avait réservé pour cette journée l'entrée en action de 60.000 hommes de Ney. Ce maréchal, placé sur l'aile droite de l'armée alliée, devait la tourner et lui couper la retraite. On prétend qu'il n'exécuta pas ce mouvement avec sa rapidité et son audace ordinaires, et que, tout en déterminant la victoire, il ne lui fit pas porter tous les fruits qu'elle devait avoir, d'après le plan de Napoléon. Je n'ai, on le comprend, et ne puis avoir aucune opinion sur ce point. Tout ce que je sais, c'est que nous manœuvrâmes longuement durant toute la matinée, dans une plaine entrecoupée de marécages, d'étangs et de petits ruisseaux, tandis que l'artillerie tonnait sur notre droite, où la bataille était fortement engagée.

Mais, pendant que nos divisions avançaient ainsi lentement et par longues colonnes, j'eus un moment très pénible : je me crus l'objet d'un attentat. Je marchais au pas et l'épée à la main, selon l'ordonnance, devant le centre de mon peloton, avec toute la gravité d'un officier à la parade. Tout à coup, j'entends derrière moi le sifflement d'une gaule, et je reçois dans le dos un coup sec et vigoureux. Je me retourne furieux, je parcours d'un regard flamboyant tous ces visages à moi bien connus;... ils respiraient le calme de l'innocence! Tous mes hommes marchaient parfaitement alignés, l'arme au bras et sans la moindre gaule dans les mains. — J'eus bientôt le mot de l'énigme. C'était un coup de fusil, parti par hasard à la queue de notre colonne, et dont la balle, obéissant aux lois de la balistique, avait décrit une courbe régulière qu'elle venait d'achever entre mes épaules. Le corps du délit fut retrouvé à terre.

Cependant la journée qui commençait devait apporter dans nos rangs autre chose qu'une balle ennemie. Le moment était venu pour nous d'entrer en action; nous avions devant nous les Russes de Barclay de Tolly, et il s'agissait de leur enlever des positions qu'ils occupaient avec une formidable artillerie, plus nombreuse que la nôtre.

C'est notre première division qui, comme à l'ordinaire, fut mise aux prises avec la solide infanterie qu'il fallait refouler. Les autres divisions restèrent derrière elle à portée de fusil pour l'appuyer ou au besoin la remplacer. Mais l'avantage (si c'en est un) d'une sécurité relative n'était plus pour nous en cette occasion, et, sous ce rapport, nous aurions volontiers changé notre position contre

la sienne. En effet, elle combattait activement, criait vive
l'Empereur, avançait ou se démenait au milieu du bruit
et de la fumée, tandis que nous devions rester l'arme au
bras, silencieux et immobiles, sous une grêle de boulets :
nous étions *de garde des pièces.*—Cette expression signifie
qu'une troupe est rangée derrière une ligne de canons,
pour être prête à la défendre contre toute attaque de
cavalerie ou d'infanterie. Sans doute les deux lignes opposées d'artillerie dirigent surtout leurs coups l'une contre
l'autre, parce qu'elles cherchent mutuellement à se dé-
monter leurs pièces, mais elles tirent souvent aussi contre
les défenseurs pour les ébranler et préparer le succès
d'une charge; en tout cas, les boulets qui traversent une
ligne d'artillerie ne s'y arrêtent pas toujours et viennent
fréquemment labourer la troupe qui est derrière.

Cette position est certainement une grande épreuve,
surtout pour de jeunes soldats, en raison de la silencieuse
immobilité qu'ils doivent conserver. A chaque instant,
un cliquetis de fusils qui tombent annonce qu'une file
vient d'être atteinte; ce que ne confirme que trop le lugu-
bre commandement : *Serrez, serrez,* qui interrompt un
moment le silence pour se répéter bientôt après. Oh! que
le temps paraît long! Comme les regards se tournent souvent vers ce soleil qui semble ne pas marcher et rester
cloué dans le ciel! Une heure compte alors des centaines
de minutes. — Malgré tout, nos soldats gardèrent leurs
rangs; mais qui pourrait s'étonner, si l'on vit pâlir ces
figures si animées dans le combat du 19, qui était pourtant bien plus meurtrier? Mais ici, nulle distraction que
le bruit continu de l'artillerie.

Or, la musique du boulet n'est pas variée, elle n'a que
deux tons. Quand ces projectiles arrivent de pleine volée,
ils restent invisibles et n'annoncent leur passage que par

un souffle court qui donne froid. Quand ils ricochent,
c'est-à-dire quand, après avoir touché terre, ils se relè-
vent par bonds successifs, on les aperçoit dans l'air
comme autant de points noirs, et ils font entendre une
sorte de gémissement, un son plaintif que l'écriture ne
saurait peindre. Il se produit alors une singulière illusion
d'optique : chacun de ces points noirs semble nous arriver
en plein visage. De là, ces têtes qui se baissent ou se pen-
chent pour éviter le coup. Pauvre expédient, direz-vous.
Sans doute; mais il ne faut pas oublier que ces mouvements ne sont pas le fruit du pur raisonnement, et l'on ne
s'en corrige que peu à peu.

Comment avais-je supporté l'épreuve? C'est ce que voulut savoir, quand l'affaire fut finie, notre capitaine de
grenadiers, ancien serviteur de la République et décoré.
Comme ma compagnie suivait la sienne, nous étions souvent en rapport. Voici comment il m'interpella :—Eh bien,
mon brave, nous n'avons pas eu peur aujourd'hui? —
J'hésitai un peu, puis je répondis :—Ma foi, capitaine, il y
a bien eu quelque chose comme cela.—A la bonne heure,
dit-il, en me frappant sur l'épaule, c'est une réponse
loyale et je vous en estime davantage. Sachez que nul ne
peut se trouver dans cette situation sans ressentir un peu
d'émotion, surtout à votre âge.

Je laisse aux historiens militaires de vous présenter le
tableau complet de la bataille, et je me contente de dire
que, sur le soir, les ennemis étant partout forcés à la
retraite, nous franchîmes enfin, à travers de sanglants
débris et en poussant de bruyantes acclamations, les positions redoutables qu'ils nous avaient si vivement dispu-
tées. Oh! qu'elle doit être enivrante pour les chefs, l'or-
gueilleuse joie d'une grande victoire, puisqu'elle pénètre
jusqu'aux derniers rangs de l'armée! Ce soir-là, j'en con-

nus quelque chose pour la première fois, mais aussi pour la dernière.

Le lendemain, 22 mai, après quelques heures de repos, nous poursuivîmes les alliés qui cherchaient à gagner Breslau, pour s'abriter derrière l'Oder.

(Souvenirs d'un ex-officier.)

21 MAI

Le 21 mai 1813, j'étais aux avant-postes avec trente lanciers derrière une petite colline, à une portée de pistolet d'un piquet de Cosaques. A trois heures, l'aide de camp du général Bruyère m'envoya l'ordre suivant : « Napoléon ira visiter les postes; les soldats ne doivent pas faire le moindre mouvement qui pourrait trahir la présence de l'Empereur. Ils doivent ne pas le remarquer et rester à leur besogne ». A trois heures et demie deux escadrons de lanciers de la Garde vinrent se ranger à une demi-werste de mon poste, et quatre individus, sortant des rangs, s'approchèrent au pas de l'endroit où nous étions. Les Cosaques qui étaient vis-à-vis ne remarquèrent pas, il paraît, ces mouvements et continuèrent tranquillement à soigner leurs chevaux errant avec eux au milieu d'un champ de blé.

Bientôt je vis arriver, vers la colline où j'étais, Napoléon, vêtu d'une redingote grise et d'un petit chapeau triangulaire, et sans aucune distinction militaire. Il avait auprès de lui les maréchaux Berthier et Ney, et notre général divisionnaire Bruyère, parent du premier. Ils descendirent derrière la colline, et comme ils n'avaient avec eux ni laquais ni soldats de service, mon sous-officier se chargea de leurs chevaux. D'après l'ordre, mes soldats firent semblant de ne pas remarquer les nouveaux-venus; ils restèrent les uns auprès de leurs chevaux, d'autres assis auprès d'un feu, faisant cuire leur viande ou buvant tranquillement leur vin. Je me promenais sur la colline, la pipe à la main; je saluai l'Empereur, en portant la main à mon shako, et continuai ma promenade. Les quatre personnages s'étendirent par terre sur un tas de grosses pierres; Berthier déroula une carte et présenta une lunette à Napoléon. Après avoir causé quelque temps entre eux en regardant la carte, le général Bruyère mit un genou en terre, et Napoléon, plaçant la lunette sur son épaule droite, et se baissant pour regarder, resta un quart d'heure à observer la position des Russes, la ville de Bautzen située en droite ligne vis-à-vis de la colline, et les hauteurs où l'on voyait des canons et de l'infanterie russes; après cela ils montèrent tous sur le tas de pierres; et Napoléon m'appela. — « Y a-t-il longtemps que vous servez? me demanda-t-il? — C'est mon métier, Sire, je n'avais que seize ans lorsque je fis connaissance avec les boulets et les balles. — Que pensez-vous des Cosaques? — Ce sont de bons soldats, mais ils sont plus utiles pour le service du camp que dans une affaire générale. — C'est juste. Vous êtes-vous battu contre l'infanterie russe? — Oui, Sire; bonne infanterie et digne de se mesurer avec l'infanterie de Votre Majesté! — Il a raison, dit Napoléon en se tournant vers Ney. Vous autres Polonais, vous parlez la même langue que les Russes? continua Napoléon. — Oui, Sire, nous nous comprenons facilement entre nous, comme les Suédois et les Danois, les Allemands et les Hollandais. — A propos, parlez-vous allemand? me demanda Napoléon. — Oui, Sire. — Eh bien! montez à cheval et amenez-moi de ce village, qui est-là bas à cent pas, le premier paysan venu que vous rencontrerez. Je commanderai le poste en votre absence.

Mon cheval était tout prêt, je pique des deux et vole au village. J'arrive, et je vois, à l'une des extrémités, des chasseurs russes préparant leur *hacka*, tandis qu'à l'autre des tirailleurs rôdaient tranquillement d'une maison à l'autre. Par bonheur un Allemand sortait à moitié nu d'une maison. « Mon bon ami, veux-tu gagner de l'argent? lui dis-je en l'arrêtant. — De l'argent? fort bien; mais que faut-il faire? — Venir causer quelques minutes avec notre général. — Peut-être veut-il me prendre pour guide? Ne crains rien, parole d'honneur! il veut seulement te parler, il te laissera retourner de suite. Au reste, suis moi, ou je te casse la tête (et je lui présentai mes pistolets; je ne voulais que l'effrayer). — Pardon! pardon! je vous suis, me dit le pauvre paysan tout tremblant. — Allons, monte derrière moi. » Je m'approchai de la muraille, le paysan se mit en croupe et je partis comme l'éclair : « Bravo, monsieur l'officier, dit Napoléon, je vous remercie. »

Le paysan salua, et attendit son sort en tremblant. Napoléon lui tournait le dos. Ney répétait les questions. « Y a-t-il beaucoup d'eau dans ce ravin qui est là à droite (sur le flanc gauche des Russes)? — Pas plus haut que le genou, répondit le paysan. — L'as-tu passé quelquefois en charrette? — Toujours, excepté au printemps et à l'automne, quand il y a beaucoup d'eau. — Le gué est-il bon partout? — Non, dans beaucoup d'endroits il y a trop de pierres; mais depuis ce petit pont, à droite jusqu'à la distance de quatre milles, le fond est bon ». Napoléon fut très satisfait des réponses; on voyait qu'il était en belle humeur. Il demanda de l'argent à Berthier, prit une poignée de napoléons, et dit au paysan : « Tiens,

voilà pour boire à la santé de l'Empereur des Français. »
Le paysan voulut se jeter à ses pieds ; Napoléon le retint.
« Connais-tu l'Empereur ? — Non, je voudrais bien le
voir. — Eh bien ! le voilà ! lui dit-il, en montrant Ney
qui, dans ce moment laissait voir sous sa redingote son
uniforme brodé. Le paysan se jeta à ses pieds ; Ney se
mit à rire.

« Ce monsieur te trompe », ajouta-t-il en montrant
Berthier ; et le paysan de tomber aux pieds de Berthier. »
C'est peine perdue, lui dit celui-ci en très mauvais allemand ; voilà l'Empereur, en indiquant Bruyère. Le paysan
allait encore se jeter aux pieds de ce dernier. « Je suis
trop jeune pour être l'Empereur, dit Bruyère ; va remercier
celui qui t'a donné l'argent. — *Das ist recht* (c'est vrai),
c'est vrai, dit l'Allemand, en saisissant la main de Napoléon. *Das ist ein goldenes handchen* (voilà une main d'or), »
et il la baisa. Le groupe entier rit de bon cœur ; et, après
avoir renvoyé le paysan, ils descendirent de la colline.
Napoléon ordonna à Berthier de donner une pièce d'or à
chacun de mes soldats, ce qui fut exécuté à l'instant même.
« Berthier, écrivez le nom de monsieur l'officier », dit
Napoléon ; puis montant à cheval et se tournant vers moi,
il ajouta :

« J'ai causé de vous à vos soldats ; je suis content de
vous ; si vous avez besoin de quelque chose, adressez-vous
directement à moi, et rappelez-moi notre connaissance de
Bautzen. Adieu : je souhaite que vous soyez bientôt
capitaine. » Je saluai en m'inclinant, et ils s'en retour-
nèrent au pas vers les lanciers de la Garde, qui étaient
restés tout le temps à cheval. Une heure après, des
chasseurs à cheval vinrent me relever. J'arrivai au régiment, et le premier mot que me dit le colonel en me
voyant fut : « Salut, capitaine ! » On avait déjà annoncé

mon avancement dans le régiment. Pour le fêter, nous
bûmes quelques bouteilles de bon vin avec mes camarades, et une demi-heure après nous allâmes nous jeter
au devant des boulets, qui n'épargnent ni capitaine ni
lieutenant.

(*Revue de l'Empire*, 1re année), article signé : R...

21 ET 22 MAI

Nous arrivâmes sur les hauteurs de Bautzen le 21. Nous savions déjà que l'ennemi avait pris position à l'est et sud-est de cette ville, sur une rangée de collines circulaires qui se perdent insensiblement dans la chaîne de montagnes qui bordent les frontières de la Bohême. Dans la reconnaissance des lignes ennemies, que les têtes de colonnes firent le même jour, il s'engagea un combat que l'approche de la nuit et le mauvais temps firent cesser. Nous assurâmes le service chirurgical auprès des blessés que ce combat nous donna, et nous continuâmes nos préparatifs pour la bataille du lendemain, qui nous parut inévitable. En passant à Bautzen, le 24 au soir, je fis disposer des locaux pour nos ambulances, et je confiai la direction générale de ces établissements à M. Fabre, chirurgien en chef adjoint. Dès le lendemain, à la pointe du jour, je me transportai sur le champ de bataille, avec les ambulances légères.

L'attaque avait commencé en même temps aux deux armées, et avait été très vive de part et d'autre. Plusieurs de nos bataillons avaient été déjà fort ébranlés par les masses de coalisés, qui auraient peut-être obtenu quelques succès sans les manœuvres habiles et rapides de nos généraux, à l'aide desquelles on parvint bientôt à couper la marche des ailes ennemies, à enfoncer le centre, et à enlever les principales redoutes, où nos jeunes soldats montèrent avec une intrépidité sans égale. Depuis les campagnes de 1792, 93 et 94, les militaires français n'avaient pas montré une telle ardeur.

Ils surmontèrent tous les obstacles, et remportèrent une victoire signalée, qui eut pour résultat la prise d'une ligne de redoutes établies sur la hauteur de Wurchen, d'une quarantaine de pièces de canon, des chariots, des équipages, et d'un assez grand nombre d'hommes. Cette journée nous donna six mille cinq cents blessés, tant de la ligne que de la Garde.

(Baron D.-J. Larrey, *Mémoires de chirurgie militaire et Campagnes.*)

23 MAI

A mon arrivée au quartier général, à une petite journée de Hainaut, j'appris la triste nouvelle de la mort des généraux Kirgener et Bruyère, et de la blessure mortelle du maréchal Duroc, duc de Frioul. Ce général m'avait demandé plusieurs fois, et il était dans une impatience extrême de me voir arriver. On l'avait déposé dans la chaumière de l'un des habitants du village où il avait été blessé. En entrant dans cette chaumière, où je trouvai le maréchal étendu sur un tas de paille et encore vêtu de son habit d'uniforme, je fus saisi de la crainte de le voir frappé d'un coup mortel. Mes sinistres pressentiments ne se réalisèrent que trop. A peine put-il articuler quelques mots. Les effets de sa blessure se faisaient apercevoir à travers l'appareil qui la couvrait, et son visage était empreint de la pâleur de la mort. Il avait eu les parois du bas-ventre enlevés par un boulet de gros calibre, les intestins déchirés dans plusieurs points, et expulsés hors de l'enceinte abdominale. Je reconnus, avec la plus vive douleur, que tous les secours de notre art ne pourraient l'arracher à la mort prochaine et inévitable qui l'attendait. En effet, peu d'heures après, cet officier général, l'un de mes honorables compagnons d'Égypte, avait terminé sa brillante carrière.

(Baron D.-J. Larrey, *Mémoires de chirurgie militaire et Campagnes.*)

Les ennemis occupaient la rive droite de la Sprée et nous la gauche. Au point du jour, nous nous portâmes en avant et passâmes la rivière au village de ..... qui fut incendié. Nous fûmes obligés d'abattre les roues des moulins pour pratiquer un passage. Nous nous dirigeâmes sur le village de Bischofswerda qui est sur la rive droite d'un affluent de la Sprée. Nous marchions en masse et en colonne serrée. Le centre de notre armée qui se trouvait sur notre droite était déjà aux prises avec l'ennemi : celui-ci faisait feu sur nous de la plaine ainsi que de ses nombreuses redoutes. L'armée entière avançait en poussant le cri d'en avant. Après avoir dépassé une éminence sur laquelle se trouvait un moulin qu'un obus venait d'incendier, nous descendîmes un valon conduisant à Bischofswerda. Nous traversâmes un bois taillis et nous nous mîmes en colonne serrée, entre le bois et la plaine située à notre droite. Peu après, une dizaine de pièces de 12 vinrent se placer en batterie. Durant ce temps les bouches à feu vomissaient la mort de toute part, précisément sur nos troupes en colonne serrée, et chaque coup portant faisait de nombreuses victimes. Sur les onze heures du matin, une nuée de trois à quatre mille Cosaques vint nous charger en poussant des cris féroces. Nos pièces leur envoyèrent, à bonne portée, une première décharge à mitraille. Plus de six cents de ces insulaires furent tués dans la même minute ainsi qu'un nombre considérable de chevaux. On n'entendait qu'un cri d'alarme.

Sur les onze heures et demie, un biscaïen de nos ennemis m'atteignit et me fracassa la cuisse droite, près des testicules. Étant tombé sur place, je fus mis sur deux fusils et emporté près du moulin à vent qui brûlait, duquel on me tira une planche sur laquelle me couchant je me trouvai soulagé du craquement des os de ma cuisse qui, étant cassée, se contrariaient dans les chairs. Quatre hommes me prirent ainsi et me portèrent sur leurs épaules jusqu'au village brûlé de ....., où ils me déposèrent dans le cimetière. En peu de temps, nous nous trouvâmes environ cinq cents dans le cas d'amputation de jambes ou de cuisses : ceux qui n'étaient blessés qu'aux bras avaient eu la force de se diriger sur Bautzen. Quelques-uns de nos chirurgiens se trouvèrent là, mais je ne pus obtenir d'eux le pansement de ma blessure notre armée ayant serré les ennemis de plus près, les avait forcés à la retraite, nos chirurgiens durent suivre l'armée et nous abandonnèrent. Tel était notre sort. Point de paysans, point de bourgeois pour nous secourir : il était impossible d'apporter le moindre soulagement à nos mutuelles infortunes. La nuit du 21 au 22 fut longue. Par une pluie qui ne cessa pas et contre laquelle je ne pouvais me garantir, j'étais étendu sur une fosse avec quelques brins de paille, et ma tête reposait sur mon frac plié, et tout arrosé de mon sang. Par bonheur il me restait un morceau de pain de munition et mon gousset contenait encore 32 pièces de 20 francs.

Vers dix heures du matin, trois cents Cosaques qui se trouvaient sur les derrières de notre armée vinrent nous visiter. A leur vue, je pris mes 32 pièces d'or et les mit sous la poignée de paille qui me servait de matelas ; j'eus soins de prévenir les autres blessés, mes voisins, de prendre cet or si j'étais tué. Mais je fus trompé avantageuse-

ment. Quelques Cosaques mirent pied à terre et pénétrèrent dans le cimetière. L'un d'eux vint me poser le bout
de sa lance sur le creux de l'estomac, que j'avais à découvert et couvert de sang : mais il ne poussa pas et aucun
d'eux ne nous fit de mal. Le ralliement ayant sonné, ils
partirent. La pluie ne discontinuait pas, et le reste de la
journée se passa sans espoir de soulagement.

Dans la journée du 23, des paysans survinrent et s'api-
toyèrent de voir leurs habitations incendiées. En ayant
aperçu un regardant à travers le mur du cimetière, je l'appelai, en lui disant de n'avoir pas peur, car nous étions tous
blessés et hors d'état de lui faire la moindre violence. Je
lui demandai d'où il venait. Il me dit qu'il arrivait d'une
forêt située à trois lieues et sur les sapins de laquelle la
plupart des habitants avaient grimpé pour s'y cacher. Je
lui dis d'aller les chercher eux et leurs bestiaux, ainsi que
les charrettes pour nous transporter à Bautzen, ajoutant
que nous les paierions généreusement. Comme preuve à
l'appui, je glissai à ce malheureux un thaler de Prusse. Il
partit aussitôt, et ramena, dans la nuit du 23 au 24, quelques habitants traînant des brouettes que nous nommâ-
mes galères. Comme je leur dis quelques mots en allemand, ils se montrèrent moins défiants à notre égard.

Le 24, vers six heures du matin, plusieurs officiers blessés purent, grâce à l'argent qu'ils possédaient, se faire
transporter par ces paysans à Bautzen, distant de quatre
lieues environ. Quant à moi, je ne pus supporter les chaos
de la brouette; j'engageai donc les paysans à couper
quelques branches de saule, avec lesquelles ils confection-
nèrent une sorte de brancard. Grâce à ce mode de transport ils parvinrent, à quatre, à me transporter de Weis-
culm à Lohs, où se trouvait un général, confié aux soins
d'un chirurgien qui venait de l'amputer des deux jambes.

Mais mes hommes, par suite de leur fatigue, refusèrent
d'aller plus loin, et exigèrent que d'autres prissent leur
place. C'était impossible. Ils me déposèrent donc à terre.
Comme mon postérieur était plus gros que ma cuisse, je
portai à faux et j'éprouvai les plus vives douleurs. J'étais
depuis quelques temps dans cette triste situation, quand
je vis une femme. Je l'appelai en allemand et lui exposai
mon cas. Elle partit et s'en revint escortée du meunier de
Lohs et de ses enfants; tous se plaignaient de la faim. Je
leur donnai un morceau du pain que j'avais serré dans
mon frac qui me servait d'oreiller. Ces pauvres gens se
mirent à genoux et prièrent Dieu à haute voix pour ma
guérison. Le général, qui était près de moi sur son brancard, ne pouvait comprendre tout ce que cela voulait dire.
Je demandai au meunier de me procurer un peu de brandevin. Il me répondit n'en point avoir. Je lui donnai alors
un thaler, et il m'en procura bientôt après une bouteille
qu'il tira de terre près de moi. Je fis boire tout ce monde
là et leur dis que s'ils pouvaient me transporter à Wilcel,
je m'engageais à payer double voyage. Le brandevin étant
un bon argument, ils prirent courage et remplirent mes
vues. A mon arrivée à Wilcel, ayant toujours la pluie sur
la figure, je donnai deux thalers à mes quatre paysans en
plus des quatre qu'ils avaient déjà reçus. Ils étaient plus
que contents. D'autres paysans qui étaient là ne se firent
pas prier pour les relever. D'ailleurs, ils me le deman-
dèrent et je leur accordai volontiers la permission de me
charger sur leurs épaules. Arrivé à Bautzen, je me trouvai sur la place, entouré de treize mille hommes atteints
de blessures graves, nécessitant l'amputation. J'eus le
bonheur d'y être rejoint par l'un de mes grenadiers qui
avait été précisément envoyé pour me soigner. Il était
arrivé bien à point. Je m'informai de l'hôpital auprès de

quelques habitants qui me répondirent qu'il y en avait un, mais qu'il était inhabité. Ayant appris qu'il y avait un évêque, je me fis porter devant la porte. Elle était fermée à clé. J'ordonnai à mon grenadier de frapper vigoureusement contre cette porte, qu'on refusa d'ouvrir. J'appelai de nouveau, même refus. Je fis alors tirer un coup de fusil à balle dans la serrure, et la porte s'ouvrit. D'autres officiers blessés, s'étant fait porter comme moi, entrèrent dans la cour : et tandis que je me faisais monter par un escalier tournant, ce qui me donna bien de la peine, quarante-deux de mes camarades qui n'avaient fait jusque-là aucune démarche, montèrent tranquillement un escalier droit, et arrivèrent avant moi. Arrivé en haut, je me vis refuser une porte, et je dus rester dans le corridor. Je criais alors que je venais me confesser et que je demandais monseigneur l'évêque. Je lui fis savoir, à ce dernier, que j'appartenais à une honnête famille, que je savais devoir mourir bientôt et que j'avais le plus grand désir de pénétrer dans la pièce dont la porte restait fermée. L'évêque me refusa formellement, sous prétexte que cette chambre était réservée à l'empereur Napoléon : et, me donnant un signe de croix, il me quitta.

Quand je vis que j'étais dans une maison où il n'y avait aucune assistance, je me mis à crier qu'il fallait mettre le feu à l'évêché et que, puisque nous ne trouvions pas de soulagement chez nos alliés, nous devions mourir plus vite et qu'en brûlant l'évêché notre affaire serait vite terminée. Je me mis aussitôt à crier en allemand : « Il faut brûler l'évêché ! Allons, battez le briquet et allumez la paille. Nous serons plus vite morts ! » Tout à coup, je vis arriver un domestique. Il ouvrit la porte d'une immense salle où tous, au nombre de quarante-trois, nous entrâmes. Pendant la première nuit, dix-huit moururent ;

puis, presque tous les jours, un ou deux. Il arriva des chirurgiens, et tous ces malheureux furent amputés. Je me refusai à cette opération et pris sur moi de ne pas me laisser toucher par ces bourreaux d'hommes. Tous ceux qu'ils avaient opérés moururent du tétanos, la gangrène s'étant communiquée dans leurs plaies. Deux seulement résistèrent : le colonel du 1er régiment d'artillerie à pied et un chef de bataillon du 4e régiment d'infanterie légère italien; les autres furent portés au cimetière. Au bout de vingt-quatre jours que je restai là, un commissaire des guerres français vint me faire croire que l'empereur Napoléon venait à Bautzen et qu'il n'y avait que cette chambre pour le recevoir; il m'offrit de me faire obtenir un logement convenable dans la ville, ce que j'acceptai. Mon grenadier ayant visité deux logements, me dit que je pourrais entrer avec mon lit, sans m'ôter de dessus ni me déranger. Je fus alors transporté dans un nouveau logement, chez un fabricant de bonnets pour des turbans turcs; je restai jusqu'au 16 du mois de juillet chez ce brave homme, qui me rendit de grands services en me procurant, contre argent, tout ce dont j'avais besoin. J'avais fait acquisition d'une trousse de chirurgien et de cérat; je coupai les chemises que m'avait apportées mon grenadier. Je mis des ailettes que je liai avec de la paille, puis je coupai à l'aide d'un ciseau recourbé, je brûlai à la pierre infernale et bouchai la plaie avec de la charpie imbibée de cérat. Mon premier soin fut de retirer le morceau de chemise de ma cuisse ainsi que le biscaïen pesant environ quatre onces. Ma cuisse était noire et je pus craindre la gangrène. Mais le grand régime que je suivis me sauva, et le trente-sixième jour ma plaie se cicatrisa après que j'en eus retiré quatre-vingt-douze esquilles.

Je laissai quelques présents à mon hôte ainsi qu'à la

domestique, et le 16 juillet, d'après l'ordre de l'Empereur, je dus, comme tous les blessés qui se trouvaient à la droite de l'Elbe, passer à la gauche. Il fallut donc me pourvoir de béquilles et me mettre en route.

(*Souvenirs militaires inédits de Jean-Pierre Sibelet*, officier de la Légion d'honneur, capitaine retraité du 11e régiment de chasseurs à cheval. Rentré au service en 1812 dans la 25e cohorte et capitaine de grenadiers au 145e régiment de ligne, le 18 février 1813.)

DRESDE, JUIN 1813

Le 19 juin, les acteurs de la Comédie française arrivèrent, et trouvèrent tout disposé pour les recevoir. J'avais
fait louer des maisons convenables, avec tout le mobilier
nécessaire ; des voitures, des domestiques, etc., furent à
leurs ordres ; en un mot, nous nous efforçâmes de deviner
leur goût, leurs habitudes et tous leurs désirs, pour leur
épargner les ennuis d'un séjour en pays étranger. Il était
bien juste de songer à la satisfaction de ceux qui, par de
grands talents, par la politesse remarquable de leur ton
et de leurs manières, venaient de si loin contribuer aux
délassements et aux plaisirs d'une armée française condamnée momentanément au repos.

La composition de la Comédie française était la suivante :

MM. Saint-Prix, Talma et Mlle Georges, pour la tragédie ;

MM. Fleury, Saint-Fal, Michot, Baptiste cadet, Armand,
Thénard, Vigny, Michelot, Barbier, Mmes Thénard, Émilie
Contat, Mézerai, Mars, Bourgoin, pour la comédie ;

M. Desprès, directeur ;

M. Maignen, secrétaire et souffleur ;

Un machiniste, un chef des gardes, un tailleur, un coif-
feur, et M. Mongellas, premier garçon de théâtre.

Un théâtre fut construit dans l'orangerie du palais Marcolini, qui communiquait aux appartements et qui pouvait contenir deux cents personnes. Grâce à l'obligeance du comte Wistum, maréchal de la cour de Saxe, et à celle du comte de Loo, chambellan et intendant du mobilier de la Couronne, ces préliminaires indispensables furent promptement achevés. En attendant le début de la Comédie française, la troupe italienne du Roi donna trois représentations sur ce petit théâtre.

La première représentation française eut lieu le 22 juin, par la *Gageure imprévue* et par la *Suite d'un bal masqué*, de madame de Bawr.

Les tragédies, pour l'exécution desquelles l'enceinte du petit théâtre du palais aurait été peu convenable, furent réservées pour le grand théâtre de la ville, où l'on n'était admis ces jours-là qu'avec des billets du comte de Turenne, et sans aucune rétribution. Les valets de pied de la maison de l'Empereur faisaient seuls le service des loges et présentaient des rafraîchissements aux personnes qui les occupaient.

Un changement remarquable se fit à cette époque dans les goûts de Napoléon qui, jusqu'à ce moment, avait toujours préféré la tragédie. Tous les hommes, en général, éprouvent assez ordinairement cet effet de la vie. Dans l'âge des passions et de la jeunesse, les chefs-d'œuvre de la scène tragique nous transportent dans un monde inconnu et de convention. Là, tout, jusqu'au langage et aux costumes, parle héroïquement à nos sens et à notre âme. C'est le moment des illusions qui nous ravissent et nous subjuguent. Plus tard l'exaltation se calme; on a besoin de se rapprocher de la nature et du monde réel, la société : la peinture vraie des caractères et des mœurs nous intéresse et nous attache bien davantage. Certainement l'admirable talent de Mlle Mars, de Fleury, etc., etc., étaient bien propres à expliquer ce changement dans les goûts de Napoléon... Mais, si j'en juge d'après mes propres observations, la raison que je viens de donner me parait la plus vraisemblable.

Je choisissais le moment du déjeuner de l'Empereur pour lui présenter le répertoire des ouvrages qui pouvaient être représentés. Ordinairement il me le faisait lire à haute voix et fixait son choix. Un jour, à propos de l'*Intrigue épistolaire*, il me demanda si cette pièce n'était pas de *Fabre d'Églantine*. Le prince de Neufchâtel, qui déjeunait avec lui s'empressa de répondre affirmativement et se mit à parler de suite de *Philinte de Molière*, du même auteur. L'Empereur énonça, au sujet de cette dernière comédie, une opinion fort remarquable : « Il l'avait vue représenter plusieurs fois dans sa jeunesse, il en avait toujours trouvé *le style barbare et étrange pour la fin du* XVIIIe *siècle*. Passant à la discussion du fond de cette pièce, il dit, entre autres choses, qu'il avait toujours cherché à deviner, sans pouvoir y réussir, pour quel motif l'auteur avait intitulé sa comédie le *Philinte de Molière*, à qui il ne ressemble pas plus qu'à tout autre personnage de toute autre comédie. Le véritable Philinte de Molière, continua-t-il, n'est pas sans doute comme le misanthrope Alceste, un Don Quichotte de vertu et de philanthropie. Il ne se croit pas obligé de rompre en visière aux gens, pour des vers bons ou mauvais : il connaît assez les maladies incurables des hommes pour savoir que la franchise, placée mal à propos, peut souvent faire beaucoup de mal en irritant gratuitement les passions : en un mot, c'est un homme raisonnable, honnête, de bonne compagnie et incapable de la moindre action ou du moindre discours qui blesserait la morale ou la délicatesse. Le *Philinte de*

Fabre, au contraire, est un homme des plus méprisables, qui se montre ouvertement capable de commettre les actions les plus odieuses pour un vil intérêt, et qui était aussi peu digne d'être l'époux de celle qu'il aime, que l'ami du misanthrope Alceste. Quant à l'intrigue, elle est pitoyable, sous tous les rapports. Quel est le banquier, le capitaliste ou le receveur général, qui laissera disparaître de sa caisse un billet *de six cent mille francs au porteur* sans s'en apercevoir? — Et puis, c'est un procureur qui convient sur-le-champ de sa friponnerie au premier mot que lui dit Alceste... Il faut convenir que tout cela est pauvre d'invention et d'exécution et écrit dans un jargon des plus prosaïques. L'admirable feu de *Molé* fut la seule chose qui me fit plaisir. Mais je ne regrette point qu'elle ne soit pas sur le répertoire, car je n'ai aucun désir de la voir représenter. Quant à l'*Intrigue épistolaire*, M. le surintendant, qui nous écoute, pourra la faire jouer sur le grand théâtre. Il est possible que cet *imbroglio* fasse plaisir à la cour du roi de Saxe. »

L'Empereur avait raison de dire que je *l'écoutais*. Je trouvais tout ce qu'il disait, dans ces moments d'abandon, si riche d'idées et d'expressions, que je mettais tous mes soins et usais de toutes les ressources de ma mémoire pour n'en rien perdre. (Au sujet de *Fabre d'Eglantine*, j'ai toujours été frappé du contraste qui exista entre sa vie publique et sa vie privée. Je n'ai jamais pu concevoir comment un homme qui s'occupait de poésie et de comédie, ce qui semble indiquer des goûts aimables et sensibles, a pu s'asseoir froidement à un bureau, avec son ami Danton, dont il était le secrétaire, pour rédiger tranquillement la liste des malheureuses victimes que l'on devait massacrer sans pitié dans les prisons, le 2 septembre 1792).

Napoléon me fit relire le répertoire et se décida pour
l'*Épreuve nouvelle* et pour le *Secret du ménage*, de M. *Creuzé
de Lesser*.

Cette jolie comédie lui fit un grand plaisir. Il se rappela l'avoir vu jouer une fois à Fontainebleau. Il fit un
éloge mérité des *pensées*, des *sentiments* et de l'*intrigue*,
qu'il disait être tout à fait dans le ton de la bonne compagnie et capable de lui plaire.

Si la surintendance du théâtre de Moscou avait affecté
mon âme par le spectacle de tant de misères et de souffrances, j'aime à convenir que celle de Dresde fût pour
moi une suite continuelle de satisfaction et de plaisir. Je
ne fus point étonné de trouver la pureté du langage réunie à l'élégance du ton et des manières; mais je le fus
singulièrement de l'accord de tous les acteurs, de leur
union, de leurs qualités privées. Toujours faciles, toujours prêts, ils ne se refusèrent à aucune fatigue ni à
aucun travail. Pendant quarante jours d'armistice, ils
donnèrent vingt-cinq représentations.

L'Empereur avait accordé au célèbre Talma la faveur
d'être admis quelquefois auprès de lui pendant son déjeuner. Mlle Mars, lors de notre séjour à Dresde, reçut la
même distinction. Au nombre des questions qu'il lui fit,
il y en eut une qui était relative à son début. *Sire*, répon-
dit-elle avec une grâce qui lui appartient, *j'ai commencé
toute petite. Je me suis glissée sans être aperçue... — Sans
être aperçue!... vous vous trompez... vous voulez dire apparemment que vous avez forcé peu à peu l'admiration. Croyez,
au reste, Mademoiselle, que j'ai toujours applaudi, avec
toute la France, à vos rares talents.*

... Dans la nuit du 11 au 12 août, le prince de Neufchâtel m'écrivit, de la part de l'Empereur, de donner des
ordres pour le départ des artistes. Je fus les prévenir moi-

même, et je les engageai sans peine à s'y conformer. Les partisans prussiens les effrayaient assez.

Le billet du prince de Neufchâtel me ferait penser que l'on avait conçu, jusques au dernier moment, l'espoir d'une espèce de conciliation.

« Mon cher Bausset, l'Empereur me charge de vous dire que les artistes du Théâtre-Français qui sont ici doivent, *conformément aux premières dispositions*, partir dans la journée d'aujourd'hui ou demain matin pour les dernières, et se rendre à Paris. Veuillez les en prévenir. Amitié.

12 août, à trois heures du matin.

« Signé : ALEXANDRE. »

(De Bausset, ancien préfet du Palais impérial. *Mémoires anecdotiques sur l'intérieur du Palais et sur quelques événements de l'Empire depuis* 1805 *jusqu'au* 1er *mai* 1814. Paris, Baudoin frères, 4 vol. in-8°, 1827.)

L'ARMISTICE

DU 4 JUIN AU 16 AOUT 1813

L'armistice fut regardé avec raison, par ceux qui se mêlaient de politique, comme une grande faute de l'Empereur. Il n'avait, de la part des alliés, d'autre but que celui de se réorganiser et de se renforcer en attirant à eux l'Autriche, neutre jusqu'alors, et dont l'épée allait faire pencher la balance de leur côté. L'armée française, peu initiée aux secrets de la diplomatie, vit la trêve avec plaisir, car elle était fatiguée.

Notre maréchal, Marmont, paraissait lui-même un peu las de la guerre; il avait du courage, mais peu de bonheur, et plus tard sa capitulation de Paris, en 1814, a prouvé qu'il préférait la paix quand même à la guerre pour son Empereur.

J'ai rarement vu de figure plus sombre que la sienne; une barbe et des cheveux fort noirs contribuaient à cet effet; ses lèvres, enfin, ignoraient le sourire. On ne pouvait, du reste, lui contester la bravoure; il avait, ainsi que les généraux Compans et Pelleport, un imperturbable sang-froid au milieu du feu le plus terrible, et les uns ni les autres ne trahissaient alors la moindre émotion.

Marmont avait souvent été blessé à la guerre; lorsqu'il prit le commandement de notre corps d'armée, il avait encore le bras en écharpe d'un éclat d'obus reçu à l'armée d'Espagne. Mais le courage militaire tout seul ne suffit pas aux officiers généraux : il faut qu'ils sachent, en outre, exciter le soldat par des mots heureux et par un air d'assurance et de gaieté. C'est ce que ne faisait pas le duc de Raguse ; aussi, pour cela, le regardait-on avec une complète indifférence.

Le général de Pelleport était un homme de grand mérite. Il commandait notre brigade depuis le passage à Dresde. Il a, depuis la paix faite, été en grande faveur comme lieutenant général, ayant figuré dans le comité directeur de l'infanterie, et a été l'un des meilleurs inspecteurs de cette arme.

Parfaitement instruit lui-même, il tenait à s'assurer personnellement de l'instruction de ses subordonnés. Il contrastait avec notre colonel, ordinairement invisible (sans être enchanteur), et grondeur par habitude et sans motifs.

Le général de Pelleport m'a souvent donné des marques d'intérêt dont je garde un précieux souvenir, car j'ai le sentiment que la flatterie, qui n'est pas mon faible, n'y eût aucune part. Plein d'humanité envers les victimes de la guerre, il avait l'urbanité d'un homme bien élevé, sans jamais se départir de la tâche peu facile de veiller à la régularité du service. Il était difficile de ne pas l'estimer, et on ne pouvait l'estimer sans l'aimer en même temps.

Quant au major, la guerre ne faisait qu'ajouter à ses défauts. Il reçut, au début de la campagne, quelques éloges pour une expédition dont il s'était bien tiré ; son orgueil naturel s'en était accru au plus haut point, et sa brutalité ordinaire tournait à la férocité. Je l'ai entendu un jour, à la fin d'une marche très fatigante, donner l'ordre à un sous-officier d'administrer des coups de baguette à un soldat qui s'était laissé arriérer, et celui-ci n'exécutant qu'à contre-cœur cet acte de sévérité outrée, j'ai vu le major descendre de cheval, saisir une baguette de fusil, et rouer lui-même de coups avec cette dure verge un pauvre diable exténué de fatigue ; tout cela en présence de tout un régiment, qui pensait que son chef méritait la fustigation bien plus que la victime ; mais la discipline commandait un triste silence.

Ma chaumière de paysan, près de Guadenberg, me parut un palais après. cinq ou six semaines de bivouac à la belle étoile, et la paille me fit l'effet du plus confortable des lits. J'y logeais avec mes lieutenants, et nous avions en commun la jouissance d'une vache laitière, répartie du parc de la division. Je jouissais, de plus, d'une petite jument qu'un de mes soldats m'avait procurée, et dont le titre de propriété n'était, hélas ! justifié que par le droit de la guerre et par l'impossibilité où je m'étais trouvé de faire, comme je l'aurais voulu, restitution au véritable propriétaire d'une prise que je n'avais point ordonnée, et dont je ne profitais qu'avec répugnance. En route, ce cheval portait ma modeste valise et celles de mes officiers ; je ne le montais point. En cantonnement, il me servait à faire des courses dans les environs, surtout à Buntzlau, où se réunissaient dans une tabagie les officiers du corps d'armée pour boire de la bière, fumer du tabac prussien et parler politique.

Le bourg de Guadenberg n'était point veuf de tous ses habitants : les sommités seules s'étaient éloignées. Il se composait d'un quadrangle de bâtiments très propres, construits sur un plan uniforme ; au centre se trouvait l'église. Les habitants que nous vîmes étaient bons, honnêtes et serviables. Lorsque, au retour de la captivité de Russie, nous traversâmes en guenille ce bourg que nous avions occupé en vainqueurs, ces mêmes personnes nous reconnurent, malgré notre misère, et nous comblèrent de marques d'intérêt et d'offres de service, ce qui faisait leur éloge et un peu le nôtre, en prouvant que nous n'avions pas abusé de la victoire.

L'armistice fut mis à profit pour faire manœuvrer de temps à autre la division dans les champs de blé qu'on foulait aux pieds sans miséricorde; on était en pays vaincu. Le général, non content du règlement d'exercices, y ajoutait quelques manœuvres de son fait. Inutile de dire que jamais l'ennemi n'eût l'agrément d'en voir exécuter aucune, car les manœuvres réglementaires elles-mêmes étaient réduites, lorsqu'on les employait au sérieux, à leur plus simple expression. Quoiqu'il en soit, il était assez intéressant pour moi d'être exercé de cette manière en compagnie de sept à huit mille hommes, chose rare dans les exercices de garnison.

Dans une de ces manœuvres, je me trouvai à la tête d'un peloton sur lequel devait se déployer la division tout entière. Je me croyais sûr de mon affaire, lorsqu'un malencontreux adjudant, se croyant à l'école de bataillon, vint faire arrêter le peloton à hauteur de la tête de la division, quelques centaines de pas plus loin. Sans me rendre bien compte du but, je crus que cet adjudant agissait par ordre supérieur, et je fis halte. Mais un orage, sous forme d'un aide de camp du général de division, vint fondre sur moi et me faire remarquer ma bévue. Vint ensuite le général lui-même dans un état de furie concentrée; je crus qu'il me transpercerait de son épée, et, sans écouter ma justification, il ordonna, un peu vaguement, il est vrai, qu'on me mît aux arrêts, après l'exercice. On comprit qu'il y avait là une colère du moment qui serait bientôt oubliée, et je n'ai jamais entendu parler de ces arrêts. Je ne sais si Compans, qui vient de mourir en 1845, me les a légués dans son testament comme une preuve de sa mémoire.

Il y eut pendant l'armistice une distribution de croix d'honneur, dans laquelle je n'étais point compris. J'en éprouvai un grand mécompte parce que je voyais décoré plus d'un officier dont le mérite était équivoque ; mais le colonel présentait la liste des propositions et il ne fallait attendre de ce côté qu'une injuste partialité. Le bon M. Préville, mon chef de bataillon, n'était pas complice du passe-droit, car il m'en témoigna tout son chagrin.

Ce cher colonel reçut lui-même alors une récompense non moins gracieuse pour nous que pour lui : il fut nommé général de brigade et nous quitta. Bon voyage ! J'ai appris dans la suite qu'il avait été fait prisonnier à Dresde avec le corps d'armée du maréchal Gouvion-Saint-Cyr et qu'il était mort pendant sa captivité.

A cette époque on compléta le nombre, fort décimé par la guerre, des officiers du régiment par des officiers d'infanterie tirés de l'armée d'Espagne. Ces messieurs avaient en général la bourse beaucoup mieux garnie que nous, ce qu'on attribuait en partie à certaines exactions envers les habitants, fort usitées à l'armée d'Espagne. Quelques-uns regrettaient même assez naïvement cette ressource, qui manquait à l'armée d'Allemagne. Je me hâte de dire, à l'honneur de mes compatriotes, que l'un d'eux faisait exception : il était Genevois et se nommait Ramu. Son grade était celui de capitaine, et on le classa précisément dans mon bataillon. On comprend que je me mis bientôt en liaison avec lui ; je le fis d'autant plus volontiers que Ramu, sans avoir précisément reçu une éducation libérale, avait du jugement, de l'expérience, beaucoup de courage et un aimable caractère.

L'armistice avait été prolongé dans l'espoir d'une pacification ; mais cet espoir se trouva déçu, et l'on devina bientôt que les hostilités allaient recommencer, lorsque l'Empereur fit avancer au 10 août la célébration de sa fête, dont la date ordinaire était le 15.

Ce jour-là, le maréchal Marmont, son bâton en main, comme la statue du *Festin de Pierre*, et non moins grave et sombre que cette statue, passa en revue notre corps d'armée. Puis il y eut dans l'église de Guadenberg un repas de tous les officiers de la division, où des santés assez ampoulées furent officiellement portées à l'Empereur et à sa famille. Notre général Pelleport, qui n'était point bavard, le fut encore moins qu'à l'ordinaire, car il porta sans aucun commentaire la santé du petit roi de Rome, comme un soldat qui exécute sa consigne. Il aurait porté avec le même sang-froid la santé du pape, si le pape eut été en place, tant il faisait réglementairement les choses.

L'armistice expira le 16 août 1813, après deux mois et demi de durée, et notre corps d'armée quitta ses cantonnements pour reprendre le bivouac.

(*Mémoires de Jean-Louis Rieu.*)

ARMISTICE

(DU 4 JUIN AU 16 AOUT

C'est sur les bords de l'Oder que nous apprîmes que des négociations venaient de s'ouvrir pour la paix ou du moins pour un armistice qui pouvait y conduire. Cet armistice fut en effet signé le 4 juin pour dix semaines.

On nous ramena donc à quelques lieues en arrière dans les environs de Goldberg, petite ville pittoresquément assise sur les dernières ondulations des montagnes de la Bohême et dans une des parties les plus riches et les plus charmantes de la Silésie. Nous devions passer là notre été, confortablement établis dans un de ces camps que savent si bien construire et orner les soldats français. En attendant qu'on pût mettre la main à l'œuvre, nous demeurâmes deux ou trois jours à Goldberg, logés chez le bourgeois, et c'est là que je reçus une leçon de modération qui me parut risible.

Il faut savoir qu'on m'avait adjoint pour le commandement de la compagnie (sans doute parce qu'on me trouvait trop jeune et trop peu expérimenté pour rester seul à sa tête), un des vieux lieutenants républicains du régiment. La différence de grade entre nous étant fort peu sensible, nous étions sur un pied d'égalité à peu près complète, sauf l'âge et, au besoin, l'autorité officielle qui lui aurait appartenu. Le soir où nous arrivâmes chez notre petit bourgeois de Goldberg, qui n'était pas des plus riches, nous trouvâmes sur la table du pain et du beurre, avec un pot de bière, et nous nous mîmes à faire des tartines. Les miennes étaient un peu grasses, j'en conviens ; mais, si l'on veut considérer que je courais sur mes dix-neuf ans, que j'étais doué d'un grand appétit et que j'avais été fort mal nourri depuis longtemps, on me jugera, j'espère, moins rigoureusement que ne fit mon collègue.

Il considérait attentivement mes tartines, et finit par me dire : il ne faut pas, mon cher, surcharger les pauvres paysans ; ménageons-les, au contraire, le plus possible. Voyez, moi, combien peu de beurre me fait manger de pain. — A ces mots, je partis d'un franc éclat de rire, suivi de toute sorte de gaietés sur son moyen de diminuer les maux à la guerre. Heureuse Allemagne, m'écriai-je, si elle n'avait à se plaindre que de l'épaisseur de mes tartines !

C'est vrai, sans doute, mais au fond j'étais un jeune sot, qui ne savait pas découvrir, sous une apparence un peu ridicule, combien était respectable le sentiment du vieux soldat. Il appartenait à ces premières levées de la République, qui apportaient sous les drapeaux un enthousiasme peu éclairé, si l'on veut, mais certainement plus noble que celui qui anima plus tard les soldats du Conquérant.

Dès que le camp fut construit, nous nous y installâmes avec grand plaisir. Nous avions pour demeures des barraques triangulaires, assez élevées et soigneusement recouvertes en paille du haut en bas. Leurs doubles lignes formaient de longues et larges rues, parfaitement alignées, et qui avaient un aspect d'ordre et de propreté tout à fait réjouissant. Chaque baraque possédait son petit parterre dessiné avec goût, et c'était à qui déploierait le plus de talent et de zèle pour l'ornementation des cuisines, des rues, des carrefours et de toutes les localités qui en paraissent susceptibles. Cette émulation produisit bientôt les effets les plus variés, faisant de notre camp un très agréable séjour.

Les deux mois passés dans ces lieux m'ont laissé un excellent souvenir. Quoique petite, la ville de Goldberg offrait pourtant quelques ressources pour l'utilité et l'agrément de ses visiteurs. Mais ce qui avait pour nous un attrait plus puissant encore, c'étaient les promenades dans la montagne, surtout pour moi, quand je pouvais les faire seul ou accompagné d'un ou deux camarades. Ces excursions réveillaient d'heureux souvenirs, reposaient du bruit des armes et rafraîchissaient l'âme. Elle en avait grand besoin, car le spectacle continuel de la violence envers les hommes et les choses, durant les longues marches en pays ennemi, finit par assombrir et oppresser ceux que l'habitude n'a pas encore endurcis. On aspire à sortir de cette atmosphère viciée pour respirer un air plus pur, et l'on oppose involontairement quelque songe poétique à la brutale réalité.

Cet armistice, a-t-on dit, a été funeste à Napoléon ; je n'en sais rien, mais il fut certainement heureux pour moi, j'en profitai de toute manière.

Il apporta, par exemple, une grande amélioration dans ma toilette, amélioration devenue extrêmement nécessaire et après laquelle j'avais longtemps soupiré en vain. Car c'est un vrai supplice, pour qui n'y est pas habitué, de rester deux mois entiers, en route et en guerre, sans pouvoir changer de linge, surtout quand il y a des motifs pressants de le faire. Je cherchais bien les moyens de di-

minuer le mal, mais je n'y parvenais guère. Ainsi, toutes
les fois qu'il y avait suspension dans nos marches, je me
rendais à l'écart, sur le bord d'un clair ruisseau, et là,
après m'être complètement dépouillé, je plongeais mon
linge dans l'eau courante, où, faute de savon, je le frot-
tais consciencieusement avec des cailloux arrondis; après
quoi, j'allais m'installer sous les noisetiers du rivage dans
le costume le plus primitif, en attendant que ma chemise
fut sèche. Mais ce n'étaient là que des palliatifs insuffi-
sants.

Jugez de ma joie, quand on nous paya un mois de solde
à Goldberg. Quatre-vingt-trois francs à un homme qui
manque de tout, il y a là, en effet, de quoi le réjouir.
C'était le premier argent que m'eût donné l'Empereur, et,
je dois le dire, non seulement j'en fus reconnaissant, mais
presque troublé. En tâchant de faire entrer dans ma poche cette somme qui avait peine à y tenir, je me demandais si ce que j'avais fait valait tant d'écus que cela. Toutefois, sans plus approfondir, je m'achetai immédiatement deux chemises, un pantalon et quelques menus effets,
qui diminuèrent beaucoup mon capital. Le surplus devint
argent de poche et servit à alimenter, durant deux mois,
les visites à Goldberg et les promenades à la campagne.
Mes nouveaux effets me furent certainement très utiles, du
moins ceux que j'avais sur moi, car pour les autres, ils
restèrent sur le champ de bataille de Leipzig, avec mon
brosseur qui les portait dans mon sac. Décidément, je
n'avais pas de chance sous ce rapport.

Une autre amélioration devait encore se faire, mais elle
regardait ma capacité d'officier.—Le temps de l'armistice
fut naturellement employé comme il devait l'être, à perfec-
tionner l'éducation militaire de nos jeunes soldats, et à les
exercer au maniement des armes; cela était d'autant plus

nécessaire, que de nombreux conscrits nous arrivaient pour être incorporés dans le régiment. Ces nouvelles recrues comblèrent et au delà les vides qui s'étaient faits dans nos rangs, en sorte que nous revînmes au chiffre de quatre mille hommes que nous comptions au commencement de la campagne. Pour les exercices, on réunissait d'ordinaire les deux compagnies voisines qui formaient ainsi une division de plus de deux cents hommes, et chaque officier devait à son tour instruire et faire manœuvrer cette division. Mon tour vint donc : mais quelle épreuve !

Je connaissais très bien le maniement du fusil et ce qui concerne l'école de peloton pour le soldat, cinq mois à Saint-Cyr avaient amplement suffi pour cela, mais je n'avais jamais commandé. L'extrême brièveté de mon séjour n'avait pas permis que je fusse initié à un art que les élè-ves entendaient parfaitement, selon l'opinion générale, car ils y étaient, avec raison, soigneusement exercés; mais ce moment n'était pas encore venu pour moi lorsque je sortis de l'École.

On peut donc juger quelle fut ma situation quand je me vis en face de cette longue ligne de soldats, que ma parole devait instruire et ma voix mettre en mouvement. Le sentiment de mon insuffisance, mon embarras trop visible, une grande émotion, tout cela rétrécissait tellement les sons que je cherchais à émettre, que je ressemblais plus à un poulet qui piaule qu'à un officier qui commande. Qu'on se figure ce que je devais souffrir, et faire souffrir ! Aussi, je suppliais du regard mes supérieurs présents, de faire cesser mon martyre, et d'attendre que je fusse un peu plus formé pour cet office. Mes supérieurs restaient impassibles et inflexibles. Oh ! que je les trouvais cruels !

Cependant je ne tardai pas à leur être reconnaissant, car, par suite de la lutte désespérée à laquelle ils m'avaient contraint, au bout de deux ou trois semaines, je commandais mes deux cents hommes, si ce n'est avec une voix de basse-taille, du moins avec un petit *soprano* qui se faisait fort bien entendre et obéir.

L'armistice me fut donc profitable, ainsi que je l'ai dit, et mon éducation s'y était passablement avancée; mais il me restait à faire connaissance avec des misères dont j'étais loin de me douter.

(*Souvenirs d'un ex-officier (1812-1815)*.)

10 AOUT

La fête de l'Empereur, dont l'époque du 10 août rappelait de tristes souvenirs pour la grandeur des souverains et la solidité des trônes, fut célébrée avec beaucoup d'éclat. On avait organisé des jeux et des divertissements dans tous les villages de la Silésie que nous occupions. Le tonnerre de l'artillerie annonça aux Russes qu'il se passait quelque chose d'intéressant sur la rive gauche de l'Oder, et les paysans silésiens apportèrent tristement le vin avec lequel on portait dignement la santé de Napoléon le Grand.

Le général Sébastiani donna aux officiers une fête très brillante dans le château qu'il habitait à Freytall; jeux, danses, repas superbe, illuminations, rien ne fut épargné, tout se passa très bien, et la cavalerie française termina gaîment son séjour en Silésie.

Entre autres, il y eut des courses dans des sacs et un grand jeu du *loup* et du berger. Le berger était le général Sébastiani, très leste de sa personne, il était en tête de ses moutons, c'est-à-dire de tous les officiers qui se tenaient l'un l'autre par les pans de leurs habits, formant ainsi une queue interminable, dont les plis et replis la faisaient ressembler à un immense serpent. Le loup était un grand chef d'escadron de carabiniers, assez gauche. Le général

lui donnait des chocs si bien, placés, qu'il le fit tomber
plusieurs fois, les quatre fers en l'air, à la grande joie des
assistants.

(Rilliet de Constant, *Journal d'un sous-lieutenant de cuirassiers.*)

21 AOUT

Blücher, à la tête de 80.000 hommes, se disposait à forcer le passage du Bober, lorsque, le 21 août, nous vîmes arriver l'Empereur, suivi de plus de 50.000 de ses meilleurs soldats. Profitant de la supériorité numérique qu'un tel renfort nous procurait, il ordonna de prendre immédiatement l'offensive et d'effectuer nous-mêmes le passage de la rivière devant Lœwenberg.

Pour cela, il s'agissait de jeter d'abord du monde sur la rive droite, afin de protéger l'établissement des ponts à chevalets auxquels on travaillait, et c'est alors que notre régiment fut appelé à faire ses preuves devant l'Empereur. Il les fit, et je trouve raconté dans une de mes lettres comment la chose se passa ; voici ce fragment assez naïf :

« Après avoir examiné la position, l'Empereur s'adresse au général Maison et lui demande s'il a un régiment capable de l'enlever. Sire, répond celui-ci, le comte Lauriston m'a donné le 154ᵉ que voilà comme un très bon régiment, mais il y a trop peu de temps que je le commande pour pouvoir en juger. Voyons ce que c'est que ce régiment, dit l'Empereur. Aussitôt on nous fait descendre vers la rivière, et l'Empereur s'y rend avec nous. Animés par sa présence, nous traversons la rivière à gué, malgré

un feu meurtrier, et nous assaillons ensuite résolument
une position escarpée, défendue par un corps nombreux
de chasseurs prussiens... — Après l'affaire, l'Empereur
témoigna sa satisfaction à notre colonel, et ordonna de
lui présenter un état de ceux qui s'étaient le plus distingués. Nous aurions infailliblement reçu grand nombre de
décorations sans la retraite de l'armée, cinq jours après,
retraite qui priva le régiment de ces récompenses pourtant bien méritées.

(Souvenirs d'un ex-officier.)

COMBAT DE LŒVENBERG

21 AOUT

Le 9/21 août, j'allai de grand matin chez le général Blücher; il était déjà aux avant-postes et je le rejoignis sur le Weniburg à la droite du grand chemin de Lœwenberg à Goldberg. (1)

Nous étions occupés, lui, Gneisau, York, Muffling et moi, des dispositions à prendre en cas d'attaque que nous croyions devoir se faire sur notre droite ou sur notre gauche, lorsque, tout à coup, Napoléon vint attaquer notre centre. A onze heures du matin, il ouvrit un feu de canon très vif et fort inutile, qui ne pouvait servir qu'à détourner notre attention; ses batteries que nous ne pouvions apercevoir et qui tiraient en élévation et par parabole, jetèrent une immense quantité de bombes et de boulets sur le Weniburg, où ils ne firent aucun mal; York n'y avait que quelques avant-postes.

A midi, nous aperçûmes un groupe d'officiers sur le pont de Lœwenberg. C'était Napoléon, Murat et leur état-major; une colonne de voltigeurs passa la Bober au gué. à la gauche de Plagwitz; cette colonne était si faible que nous ne crûmes pas d'abord à une attaque sérieuse, mais plutôt à une reconnaissance. Cependant, bientôt après, de fortes colonnes passèrent le pont au pas de charge et jetèrent sur le pont de Plagwitz. Nous avions fait la faute de ne pas assez garnir ce point important.

L'attaque des ennemis fut terrible et notre défense ne le fut pas autant. Je ne fus pas content, dans cette occasion, ni du colonel Hegemann, ni de son régiment de chasseurs (le 7e), ni du bataillon prussien. Ils se retirèrent si vite (les Prussiens par le grand chemin de Goldberg et Hegemann vers le Mittelberg) que quoique je ne perdisse pas un instant pour courir à toutes jambes de Weniburg à Hoffel pour y diriger la retraite de mes troupes (retraite que m'ordonna le général Blücher et qui était conforme à nos instructions), je ne pus traverser le long village de Plagwitz; il était déjà occupé par les ennemis. Je fus obligé de faire un tour énorme par les étangs qui précèdent le village et je courus grand risque de rester embourbé dans les ruisseaux marécageux qui les joignent.

Arrivé avec peine sur le chemin de Plagwitz à Hoffel et un peu avant ce dernier village, je vis le 7e régiment de chasseurs (réuni au 37e, qui avait marché de Hoffel en avant) attaqué par deux régiments, très faibles à la vérité, de chasseurs à cheval français.

Je n'avais alors près de moi que deux escadrons du régiment de Seversk et son chef, le général major Denisieff. Je n'eus pas le temps de lui faire remarquer le danger que couraient mes deux régiments de chasseurs à pied, que déjà ce brave général était sauté sur son cheval, en commandant la charge, et ses deux beaux et braves escadrons tombèrent sur la cavalerie ennemie, la prirent en flanc, la culbutèrent et dégagèrent l'infanterie.

Le général Denisieff rendit, dans cette occasion, un service bien important; ce digne général n'en a jamais négligé une de se distinguer.

Quatre pièces d'artillerie à cheval, sous les ordres de

Stabs et du capitaine Focht, secondaient parfaitement cette attaque et occasionnèrent une grande perte à l'infanterie ennemie qui suivait la cavalerie et qui s'était formée en colonnes pour résister à la nôtre.

Le lieutenant-colonel prussien Endé, qui m'était attaché pour la correspondance allemande avec Blücher et qui s'était constamment distingué par sa bravoure, son zèle, son intelligence, avait été chargé par moi, dans ce moment, de tourner le flanc droit des ennemis par les bas-fonds, le long de la rive droite de la Bober, avec quatre escadrons de Cosaques de l'Ukraine, qui venaient de m'arriver. Endé s'acquitta de cette commission avec succès.

Voyant alors que je n'avais contre moi, devant Zobten, que peu de troupes et que toutes les forces de l'ennemi s'étaient portées sur notre centre, vis-à-vis de Lœwenberg, j'ordonnai au général Roudzavitch d'observer Sieben Eichen avec l'avant-garde et je fis marcher tout un corps par la droite pour être à portée de reprendre le Mittelberg et même le village de Plagwitz si j'en recevais l'ordre, tandis que le général York se soutenait, avec la plus grande bravoure, sur le Weniburg et le Hirschberg.

Mais Blücher qui, ainsi qu'on l'a vu plus haut, avait l'ordre de harceler l'ennemi, de ne pas engager d'affaire générale avec des forces supérieures et, surtout, avec Napoléon, ordonna la retraite qui fut faite par nos troupes dans l'ordre le plus parfait.

Le 6ᵉ corps du prince Scherbateff, le 9ᵉ d'Olsoufieff et l'avant-garde de Roudzewitch se retirèrent de Zolten à Pillgramsdorff, où Blücher prit son quartier.

Par ce mouvement de flanc, le 10ᵉ corps de Kaptzewitch qui se trouvait engagé avec l'ennemi, à ma droite, devint mon arrière-garde. Je m'y portai.

Le colonel Veren, avec le régiment de Schlusselbourg et le général Denisieff, avec le régiment de cavalerie de Seversk, couvrirent la retraite, en défendant avec la plus grande valeur le village de Petersdorff. Le général Korff, avec la cavalerie, suivit ce mouvement du 10° corps et contint celle de l'ennemi.

A six heures du soir, le général Kaptzewitch occupa les défilés de Lauter-Seiffen, où il se réunit à la brigade prussienne du prince Charles de Meklembourg-Strelitz, qui couvrait la retraite du corps du général York et se battait avec autant de valeur que de succès. Comme je me trouvais alors avec le 10ᵉ corps, le prince de Meklembourg se trouva directement ensemble sous mes ordres. Nous combattîmes ensemble plus de quatre heures contre des forces très supérieures sans perdre un pouce de terrain. Je pus apprécier les mérites de ce jeune prince qui, à cette époque, n'avait que vingt-trois ans, et sa valeur et celle des troupes qu'il commandait.

Cependant, les ennemis se renforçaient toujours ; la nuit, que nous attendions avec impatience, mit fin au combat et les Français ne purent s'avancer qu'à un petit mille de Lœwenberg. Notre perte fut de 3.000 hommes, dont 2.600 Prussiens et 400 Russes.

(*Mémoires inédits du comte de Langeron*, obligeamment communiqués par M. le vicomte de Grouchy.)

Le 23 août, arriva la nouvelle de l'invasion en Saxe d'une autre armée alliée, dont faisaient partie les forces fournies par l'Autriche, qui renonçait ainsi à sa neutralité.

L'attaque avait lieu par les montagnes de la Bohême sur Dresde. Cette nouvelle décida l'Empereur à se diriger subitement, à marches forcées, avec sa Garde, sur le point attaqué, laissant à notre corps d'armée l'ordre de le suivre. Macdonald, duc de Tarente, restait en Silésie pour contenir Blücher.

En nous rendant à cette nouvelle destination, nous couchâmes sur le champ de bataille de Bautzen, encore couvert des débris de la dernière bataille. Nous l'avions quitté victorieux; nous y revenions avec moins d'espérance, point découragés cependant. De Buntzlau à Dresde, il y a environ quarante lieues, que nous fîmes en trois jours, par une pluie battante et continue, et presque sans manger. Quelques heures de halte avaient lieu, sans abri, pendant la nuit; on se couchait dans un sillon, et l'on se réveillait le corps à moitié dans l'eau.

Que de fois j'ai pensé alors aux précautions sans nombre que l'on prend chez soi pour se préserver d'un coup de froid, que l'on n'évite pas toujours. Je n'ai pu, en y réfléchissant plus tard, m'empêcher de voir une parfaite justification du système médical hydropathique dans cette vie si mouillée, si contraire aux règles de l'hygiène, et qui, pourtant, me laissa en bonne santé. Il faut avouer cependant que plus d'un pauvre soldat, tombant exténué sur la route, aurait mal plaidé en faveur du système.

Et pourtant on n'entendait aucune plainte! Mais on marchait au feu avec l'Empereur. Cela faisait passer sur tout et partout.

(*Mémoires de Jean-Louis Rieu.*)

26 AOUT

Deux colonnes autrichiennes s'étaient approchées de la redoute du centre ; elles la tournèrent d'abord pour y entrer par la gorge ; mais un feu meurtrier, partant du jardin de l'hôpital Layon, les en empêcha, en leur faisant éprouver des pertes énormes. Lorsque, plus tard, les palissades eurent été brisées, environ 800 hommes sautèrent dans les fossés et escaladèrent la redoute. Alors ils incommodèrent beaucoup nos troupes établies sur des banquettes dans le jardin, et ne tardèrent pas à éteindre leur feux ; bientôt après, le canon ayant fait brèche aux murs du jardin, ils tentèrent de pénétrer dans la ville par ce point, et déjà quelques tirailleurs s'y étaient établis. Dans ce moment, le major Paty, commandant le 27e léger, envoya dire au maréchal Saint-Cyr qu'il était hors d'état de résister davantage, et l'officier chargé de cette mission ayant rencontré le général Berthezène, lui en fit part ; ce général prit aussitôt quelques troupes qui étaient dans sa main, se porta en hâte vers le jardin, chassa les tirailleurs autrichiens de la brèche et rétablit le feu des banquettes, afin de faire taire celui de la redoute et de contenir les mouvements de l'ennemi.

C'est dans cet état de choses que l'on vit arriver un régiment de voltigeurs de la Garde, commandé par le général Gros et conduit par le général d'artillerie Ruty. Ce dernier se dit chargé de reprendre la redoute et demanda où était l'ennemi, avec ce ton arrogant que prennent parfois les officiers des corps savants ; le général Berthezène, offensé de ses manières, l'ayant conduit sans dire un mot à la brèche, il ordonna au premier bataillon de voltigeurs d'aller attaquer la redoute ; mais ce bataillon, vivement accueilli, perdit la direction, tourna à droite lorsque la redoute était à gauche, et rentra avec quelque désordre. Ce contretemps rendit le général Ruty plus honnête, et il proposa au général Berthezène de se charger lui-même de cette opération, ce que celui-ci accepta. Il fit marcher sur la redoute un bataillon du 54e et les carabiniers du 16e, soutenus par un bataillon de la Garde. Le capitaine Adam, des grenadiers du 54e, aborda le premier la barrière : il y fut tué d'un coup de baïonnette. La redoute fut enlevée et l'on y prit 600 hommes et 7 officiers des régiments de Deveaux (45e), Froom (54e) et 7 de chasseurs (Brooders). Une centaine d'hommes seulement s'échappèrent. Le général Gros, qui était en seconde ligne, reçut une légère égratignure d'un coup de feu, et le général Ruty courut annoncer que la redoute était prise.

(*Souvenirs militaires de la République et de l'Empire*, par le baron Berthezène, lieutenant-général. Paris, Dumaine, 2 vol. in-8°, 1855.)

BATAILLE DE ~~DRESDE~~

26-27 AOUT

Le 26 août les divers corps de l'armée de Silésie se mirent en marche pour passer la Katzbach et attaquer l'ennemi, qui avait la même intention à notre égard.

L'armée était encore belle cependant. Elle comprenait trois corps d'armée : les 3e, 5e et 11e, et notre corps de cavalerie, plus de 75.000 hommes. On a beaucoup reproché au maréchal Macdonald d'avoir opéré des mouvements décousus ; je ne me permets pas de juger le héros de la Trebbia et de Wagram. Ce que je sais, c'est que, sur le point où nous étions, il y eut un épouvantable désordre. Nous nous dirigions sur Janer par la rive gauche de la Wüthende-Neiss, lorsque nous trouvâmes dans les longs défilés de Kroiten et de Niederkrayn un encombrement effroyable, l'artillerie, les bagages et le 3e corps arrêtèrent la marche de notre division. Le général Sébastiani, après avoir avec beaucoup de peine, franchi les premiers défilés avec la cavalerie légère (notre corps se composait de deux divisions de cavalerie légère et d'une division de grosse cavalerie), et enlevé quelques partis prussiens, se laissa tromper par de faux rapports et s'avança avec ses cavaliers dans des chemins que l'infanterie avait de la peine à gravir. Arrivé sur la crête des ravins qui forment le vallon au fond duquel coule la Wüthende-Neiss, il mit en batterie ses vingt-quatre pièces, soutenues par la cavalerie légère; nous avancions lentement pour soutenir ce mouvement. L'affaire devint générale, car on entendait sur notre droite le combat que venait d'engager le général Lauriston avec le 5ᵉ corps, près de Hunersdorf; mais l'ennemi, profitant de sa grande supériorité en cavalerie, rompit toute liaison entre nos colonnes; nous-mêmes ne communiquions qu'avec beaucoup de peine avec le 3ᵉ corps.

Nos fantassins, épuisés de fatigue, mourant d'inanition, accablés par une pluie constante qui doublait le poids de leurs vêtements, et dont les fusils ne pouvaient plus faire feu, ces malheureux, dis-je, furent enfoncés de toutes parts, et effectuèrent leur retraite dans une horrible confusion; notre artillerie, placée sur le plateau élevé de Janowitz, avait contenu l'ennemi par son feu jusqu'au moment où notre cavalerie légère, poussée et prise en flanc par les masses innombrables de cavalerie ennemie, vint se précipiter en désordre au milieu des pièces; ne pouvant se rallier à cause des ravins qu'elle avait derrière elle, elle s'échappa à droite et à gauche, et nos canonniers, abandonnés à eux-mêmes, furent tués sur leurs pièces qui furent ainsi à la merci du vainqueur.

La foule des fuyards que poursuivaient les cosaques vint enfin nous apprendre ce désastre dans la plaine où nous étions au-dessous des ravins, ne recevant plus d'ordre et nous tenant prêts à tout événement. Ce fut un grand bonheur pour l'armée que nous eussions été retardés le matin, car si nous avions été surpris dans le passage des ravins par la déroute, Dieu sait ce qu'il en serait advenu, tout comme il est vrai que si nous avions pu nous former sur le plateau et servir d'appui et de ralliement à la cavalerie légère, nous aurions peut-être changé le sort de la journée. Nous effectuâmes la retraite dans le meilleur ordre; mais la foule des fuyards avait tellement rempli un village que nous devions traverser, que nous nous trouvâmes arrêtés au moment où les cosaques et les lanciers prussiens, poussant tout ce qui était devant eux, vinrent donner avec fureur sur notre arrière-garde. Cette insulte fut promptement repoussée, et il n'y revinrent pas une seconde fois. Nous traversâmes le village, et nous étant placés sur une position assez élevée, le 3ᵉ corps et les débris du 11ᵉ se rallièrent à nous. Je puis dire que c'était un très beau spectacle que celui de cette division, couverte de fer, immobile, en bon ordre, servant de ralliement à cette armée dispersée dont on voyait les divers corps se diriger vers le point où nous étions.

La pluie tombait avec plus de violence que jamais; de gros nuages noirs et orageux était chassés autour de nous et répandaient une sombre obscurité qu'illuminaient subitement les éclairs qui déchiraient le ciel; aux éclats de la foudre se mêlait le tonnerre de l'artillerie qui ne cessait de gronder tout autour de nous; cette scène s'est gravée dans mon souvenir.

Enfin, la nuit mit fin au combat; nous pûmes nous établir près du village, et nos gardes placées, nous mîmes pied à terre, après avoir été dix-sept heures à cheval. Nous ne connaissions pas encore tous les désastres de cette journée; nous ignorions l'échec du général Lauriston sur le Bober, et nous ne prévoyions pas que le lendemain le général Puthod tenterait en vain de passer cette rivière pour rejoindre l'armée et serait forcé, après une héroïque résistance, de mettre bas les armes avec une partie de sa division.

Nous voyions cependant assez autour de nous pour
apprécier l'étendue de nos malheurs; notre cavalerie
avait disparu. La nuit était déjà venue lorsque nous
crûmes que la bataille allait recommencer. Nous entendîmes à notre gauche une vive canonnade : c'était le général Tarayre qui passait la Katzbach avec deux divisions
du 3e corps et seize pièces de canon, pour faire une
diversion sur le flanc droit de nos ennemis; cette attaque
ne réussit pas mieux que les autres.

Quelle nuit nous passâmes! Après avoir trouvé un peu
de paille mouillée pour nos chevaux, il ne nous en restait
pas assez pour faire un abri. Trop fatigué pour me tenir
debout, je passai la nuit près d'un feu que la pluie et le
vent éteignait sans cesse. J'étais couché dans la boue;
mais mon accablement était tel que je m'endormis d'un
profond sommeil. A mon réveil, j'étais plongé dans l'eau.
La douleur occasionnée par mes bottes m'avait forcé de
les ôter; au matin il me fut impossible de les remettre,
et je fus pendant plusieurs heures à moitié chaussé, en
sorte que si mon cheval se fût abattu ou s'il avait été tué,
il m'eût été difficile de m'en tirer. C'était une chance très
possible, car la pauvre bête était dans un état déplorable,
et nous devions, à défaut de cavalerie légère, former
l'extrême arrière-garde. J'avais perdu dans cette fatale
journée mon domestique, trois chevaux et tous mes effets.
Lorsque le drôle avait vu les Cosaques, il avait détalé, et
je ne le retrouvai que trois jours après.

(Rilliet de Constant, *Journal d'un sous-lieutenant de cuirassiers.*)

Le 14/26 août les ennemis s'avancèrent sur moi. Vers
les neuf heures du matin de fortes colonnes attaquèrent
mon avant-garde sur les hauteurs de Schenau et d'autres

se portèrent dans les bois sur mon flanc gauche qu'elles paraissaient visiblement vouloir tourner. J'ordonnai au comte Pahlen de se porter en arrière de Coronswald pour couvrir le chemin de Janer. Après deux heures de feu de canon et de fusillade de tirailleurs, voyant la plus grande partie des forces des ennemis se porter sur leur droite et tourner la gauche de l'avant-garde par les bois, j'ordonnai au général Roudzewitch, avec qui je me trouvais depuis le commencement de l'action, de quitter les hauteurs de Schenau et de venir se placer à la gauche de ma ligne, entre les bois et le village de Hermansdorff, dans une plaine par laquelle les ennemis pouvaient tourner facilement mon flanc gauche qui n'était appuyé à rien. Ce mouvement, fort utile, fut fait très à temps; si je l'eusse retardé seulement d'une demi-heure, j'aurais été entièrement tourné et forcé de quitter ma position.

Mes autres corps occupaient les hauteurs de Weinburg, Hirschler et Breitberg, entre Hermansdorff et Schlampe, ayant devant le front le village de Hermansdorff, occupé par mes chasseurs; celui de Schlampe l'était aussi par le 11e chasseurs, soutenu par le 3e régiment de Cosaques de l'Ukraine, sous les ordres du colonel prince Obolenski et par quelques escadrons de la cavalerie prussienne du flanc gauche du corps de York, auquel s'appuyait mon flanc droit. Par le mouvement que j'avais ordonné au général Roudzewich, ma gauche se trouvait assurée.

A midi, malgré la pluie qui tombait par torrents depuis neuf heures du matin, les ennemis attaquèrent vivement le front de ma position; mais voyant toujours leurs principales colonnes se porter sur ma gauche et dans les bois, et ayant reçu du général Youssousowitch l'avis qu'un corps ennemi se portait sur Schenau et paraissait vouloir s'avancer sur Janer (ce qui lui était effectivement ordonné par Macdonald), je détachai en arrière le 10e corps qui formait une seconde ligne et j'ordonnai au général Kaptzewitch de se porter sur Peterwitz et, si cela devenait nécessaire, sur Moisdorff pour arrêter la marche des ennemis sur Janer. Ayant détaché le 10e corps, qui me servait aussi de réserve, je restai sur une seule ligne fort étendue.

A deux heures, l'ennemi porta sa principale attaque sur ma gauche. Le général Roudzewitch la reçut et la soutint avec une grande valeur. Le général Emanuel et le colonel Pavadovski chargèrent et sabrèrent deux colonnes ennemies qui voulaient prendre en flanc nos tirailleurs : les Cosaques de l'Ukraine en chargèrent une troisième qui s'avançait sur Hermansdorff. Ces charges eurent le plus grand succès, mais j'eus le malheur d'y perdre le brave colonel Pavadowski, qui fut emporté par un boulet de canon. Il avait été blessé le 11-23, mais son zèle l'avait déjà rappelé à la tête de son régiment.

L'artillerie de mon avant-garde, sous les ordres du colonel Magdenko et du lieutenant-colonel Bendersky, fit taire celle des ennemis, et toutes les troupes de cette avant-garde et leurs chefs, le général Emanuel, les colonels Schenschin, Dournoff, Withotzensky, les lieutenants-colonels Itchkoff et Prigava se distinguèrent. La 15e division, qui était réunie à l'avant-garde, se distingua également : elle combattit pendant trois heures avec la plus grande valeur ; le lieutenant-colonel Terné, du 2e régiment de Witepsk fut grièvement blessé.

Vers les quatre heures, l'ennemi se rabattit de nouveau sur mon centre, et je vis que ses forces étaient considérablement augmentées. A midi, le général Blücher m'avait fait part du projet hardi et brillant qu'il avait conçu d'attaquer lui-même les ennemis par sa droite et me fit donner l'ordre de me porter aussi à sa droite par Bremberg pour soutenir son attaque, si cela m'était possible, mais, si je ne pouvais exécuter ce mouvement, de me contenter de contenir les ennemis à leur droite. Il ajoutait que mon corps était le pivot de la grande manœuvre qu'il projetait.

Cet ordre était écrit au crayon sur une feuille de papier très mince. La pluie était si forte que cette feuille n'était plus qu'un morceau de pâte lorsque l'adjudant de Blücher me la remit. Il était devenu impossible de lire cet ordre. Je demandai à l'adjudant s'il en connaissait le contenu. Il me dit qu'il l'avait entendu dicter et ne pouvant le lui faire écrire, je lui fis répéter plusieurs fois devant témoins. Je ne pouvais pas ne pas employer beaucoup de précautions avec un homme tel que Gneisenau qui, en fait, commandait notre armée et qui voulait un Allemand et non un Français pour commander mon corps.

Les forces considérables que j'avais devant moi, et le projet visible de tourner ma gauche, ne me permettaient pas de quitter ma position, pour marcher sur ma droite, sans ouvrir le chemin de Janer, mais je fis assurer le général Blücher que je ne perdrais pas un pouce de terrain, et que j'occuperais une grande partie des forces ennemies quoique je fusse affaibli par l'éloignement du 10ᵉ corps. Je ne m'engageais pas trop en donnant cette assurance à Blücher, avec les troupes excellentes que je commandais.

Je vis bientôt, des hauteurs de Schlampe, la brillante et heureuse attaque ordonnée par Blücher, et si bien exécutée par les corps d'York et de Saken, et la victoire complète que nous dûmes à ce mouvement, si beau, si bien calculé, si rapide et si inattendu par les ennemis, qui, d'attaquants devinrent attaqués et furent mis, en une demi-heure de temps, dans la plus horrible confusion. La cavalerie du

corps d'York et de Saken s'immortalisa à cette occasion.
Celle de Saken était commandée par le général Nassilt-
chikow, officier de la plus grande distinction.

Je me préparai alors à seconder cette brillante opération en attaquant moi-même le général Lauriston, qui
m'était opposé, mais ce général, dont toute la conduite
dans cette bataille est digne des plus grands éloges, ayant
fait avancer toutes ses réserves, me prévint, et fit sur moi
(apparemment pour faire une diversion à la gauche de son
armée) une des attaques les plus vives et les plus achar-
nées que j'aie vues à la guerre.

Malgré le feu de mes batteries, disposées sur les trois hauteurs par le général-major Vesselitzki, qui commandait
mon artillerie, le général Lauriston plaça une batterie de
quarante canons sur les hauteurs, entre Schenau et Hermansdorff, et le feu de cette batterie, dirigée contre mon
centre, fit taire celui des batteries que j'avais à la droite
du Hermansdorff, sur le Weinburg. Sous la protection de
ce feu, de fortes colonnes sortirent des haies de Hermansdorff et parvinrent à faire replier les troupes qui défendaient le Weinburg et s'en emparèrent.

Ce moment fut critique, cette hauteur était la clef de ma
position, la bataille était perdue de mon côté, si je ne parvenais pas à la réoccuper. J'étais, dans le cas contraire,
forcé à retirer toute ma gauche, à ouvrir tous les chemins de Janer et à compromettre le détachement du comte
Pahlen.

J'ordonnai au lieutenant-général Olsoufiew de reprendre
cette montagne, coûte que coûte, ce qu'il exécuta avec
autant de célérité que de courage : les régiments de Nas-
chewski, de Rayki et de Yakoutgky, sous les ordres du
général Ondorum, du colonel Medintzow, du lieutenant-
colonel Yekoff et du major Ogromoff se portèrent en co-

lonnes serrées sur la hauteur et en chassèrent les ennemis et les poursuivirent jusqu'au village dont ils reprirent
une partie.

La pluie avait tellement mouillé les fusils qu'aucun
coup ne partait, et l'on se battait corps à corps à coups de
crosse et de baïonnette.

A la droite, le général prince Scherbateff avait parfaitement contenu les ennemis, malgré leurs attaques réitérées : après le succès de celle du général Olsoufieff, j'ordonnai au prince Scherbateff de s'avancer avec le 6e corps
et d'attaquer l'ennemi, en se portant sur sa droite, pour
se réunir aux Prussiens, ce qu'il exécuta dans l'instant
avec beaucoup de résolution. La 7e et la 15e division, commandées par les généraux Tolizin Ier et Benardoi forcèrent
l'ennemi à une retraite forcée par le revers de son centre
et de sa gauche.

Le 6e corps s'appuya à gauche à Hermansdorff, et le général-major Mescherinoff, avec la brigade de chasseurs,
chassa les ennemis des hauteurs, entre Hermansdorff et
Schlampe où le prince Scherbateff fit placer la compagnie
d'artillerie de Nesterowski, qui, prenant à revers la grande
batterie française la força à se diviser, ensuite à se taire.
A la fin, Nesterowski tira dans l'obscurité sur les bivouacs
ennemis sans qu'ils ripostassent.

Le colonel Diedricks seconda cette attaque du prince
Scherbateff en sortant du village de Schlampe; et, en se
réunissant par sa gauche au général Mescherinoff et, par
sa droite, à une brigade prussienne qui combattait avec
beaucoup de succès. Ni l'obscurité, ni la pluie ne mirent
fin au combat et il dura jusqu'à onze heures du soir dans
le village de Hermansdorff.

A huit heures du soir, ayant vu le succès de la journée
et n'ayant rien à craindre pour Janer, je me fis rejoindre

par le 10e corps de Kaptzewitch qui ne prit point de part
à l'action. Il m'eût été bien utile mais il pouvait l'être encore plus où je l'avais envoyé.

J'ordonnai au comte Pahlen de se reporter en avant sur
Convaswald.

Ma perte fut de 1.400 hommes, celle du corps de York et
de Saken ne dépassa pas 800 hommes.

Les ennemis perdirent dans cette bataille et dans les
petits combats qui la suivirent pendant trois jours, 105 canons, plus de 300 caissons, 18.000 prisonniers et eurent
7 à 8000 tués, blessés ou noyés.

La victoire de la Katzbach fut complète et eut une influence marquée sur le reste des événements de cette
campagne.

Le soir de la bataille, le général Blücher me fit part de
ses succès brillants au centre et à droite, de la prise de
plus de 40 canons, de quelques milliers de prisonniers et de
la fuite en désordre des ennemis. Il me prévint, en outre,
qu'il les ferait poursuivre dans la nuit, malgré le temps
affreux qu'il faisait. Je suivis ses mouvements.

(Mémoires inédits du comte de Langeron.)

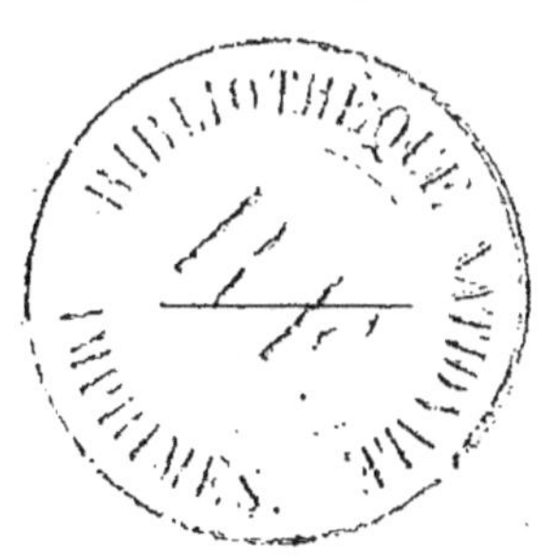

DRESDE

26 ET 27 AOUT

Dans la marche forcée sur Dresde, la Garde formait la tête de colonne. Nous fîmes plus de quarante lieues en quatre jours. En approchant de Dresde, on commençait à voir à notre gauche le feu des pièces de l'autre côté de l'Elbe, et les soldats disaient : « A ! ah ! nous allons avoir à faire à *Papa beau-père.* » C'était vrai, ses troupes avaient enlevé déjà presque toutes les positions aux environs de la ville. C'était le 26 août. Il était temps de faire changer l'état des choses, car la grande redoute du centre avait été prise par les Autrichiens.

La Garde venait de faire douze lieues dans la journée. Après qu'elle eut franchi le pont, on lui donna le temps de reprendre haleine, en se couchant sur le pavé, la tête sur le sac. Il était cinq heures du soir, quelques obus tombaient dans la ville, l'instant était critique.

Napoléon se trouvait à cheval à la tête du pont. Nous reçûmes l'ordre de nous lever et de former la colonne serrée par division, ce qui fut fait en moins de cinq minutes. Nous formions la 2ᵉ division de la Garde, commandée par le maréchal Ney. Nous prîmes le pas de charge en quittant la place par la grande rue qui conduit à la porte de Pirna. J'étais guide de droite de la 1ʳᵉ division. Nous marchions vite et serrés lorsque, presque à moitié du chemin de la place à la porte, j'aperçus collée, dans la rue, contre une porte de maison, la fille de mes hôtes accompagnée de la domestique de la maison. Elle m'apportait une bouteille d'eau-de-vie que j'eus à peine le temps de prendre en lui donnant une montre pour souvenir et en lui disant de se sauver bien vite pour ne pas se faire tuer. Mon capitaine, s'apercevant que je portais une bouteille à la bouche, s'approcha de moi, après que j'eus avalé quelques gorgées; je lui donnai la bouteille, je crois qu'il la vida; il n'était plus temps de recommencer ni de la reprendre. Nous étions près de la porte.

Tout à coup, les tambours cessent de battre la charge et la colonne s'arrête croyant sans doute qu'on avait commandé halte.—Pas du tout, un coup de mitraille reçu en plein par la tête de la colonne au sortir des palissades, avait tué ou blessé tous nos tambours, qui nécessairement avaient cessé de battre la charge!

Nous étions exposés à la mitraille et aux boulets, toute la colonne se mit à crier : « En avant! en avant! et, sans commandement, comme elle s'était arrêtée elle se remit en marche. Sortis de la porte au pas de course, nous nous précipitâmes sur la redoute que les Autrichiens venaient d'enlever. Nous entrâmes par la gorge qu'ils n'avaient pas eu le temps de fortifier; en moins de dix minutes, elle redevint française à coups de fusil et de baïonnettes. J'eus le bonheur d'en parer un qui m'était particulièrement destiné : il ne toucha que la main gauche avec laquelle je détournai le coup qui cependant m'estropia de deux doigts. Le brave homme qui m'avait manqué, je ne le manquai pas; une seconde après, un coup de fusil lui ôta toute envie de recommencer.

Nous étions commandés par notre brave chef de bataillon le baron Martenot de Courdoux, lieutenant-colonel.

La redoute était occupée par un bataillon de chasseurs autrichiens.

Ma blessure n'était que légère ; je restai à ma compagnie, mais je profitai de la circonstance pour m'emparer d'une bonne paire de bottes que je dus tirer des pieds d'un officier autrichien tué. N'étant pas encore refroidi, il se laissa déchausser assez facilement. J'avais d'ailleurs grand besoin de ces bottes, qui ont résisté pendant toute cette campagne et leur tâche était rude : car une fois aux pieds elles y restaient.

Pendant que nous nous emparions de cette redoute, une colonne de la Jeune Garde nous dépassait entre la porte et le château. Les résultats de la journée firent perdre beaucoup de monde à cette division de la Garde. Pendant toute la nuit et le jour suivant, le temps fut affreux, la pluie tombait à torrents. Nous bivouaquâmes au milieu de l'eau et de la boue.

Le lendemain, nous étions en réserve en sortant des retranchements. Il ne cessa de pleuvoir toute la journée. Impossible de tirer un seul coup de fusil. Le canon seul grondait et soutenait des charges de cavalerie assez mauvaises. Les Autrichiens se laissaient prendre presque sans défense, bien qu'ils fussent en carré. Pas un fusil ne pouvait faire feu.

Nous fîmes un nombre considérable de prisonniers dont plusieurs généraux et prîmes plus de soixante pièces de canon et une trentaine de drapeaux ou étendards. Au régiment, nous en avions onze qui nous ont bien embêté pendant le reste de la campagne : il fallait toujours des hommes pour porter *ces loques*.

[*Souvenirs d'un vieux soldat belge de la Garde impériale* (Scheltens, sergent au 2ᵉ régiment de grenadiers de la Vieille Garde), publiés par le général Echens. Bruxelles, van Assche, 1880.]

Nous arrivâmes à Dresde le 26 août. On s'y battait de l'autre côté de l'Elbe, depuis le matin, et nous entendions au loin le bruit du canon et de la mousqueterie. Nous trouvâmes un abri momentané dans le faubourg où l'on nous fit stationner, mouillés jusqu'aux os, pendant toute cette journée. Le lendemain 27, second jour de la bataille de Dresde, ce ne fut que dans l'après-midi qu'ordre fut donné au corps d'armée de traverser la ville pour se porter sur le champ de bataille par la barrière de Dippoldiswalde. L'affaire était alors presque terminée; nous en fûmes quittes pour quelques boulets perdus.

Nous eûmes, pour nous dédommager, le spectacle de la rentrée à Dresde de l'Empereur, tout ruisselant d'eau, et celui d'une colonne de prisonniers autrichiens avec une batterie, aussi autrichienne. Le regard farouche de ces prisonniers, l'exaltation des Français qui les escortaient, l'enthousiasme de la population de Dresde, tout cela faisait un contraste des plus dramatiques qui ne sortira jamais de ma mémoire. De plus, après toutes ces émotions et pour y mettre le comble, on eut soin de nous faire défiler devant une redoute qui avait été prise, reprise, puis encore attaquée dans la journée, et dont les fossés étaient, à la lettre, comblés de cadavres de grenadiers hongrois, dont les figures portaient encore l'empreinte de la rage désespérée qui les avait conduits à l'assaut.

(Mémoires de Jean-Louis Rieu.)

L'Empereur arriva de sa personne dans la matinée du 26 août, et sa présence fit espérer que l'ennemi serait repoussé. Nos colonnes le suivirent de près.

Des hauteurs qui couronnent l'horizon de cette vallée de l'Elbe, un magnifique spectacle s'offrit à nos regards.

Les deux armées coalisées couraient la plaine et déployaient leurs longues lignes d'infanterie; nous pouvions distinguer la marche des bataillons que nous allions avoir à combattre; mais nous aussi, nous accourions avec de nombreux soldats. Les grenadiers de la Garde impériale descendaient avec nous ces escarpements de la rive droite de l'Elbe; nous allions aborder l'ennemi avec enthousiasme et confiance.

Lorsque nos colonnes arrivèrent au bas de cette côte, dans les premières maisons du faubourg de Dresde, on nous fit faire halte, pour attendre ceux qui nous suivaient et pour prendre toutes les dispositions d'une vigoureuse attaque sur l'autre rive du fleuve. D'ailleurs notre infanterie, après avoir fait plus de trente lieues en trois jours, avait besoin d'un peu de repos. On nous accorda aussi quelques instants afin de nous faire *beaux pour la bataille* qui se préparait.

Notre régiment, pour faire cette toilette de combat, avait été placé dans les jardins et les cours d'un lieu de plaisance très aimé des habitants de Dresde, les bains de Link. L'un de mes camarades les plus estimés, qui se nommait Dolmery, fit alors une plaisanterie qui prit depuis dans mes souvenirs le caractère d'un pressentiment. — C'était le plus bel officier du régiment; ce jour-là, après s'être rasé et paré de son mieux, il me dit en riant :

« — Au moins, si ce soir on me ramasse sur le champ de bataille, on dira : c'était un bien bel homme ! »

Deux heures plus tard, il était emporté par un boulet russe.

Nous avions été dirigés vers l'un des trois ponts établis sur le fleuve, que nous allions passer sous le feu des batteries russes.

La tête de notre colonne, étant arrivée à un endroit

resserré de ce faubourg, fut un instant arrêtée par un encombrement de voitures et de chariots : c'était un train d'artillerie dont le chef disputait très vivement le passage à un convoi chargé de pain ; mais le commandant de notre colonne d'infanterie, le colonel Bardin, termina la querelle.

Il fit passer l'artillerie promptement et reculer les munitions de bouche en disant :

« — Avancez, canonniers, devancez ce convoi de pain ; en ce moment, c'est la mort qui a le pas sur la vie ! »

Lorsque nous fûmes de l'autre côté du pont, un ordre de l'Empereur nous embusqua dans une rue où nous devions attendre le moment propice pour fondre sur l'ennemi. Les projectiles étaient dirigés sur ce quartier de la ville et faisaient voler en éclats les tuiles des maisons qui nous abritaient. Cette rue, que j'ai revue depuis, se nommait la Ziegelstrasse. J'étais à cheval à la droite du régiment et me trouvais ainsi à la hauteur d'un premier peu élevé où gémissait toute une pacifique famille saxonne, très effrayée en ce moment du tumulte qui grondait au loin et du fracas plus rapproché que produisait le feu de l'artillerie ennemie. Je tâchai de les rassurer et leur dis en allemand :

« — Ne craignez plus rien ; nous allons sortir dans un instant et nous vous aurons bientôt délivrés de ces canons importuns. »

La mère de famille, tenant à la main la plus petite de ses filles, s'approcha alors de la croisée et la conversation s'engagea. Elle me demanda ce qui allait arriver ; si nous laisserions prendre la ville. Je répondis :

« — Nous saurons bien l'empêcher.

« — Êtes-vous de Dresde, monsieur ?

« — Non, je suis un Français heureux de me trouver

aujourd'hui parmi les défenseurs de votre bonne ville, que ma famille a habitée pendant plusieurs années. »

Ce fut dans ce moment que nous reçûmes l'ordre de marcher pour entrer en ligne.

« — Dans dix minutes, madame, dis-je alors, je vais me trouver en moins aimable compagnie. Si j'en reviens, ajoutai-je, je vous demande la permission de continuer la connaissance que je viens de faire.

« — Nous comptons sur votre promesse, me répondit-on, et si vous y manquiez, nous craindrions que vous ayez péri.

« — Oui, revenez nous voir », s'écrièrent les enfants.

« — Que Dieu vous protège, mon jeune monsieur », dit enfin la bonne mère de famille, presque aussi attendrie qu'elle était effrayée quelques instants auparavant.

Dix minutes après, nous nous trouvions au milieu de l'un des feux les plus vifs de canon et de mousqueterie que j'aie jamais entendus.

La Jeune Garde avait pour tâche de déboucher par les portes de Dresde les plus rapprochées de l'Elbe, et de fondre sur l'ennemi qui menaçait la ville. Ces sorties impétueuses de nos régiments se succédaient rapidement. La nuit seule arrêta notre élan. Nous avions repoussé loin de Dresde l'ennemi qui s'était montré si menaçant. Il s'était arrêté à peu de distance, et quand survint la nuit, ces deux armées n'étaient séparées que par quelques centaines de pas. Notre 9e régiment fit halte sur la lisière du bois où l'infanterie russe s'était retirée. On reçut, en ce moment, par un officier d'ordonnance de l'Empereur, l'ordre de ne point allumer de feux, et de camper en bataillons carrés, de façon à ne pas être surpris par une attaque nocturne. Pendant que nos soldats, accablés de fatigue, s'arrangeaient de leur mieux pour dormir dans cette position, je

plaçai la chaîne des sentinelles. Après avoir accompli ce
devoir, je retournai auprès du régiment. Plusieurs officiers étaient restés debout, causant ensemble non loin de
notre carré. Dans ce groupe se trouvait le capitaine Rivals
et le capitaine Riccardi. Ce dernier, Piémontais de nais-
sance, est devenu depuis général dans l'armée du roi de
Sardaigne, Charles-Albert. Notre conversation fut inter-
rompue par ces mots retentissants tout à coup dans la nuit
obscure : « Bonsoir, messieurs! »

Cette politesse fut immédiatement suivie d'un coup de
pistolet tiré à quarante pas de nous, mais qui ne fit de
mal à personne. On entendit ensuite le pas d'un cheval
qui s'éloignait au grand galop. On présuma qu'un officier
de l'armée ennemie s'était ainsi approché pour reconnaître notre position; mais comme ce singulier *bonsoir* avait
été articulé sans aucun accent étranger, nous n'avons jamais su si ce hardi cavalier était russe ou autrichien; dès
le point du jour, en effet, nous avions à combattre des
soldats de ces deux nations.

Parmi les blessés de cette journée, j'avais fait relever et
soigner, sur le champ de bataille, un jeune sous-officier
de notre régiment M. Marrast, qui depuis est devenu chef
de bataillon. Il était frère d'Armand Marrast. Il a bien
voulu, dans ces derniers temps, me remercier, après quarante-cinq années d'un service rendu; ce n'était qu'un
devoir que je fus heureux d'accomplir.

Le lendemain, dès le point du jour, la bataille recommença. Je fus envoyé à droite du bois sur la route de
Pirna. Un combat de tirailleurs, prélude ordinaire d'une
bataille, s'était déjà engagé entre plusieurs de nos régiments et l'infanterie russe.

Je trouvai au milieu des combattants un de mes cousins,
Richard de Soultrait. La veille, au moment de la sortie de

la Jeune Garde, son régiment, le 4ᵉ de tirailleurs, défilant
dans la Ziegelstrasse pour sortir à son rang de numéro,
par la porte de Pirna, passa devant le 9ᵉ ; nous nous
étions serré la main en nous souhaitant de bonnes chances : je le retrouvai, en ce moment, en ligne, sain et sauf ;
je le quittai et cinq minutes après il était blessé.

Vers huit heures du matin, mon régiment reçut l'ordre
de traverser le bois où les Russes s'étaient retirés. Il avait
été complètement évacué pendant la nuit, mais quand nos
bataillons débouchèrent dans la plaine, ils furent accueillis par le feu des Autrichiens. Le corps du duc de Trévise
contribua puissamment dans ces deux journées au succès
de cette victoire, l'une des plus glorieuses que Napoléon
ait remportées.

(Baron Paul de Bourgoing, *Souvenirs d'histoire contemporaine,
Épisodes militaires et politiques. Paris, Dentu, 1864.*)

DRESDE 27 AOUT

Pendant les deux mois que j'ai passés à Erfurt, pour faire l'intérim du contrôle des colis, expédiés de France pour les approvisionnements des villes situées sur les routes stratégiques des cantonnements de la Grande Armée, enfin dans cette petite ville d'Erfurt, où, en 1811, Talma eut l'honneur de jouer devant un parterre composé de deux empereurs, de dix rois et de tous les princes de la Confédération du Rhin, le hasard me fit faire la connaissance d'un sous-officier allemand ; quoique blessé grièvement dans une rencontre avec les Autrichiens, il fut miraculeusement sauvé des ennemis, et fait prisonnier de guerre.

Après d'assez copieuses libations, absorbées à l'estaminet du *Petit-Paris*, car les moindres bourgades de l'Allemagne possèdent des buvettes appelées de ce nom, mon jeune sous-officier me dit, qu'à la troisième journée de la bataille de Dresde, dans la matinée du 27 août, il s'était passé un singulier incident, dont il avait été obscurément parlé, mais qui mieux connu fournira une page de plus à l'histoire des fastes militaires de cette guerre de géants.

Enfin, la mort du général Moreau, ce Coriolan français, qui fut assez lâche de cœur, et plus encore faible d'esprit, pour aller demander aux ennemis de sa patrie de le venger de Napoléon, qui, malgré sa trahison avérée dans la conspiration de Cadoudal, lui fit grâce de la vie, pour précipiter dans l'oubli un quart de siècle de sa gloire militaire.

Après cette courte digression, entre deux petits verres de rhum, le sous-officier ayant ranimé le feu de sa pipe, reprit sa narration et me dit : le maréchal des logis de la deuxième division d'artillerie de marine, incorporée dans le 4e corps d'armée, commandé par Gouvion Saint-Cyr, était posté à côté de sa pièce, placée sur un tertre, vis-à-vis la principale porte d'entrée de l'hôpital militaire de Dresde, dont les murs de clôture de cet hospice limitent la route de Saxe Meiningen aux frontières montagneuses de la Bohême ; des milliers de coups de canon qui furent tirés depuis le commencement de la bataille de Dresde, avaient tellement décomposé l'air atmosphérique qu'une pluie diluvienne n'avait pas cessé d'inonder la terre ; les plus minces ruisseaux étaient devenus de rapides torrents. Néanmoins, le maréchal des logis de la deuxième division n'en était pas moins resté fidèle à son poste d'observation, fort impatient cependant de répondre au salut assez peu amical d'une batterie russe située sur un escarpement que l'Elbe seulement séparait des avant-postes français.

Tout à coup un galop précipité de plusieurs chevaux vint à passer, une ronde major d'artillerie commandée par un inspecteur général, s'arrêta derrière la batterie inactive de la deuxième division.

Le chef de cette ronde d'inspection d'artillerie dit au maréchal des logis :

— Comment se fait-il que dans un semblable moment vos chefs se trouvent absents ?

— Mon commandant, deux officiers ont été tués pres-

que au point du jour, et le troisième, blessé par un éclat
d'obus, a été à l'ambulance se faire panser.

— La circonstance est urgente? dit le chef de l'escorte.

— Oui, oui, lui fut-il répondu.

— Alors, dit l'interlocuteur au jeune sous-officier, dis-
tinguez-vous, sur ce monticule où est situé un moulin à
vent, vis-à-vis un groupe d'officiers russes arrêtés devant
lui qui semblent attendre des ordres, ce chef qui tient
une lorgnette ?

— Oui, mon commandant.

— Votre pièce est chargée à boulet?

— Oui, mon commandant.

— Alors, haussez un peu la culasse de votre canon,
n'égarez pas votre point de mire, observez attentivement
les moindres mouvements de ce chef, augmentez l'amorce
de votre canon..... visez..... flambez..... Le coup partit,
et l'homme à la lorgnette tomba.

— Bien touché ! Tirez de suite votre second canon.

Il se fit aussitôt un grand mouvement sur le monticule
du moulin à vent, et, simultanément, des centaines de
coups de canon partirent des batteries les plus voisines
du monticule. L'escorte du chef visée par l'artilleur se
perdit dans un nuage de fumée.

Le lendemain de cet incident, les habitants de la ville
de Dresde, apprirent que le général Moreau, dans une
reconnaissance trop rapprochée des avant-postes français
avait-eu, par un boulet de canon, les deux jambes emportées.

(C.-P. Desbatisse, médaillé de Sainte-Hélène, *Souvenirs d'un riz-
pain-sel*. Moulins, Fudez frères, in-8°, 1865.)

MORT DE MOREAU

On sait qu'un des incidents les plus frappants de la bataille de Dresde fut la mort du général Moreau; bien des années après, j'ai eu quelques détails sur cet événement et les jours qui le précédèrent, détails qui sont, je crois, peu connus. Ils m'ont été donnés par le prince Repnin, adjudant-général de l'Empereur de Russie.

Le général Moreau vivait en Amérique depuis le temps du Consulat. Lorsque les puissances coalisées contre la France, en 1813, virent que la couronne de Napoléon commençait à chanceler, ils pensèrent qu'un des moyens qui pourrait jeter la désunion dans l'armée française, sans cependant donner de l'ombrage aux intérêts de la coalition, serait d'opposer à Napoléon un des plus glorieux généraux de la République. Ils ne pouvaient en choisir un plus illustre que Moreau, et ils le sollicitèrent de se joindre à eux. Moreau, en cette occurrence, écouta plutôt ses vieux ressentiments que les intérêts de sa gloire et la pensée du devoir, et répondit à l'appel des ennemis de la France. Il arriva en Bohême au moment où l'Autriche venait de se prononcer; les souverains alliés étaient réunis à Thereienstadt ou à Töplitz; avant de se présenter à eux, il prenait des soins de toilette et se faisait bourgeoisement la barbe, lorsqu'on frappa à sa porte. « Entrez ! » s'écria-t-il un peu impatiemment.

Un bel officier russe se présente. Moreau demande ce qu'on lui veut. « On doit la première visite aux grands hommes. C'est l'Empereur de Russie qui vient voir le général Moreau. »

Grande confusion chez le vainqueur de Hohenlinden, qui maudit la savonnette et le rasoir.

« Continuez votre toilette », reprend gaiement Alexandre, en s'asseyant familièrement.

Un moment après, le roi de Prusse qui imitait toujours ce que venait de faire l'Empereur de Russie, arrive à son tour ; nouveaux compliments ; lorsque la toilette fut achevée, Alexandre dit : « Maintenant, il y en a un troisième à voir, mais celui-là ne viendra pas à vous, nous allons vous conduire chez lui. » C'était l'Empereur d'Autriche. Dès ce moment Moreau fut sous le charme.

Peu de jours après, Alexandre partait pour attaquer Dresde ; il était en calèche avec les officiers qui devaient l'accompagner. Moreau restait en arrière, l'intention des alliés étant de ne l'employer que lorsque leurs armées s'approcheraient du Rhin. Il était à pied près de la voiture :

« Adieu, général Moreau, dit Alexandre, en lui tendant la main, nous nous verrons bientôt. »

« — Sire, reprend Moreau, je ne puis prendre mon parti de voir partir Votre Majesté sans l'accompagner.

— « Vrai, cela vous ferait plaisir ; eh bien, montez. Il faudra cependant qu'un de ces messieurs vous prête un uniforme pour que nos troupes sachent que vous êtes de nos amis. »

Ainsi fut fait ; deux jours après on se battit ; dans un engagement d'avant-garde, le 25 août, on fit quelques prisonniers, et dans le nombre il se trouva deux ou trois vieux soldats de la Garde, faisant partie du dépôt laissé à Dresde, lorsque l'Empereur s'en était éloigné, car au premier moment on avait tout utilisé.

Moreau l'apprit et désira voir ces anciens serviteurs; il les interrogea sur leurs premières campagnes, et d'après leurs réponses, il leur désigna le corps, la brigade, l'armée dont ils faisaient partie et les noms de leurs chefs. Ces soldats étaient surpris qu'un général russe connût ces détails. L'un d'eux le regarde fixement, recule de deux pas et s'écrie : « le général Moreau ! vive la République! »

Le prince Repnin, présent à cette scène, nous dit qu'elle avait produit un grand effet sur les assistants. Le cri échappé au pauvre prisonnier qui, entouré d'ennemis, jette au transfuge cette exclamation, ce reproche sanglant, qui reportait Moreau au jour où il faisait, lui aussi, entendre ce même cri pour entraîner les Français à la lutte avec ces ennemis qu'il venait servir maintenant.

« Cette noble apostrophe, disait le prince Repnin, nous remplit tous d'une haute estime pour ce brave soldat, et nous le lui témoignâmes vivement. »

Deux jours après, Napoléon conduisait son armée à l'un de ces triomphes auxquels il l'avait accoutumée. L'Empereur de Russie et Moreau étaient à cheval côte à côte, suivant un chemin étroit et défoncé qui aboutissait à un plateau découvert, sur lequel étaient des réserves d'artillerie. Au débouché du chemin, le passage était très resserré. Moreau retint son cheval pour laisser passer l'Empereur. « Passez, dit celui-ci avec courtoisie, sur le champ de bataille le pas est aux généraux. » Moreau pousse son cheval; il n'est pas en avant d'une demi-longueur qu'un boulet tiré d'écharpe fait entendre un terrible sifflement.

Le cheval de Moreau et celui de l'Empereur se cabrent et retombent aussitôt.

« Grand Dieu! s'écria tout l'état-major, l'Empereur est atteint.

— Non, dit Alexandre, mon cheval a eu peur, voilà tout. »

Moreau ne se relève pas : il avait les deux jambes emportées et son cheval le corps fracassé; il mourut six jours après.

« C'était un boulet providentiel, disait le prince Repnin en terminant son récit; car, après tout, ce n'est pas beau de combattre dans les rangs de l'ennemi de sa patrie, et puis, ajoutait-il avec l'orgueil d'un vrai Russe : Si Moreau eut vécu, on lui eut attribué tous les succès de la campagne, et c'est à nous qu'ils appartiennent. »

(Rilliet de Constant, *Journal d'un sous-lieutenant de cuirassiers.*)

Nous bivouaquâmes, pendant la nuit du 27 au 28 août, dans l'eau et sur le champ de bataille. Le matin du 28, la pluie fit place au plus beau soleil. L'ennemi avait déménagé pendant cette nuit, et l'on nous lança à sa poursuite dans les défilés des montagnes de la Bohême. L'Empereur devait nous y accompagner; mais, étant indisposé, il se contenta de nous voir défiler devant lui, établi, les mains derrière le dos, sur le bord de la route, en avant de sa tente et d'un énorme brasier. On le voyait comme une figure monumentale : les grosses bottes, le petit chapeau, la redingote grise, rien n'y manquait; c'était la ressemblance exacte de son portrait ou de sa statue.

On nous fit escalader les montagnes de la Bohême par la vallée de Dippoldiswalda, poussant devant nous l'arrière-garde ennemie, commandée par les généraux Colloredo et Chasteler, et obligée de laisser, dans d'affreux chemins détrempés par la pluie, voitures, caissons et projectiles.

Ici commença pour nous une guerre de détail, plus intéressante et non moins dangereuse que la guerre en rase campagne, car il y avait entre ces deux guerres toute la différence qui se trouve entre le courage actif et le courage purement passif.

Les deux divisions qui composaient le corps d'armée alternaient entre elles pour marcher à l'avant-garde. Presque toujours, matin et soir, il y avait un engagement soit pour occuper la position de nuit, soit pour la quitter. En outre, si, dans sa marche, l'ennemi trouvait une position avantageuse, il nous la disputait pour retarder la poursuite.

Malgré cela, il était facile de reconnaître le désarroi dans lequel la bataille perdue avait mis l'armée autrichienne; car les traîneurs, affamés et fatigués, se laissaient ramasser en grand nombre et sans résistance par nos soldats, aussi peu ménagés qu'eux-mêmes, mais bien plus alertes, et montés d'ailleurs par le succès.

Il y eut, le 29, un engagement assez vif, où nous fûmes obligés de débusquer à la baïonnette l'ennemi qui occupait la lisière d'un bois, d'où il inquiétait nos flancs. Son canon, placé sur une hauteur voisine, nous tua quelques hommes en tirant dans l'épaisseur du fourré où nous étions.

Comme il était difficile de bien distinguer les objets dans un bois fort sombre, l'un de nos officiers, égaré de sa compagnie, fit, pendant quelque temps, route avec les Autrichiens qu'il prenait pour des Français. Qu'on juge de sa confusion lorsqu'il reconnut son erreur. L'ennemi qui avait heureusement à songer à sa propre sûreté, lui laissa le temps de faire, à la faveur des arbres, une prudente retraite.

Le 30 août, l'arrière-garde ennemie, ayant atteint le point culminant de la vallée, voulut tenir bon quelque temps avant de descendre dans la vallée de Töplitz, où se concentrait le gros des Autrichiens.

Le bataillon dont je faisais partie, avec un bataillon de voltigeurs, fut chargé d'attaquer une hauteur occupée par des tirailleurs et du canon de montagne. L'attaque, qui réussit et où plus d'une balle siffla à nos oreilles, nous fit de l'honneur, car nous avions pour témoin le reste du corps d'armée, arrêté au pied de la hauteur. J'eus occasion de remarquer alors le courage de mon compatriote Ramu : il entraîna par sa détermination un nouveau chef de bataillon qu'on nous avait donné, officier d'infanterie, plus bavard et présomptueux que brave dans l'occasion. Ma compagnie et celle de Ramu ayant été lancées en avant pour tirailler, je pus voir de très près combien était hardi et courageux mon compatriote.

Nous eûmes dans cette action le curieux spectacle d'un officier de voltigeurs à grosses moustaches, auquel le cœur avait failli, et que ses propres soldats poussaient, en l'accablant d'injures, pour le faire avancer au feu. Plus tard, peut-être, ce même officier aura fait retentir les murs d'un café de garnison du bruit de ses exploits dans cette journée. C'est ainsi que cela se passe souvent de la part de ces épouvantails de paix.

Le lendemain, 31 août, point de mouvement en avant, mais une fusillade continuelle dans les bois, et, le soir, ordre d'allumer de grands feux et de se mettre en retraite pendant la nuit. La cause de ce changement fut bientôt connue : c'était la défaite du général Vandamme à Kulm, sur notre gauche; elle avait eu lieu le 30 août.

(*Mémoires de Jean-Louis Rieu.*)

AFFAIRE DE KULM

26, 27, 28, 29, 30 Août

Mon cher Frosté, peut-être vous vous récriez contre moi, sur mon silence ; je dois d'abord vous dire que votre lettre adressée à Cassel a couru après moi. Depuis long-temps je n'habite plus cette ville et, pendant l'hiver, j'ai fait un voyage de trois mois. Revenu dans ma paisible demeure, je m'empresse de vous transmettre tous les ren-seignements que ma mémoire peut fournir ; le peu de notes que j'ai trouvées dans mes papiers sont inexactes, Je vous dirai que le jour de la bataille de Kulm j'ai perdu une partie de mes équipages, M. Courtot, mon aide de camp, a été fait prisonnier et quatre de mes ordonnances, dont un portait mon portefeuille. M. Cour-tot pourra peut-être vous donner quelques détails. Il était chargé de l'historique et des mouvements de la bri-gade. S'il n'a plus de notes, il a bonne mémoire et de l'instruction ; il est maintenant capitaine d'habillement au 1er régiment de cuirassiers de la Garde, en garnison à Beauvais.

Pour répondre catégoriquement à la série de questions du général Haxo, mes notes ne fournissent pas assez d'exactitude pour tout affirmer.

1° La 21e brigade de cavalerie que je commandais,

attachée au 1er corps d'armée, était composée du 9e régiment de chevau-légers-lanciers et des chasseurs d'Anhalt. L'état de situation est à peu près exact. Je ne me rappelle plus des noms des colonels. Ils étaient arrivés depuis peu de jours à leurs régiments. Le premier était un officier polonais venu du grand quartier général ; le second est du pays d'Anhalt.

2° Je ne sais pas au juste dans quel ordre les troupes ont passé l'Elbe le 26 ; j'ai suivi avec ma brigade le quartier général. Je pense que ma brigade a été légèrement engagée le 26. Elle a bivouaqué autour du quartier général.

3° C'est la division du général Corbineau qui était à l'attaque du village de Guieshübel.

4° Je ne sais quelle position la cavalerie a occupée la nuit du 27 au 28, étant détaché de la division Corbineau, car ma brigade n'était pas sous ses ordres. Je pense cependant qu'elle a bivouaqué en avant de Guieshübel ou de Gotthube. Ma brigade a bivouaqué près du quartier général.

5° C'est encore la cavalerie du général Corbineau qui a pris part à l'attaque de Peterswald, le 29 au matin.

6° J'ignore comment la cavalerie du général Corbineau a été engagée dans la journée du 29, près de Kulm. Je suis arrivé sur le terrain avec le général en chef ; j'ai ensuite manœuvré dans la plaine pour protéger une partie de l'infanterie qui était fortement engagée sur la droite. Le 29, j'ai bivouaqué en arrière du quartier général. La nuit, j'ai envoyé un escadron sur la grande route de Pirna pour protéger l'arrivée du parc d'artillerie qui est arrivé à Kulm avant le jour.

7° Le 30, au matin, j'ai reçu l'ordre de porter ma brigade en avant du quartier général et de manœuvrer dans la plaine et sur la gauche en avant du village de Kulm. Toutes les divisions du corps d'armée étaient en position en avant de Kulm.

La division de cavalerie du général Corbineau gardait la plaine. Sur les onze heures, un parti de Cosaques, s'est présenté derrière le village et osa même y pénétrer, ce qui occasionna une alarme générale dans le quartier général où étaient les ambulances, le grand parc, etc. Un aide de camp m'apporta l'ordre de me diriger avec ma brigade sur le village et de chasser l'ennemi. Sur-le-champ, je me mis à la tête du 9ᵉ chevau-légers que j'avais formé en colonnes ; je pars au trot et je tourne le village pour couper la retraite à la cavalerie ennemie qui avait osé y pénétrer. J'avais ordonné au colonel des chasseurs d'Anhalt d'attaquer le village de front, pendant que je faisais mon mouvement pour tourner l'ennemi. Ce mouvement réussit parfaitement. Une cinquantaine de co-saques tombèrent sous nos coups, le reste fut dispersé et vigoureusement poursuivi par le 9ᵉ chevau-légers. Je sui-vais de près ce mouvement avec les chasseurs. Mon pre-mier régiment arrivé au pied de la montagne fut arrêté par une forte fusillade et par la mitraille de quatre pièces d'artillerie déjà en position. Le colonel du 9ᵉ de chevau-légers fut mortellement blessé ainsi que plusieurs de ses officiers. Étant à même de voir le mouvement de l'en-nemi, j'en fis part au général en chef. M. Courtot, mon aide de camp, que j'avais envoyé avec ordre de ne rien cacher et de prévenir le général en chef qu'une colonne très nombreuse descendait la hauteur et se disposait à nous attaquer ou nous couper la retraite et qu'il ne s'agissait plus d'un parti de cosaques. Mon aide de camp revint au galop me porter l'ordre de garder ma position et de me défendre à outrance, qu'il m'enverrait un bataillon et deux pièces d'artillerie ; peu d'instants après, en entendant le feu bien nourri de part et d'autre, le général Vandamme vint sur le lieu, car il ne pouvait ajouter foi à mon rapport. Il crut que c'était un corps ennemi égaré dans les montagnes qui cherchait à rejoindre l'armée dans la plaine de Töplitz. Mais convaincu par ses yeux de la réalité, il changea son plan et me dit qu'il prendrait des dispositions pour regagner les hauteurs, que la Jeune Garde qui était à Pirna avait ordre de venir l'appuyer. Mais le mouvement d'attaque de la part de l'ennemi étant combiné, on nous attaqua sur tous les points ; mon artillerie et l'infanterie firent des prodiges de valeur et j'ai soutenu jusqu'au dernier moment ma position.

Le généal Haxo a pu voir tout le mouvement sur le front d'attaque en avant du village de Kulm. Après avoir résisté longtemps avec les faibles forces que j'avais, je vis enfin déboucher par le village de Kulm, la division du général Dumonceau, qui battait en retraite. Ce brave général me dit que tout était perdu, qu'il fallait se faire jour au travers de la colonne qui nous barrait le chemin.

En même temps, je vis revenir par la gauche du village la cavalerie du général Corbineau qui était vigoureusement poussée par toute la cavalerie ennemie. Les miens furent entraînés aussi. Les autres divisions d'infanterie longèrent le bois et chacun manœuvrait pour son compte afin de sortir de cette bagarre. Bientôt le tout vint en confusion. Nous marchâmes sur l'ennemi qui nous avait coupé la retraite, plusieurs de nous furent pris et repris. Enfin, décidés à mourir les armes à la main plutôt que de se rendre, la plus grande partie du corps d'armée culbuta tout ce qui se trouvait sur son passage et se rallia au 14e corps, commandé par le maré-

chal Saint-Cyr. J'eus dans cette affaire mon cheval tué.
M. Courtot et quatre de mes ordonnances pris à côté de
moi. Je me suis jeté dans les bois, accompagné de mon
ancien trompette-brigadier, qui ne voulut pas m'abandonner et voulut partager mon sort. Je lui avais donné en
Russie la croix de la Légion d'honneur. Nous fûmes
poursuivis par les cosaques que j'avais battu le matin.
Nous fûmes réduits à nous jeter dans une épaisse brous-
saille où nous avons passé la nuit. Pendant plus de deux
heures ces sauvages ont battu le bois dans tous les sens,
munis de lanternes, pour nous chercher. Ils ont passé plusieurs fois près de nous. Vous pouvez juger de notre
anxiété dans la crainte de faire le grand voyage de Moscou. Enfin, à la pointe du jour, la faim nous arrivait au
galop. Il fallait sortir de notre tanière; nous avons erré
toute la journée dans les bois. Vers le soir, j'entendis le
tambour français. Nous nous dirigeâmes sur ce point et,
à la brune, nous traversâmes une petite plaine et me
voilà arrivé à un avant-poste français du 14ᵉ corps. Là,
j'appris que le nôtre s'y était rallié. En peu d'instants
nous étions en famille. A mon arrivée mes amis m'embrassèrent de joie, car ils me croyaient perdu. On m'avait
porté mort sur le rapport de l'armée et observé que mon
brigadier ainsi que moi nous étions morts de faim, vu
que nous étions à jeun de la veille. Voilà comme a fini
notre malheureuse affaire de Kulm.

Si ce détail peut éclairer le général Haxo dans ses recherches, je puis le certifier véritable. Habitant ici une
petite campagne à une lieue de Bergues, n'ayant pas de
secrétaire pour transcrire ces notes, je vous prie de les
recevoir avec indulgence. Tâchez surtout de me lire.

Si, à l'avenir, je peux vous être de quelque utilité, dis-
posez de moi. Adressez vos lettres à Bergues. Demain, je

vais à Dunkerque pour remettre la présente à M. le sous-intendant Gilbert pour la faire parvenir à Lille.

Votre très humble et très dévoué serviteur.

Le Lieutenant Général honoraire,

Le baron GOBRECH.

(*Archives du Dépôt de la guerre*, Correspondance, août, 2ᵉ quinzaine, 1813.)

Pendant que Bonaparte livrait une bataille, où il est incontestable que tous les avantages du terrain furent pour lui, le général Vandamme passait l'Elbe à Kœnigstein, et pénétrait en Bohême par la route de Tœplitz avec quarante mille hommes. Cette diversion, qui ne faisait qu'une faible distraction des forces de Bonaparte sous les ordres d'un général entreprenant et intrépide, fut militairement et politiquement bien pensée : militairement, parce qu'elle agissait de près sur la communication de l'armée alliée, la plus abondante en vivres et en toute espèce de ressources ; politiquement, parce qu'elle portait la guerre au milieu d'une province que l'empereur d'Autriche avait le plus grand intérêt à préserver de ce fléau. L'entreprise de Vandamme devait d'autant plus sûrement réussir, que ce général n'avait d'opposition à rencontrer que dans une division d'infanterie de la Garde impériale russe, à laquelle une brigade de cavalerie était jointe. Ces troupes, sous le commandement supérieur du comte Ostermann, avaient été destinées à observer le fort de Kœnigstein. Elles devaient empêcher que les troupes qui en sortiraient ne vinssent inquiéter l'expédition de Dresde ou faire des courses en Bohême.

Le général Vandamme déboucha de Kœnigstein, le

26 août, et vint d'abord occuper le camp retranché de Pirna. Marchant ensuite dans la direction de Töplitz, il continua de pousser devant lui le comte Ostermann. Celui-ci, d'une intrépidité que les relations du temps ont vantée et dont l'histoire conservera la mémoire, disputa chaque pouce de terrain à son adversaire. Profitant de l'avantage de commander une troupe appartenant à l'élite de l'armée, Ostermann ne cédait qu'en combattant, et pas à pas. Quelque affaiblis que fussent les rangs, il persistait dans l'intention de résister jusqu'à son dernier homme. Au milieu de cette glorieuse crise, Ostermann avait le bonheur d'être puissamment secondé. Le lieutenant-général Yermoloff, dont le nom seul est un éloge militaire, dirigeait l'infanterie; et le prince Léopold de Cobourg conduisait la cavalerie avec une bravoure qui fit l'admiration de tous. Quelque défavorable que fût pour cette arme un défilé continuel, le prince répéta plusieurs charges, à la tête desquelles on le vit toujours fondre sur l'ennemi.

Malgré tant de généreux efforts, le nombre des ennemis et la valeur éprouvée de leur chef devaient néanmoins triompher. Ostermann fut successivement rejeté sur Nollendorff et sur Kulm. Ce village était la dernière barrière qu'Ostermann et ses braves compagnons pussent opposer à la poursuite de Vandamme; de sa conservation dépendait le salut de l'armée alliée.

J'ai dit que la retraite de l'armée se continua le lendemain par des chemins non moins mauvais que ceux de la veille. La forêt, que la route traversait, était si épaisse, qu'on ne pouvait pas opérer, sur les côtés, les déblaiements nécessaires, avec la promptitude qu'un mouvement rétrograde exige. J'étais pressé d'arriver assez à temps au terme de la marche pour reconnaître un camp où les cir-

constances demandaient que les troupes fussent établies.
Accompagné de deux officiers de l'état-major, je me frayai
un chemin en écartant les branches dans les parties les
moins fourrées. Je parvins à dépasser la colonne et à gagner de l'avance sur elle.

La cavalerie qui avait marché en tête, était sortie de la
forêt et avait mis pied à terre au débouché du défilé ; les
officiers faisaient leur halte. Quand ils me virent, le colonel Protosoff, chef d'escadron des gardes à cheval, me
dit : « Eh bien, colonel, vous allez nous donner des cantonnements. — Non, répondis-je, l'ennemi est trop proche. Je vais vous chercher un camp. »

Nous avions à peine fait quelques centaines de pas, que
nous aperçûmes, sur la chaussée de Dresde à Töplitz, un
officier allant à toute bride vers la ville, où se rendait le
quartier général. Je fis courir après lui un de ceux qui
m'accompagnait, avec ordre de me l'amener. Je courus
moi-même à sa rencontre. « Dans le moment, dit cet
officier, l'ennemi va déboucher dans la plaine si nous ne
sommes pas secourus ; le général Ostermann ne peut plus
tenir. » Je tournai bride, et arrivant en toute hâte à la cavalerie que je venais de quitter : « Vite, messieurs, m'écriai-
je, à cheval.... L'ennemi va paraître..... » Je ne saurais
trop exalter l'empressement avec lequel les officiers défé-
rèrent à cet avis. Le lieutenant général Depreradowitch,
qui commandait la première division de la cavalerie des
gardes, montra le plus vif empressement. Ce lieutenant
général ne parlait avec moi qu'allemand ; mais tout ce
qu'il me dit et sa contenance ne me laissèrent aucun
doute sur la résolution avec laquelle il aborderait l'ennemi ; c'est une justice que j'aime à lui rendre. Aussitôt
que nous arrivâmes dans le bassin de Töplitz, je priai le
lieutenant général de faire former les escadrons. Je vis

avec plaisir, que nous nous retrouvions dans une vaste plaine. Elle s'étendait sur notre droite, laissant à gauche les montagnes dont nous sortions, et dont la grande route longeait le pied, en s'en éloignant de quelques centaines de pas à l'Est.

Les généraux Ostermann et Yermoloff ne s'attendaient point à nous voir paraître si promptement. Dès que je les aperçus, je courus à eux. Le désir de connaître les forces, qui leur arrivaient les avait fait approcher quelques pas au-devant de moi : « Colonel, me dit le comte Ostermann, nous allons être forcés. » Mes yeux avaient déjà parcouru le terrain qu'il était aisé d'analyser. « Non, répondis-je au général, nous ne serons pas forcés; nous allons mettre en première ligne toute notre artillerie, qui concentrera ses feux sur le débouché. Toute notre cavalerie va se déployer derrière l'artillerie.

Nous porterons ce que nous avons d'infanterie sur notre gauche : elle s'étendra du pied des montagnes vers les cimes. (Il est à remarquer que ces montagnes étaient couvertes de bois.) L'ennemi n'osera jamais déboucher devant ces dispositions : il cherchera à nous tourner par notre gauche; il ne trouvera pas de chemin; il perdra du temps; à chaque instant, quelque corps de l'armée nous arriverons; nous gagnerons ainsi la nuit; et demain il faudra les attaquer à la pointe du jour; telles furent, non pas seulement le sens, mais les propres termes de ma réponse. Le comte dit quelques mots en russe au général Yermoloff qui répondit de même. Sans les avoir compris, je ne pus pas douter que ma proposition obtenait leur suffrage. « Cher colonel, me dit le comte, en me tendant la main, restez auprès de moi; vous savez bien que j'ai toujours eu de l'amitié pour vous. — Je ne vous quitterai pas lui répondis-je c'est d'ailleurs mon devoir. » Je ne

sais si l'ennemi devina nos projets, et s'il crut devoir faire
un effort avant que nos troupes fussent déployées ; mais il
parut redoubler de force et vouloir entrer dans la plaine.
Déjà le général Yermoloff nous avait quittés pour se rapprocher de son infanterie. Le coup de collier que donna
l'ennemi parut chanceux au général Ostermann. Soyons
bien tranquilles, lui dis-je, ils n'entreront pas dans la
plaine. Ce ne fut, en effet, qu'un feu éphémère : l'ennemi
ne poussa pas davantage.

Sur ces entrefaites, la division de cavalerie légère de la
garde était sortie du défilé. Elle se porta au galop sur notre terrain, et prit la gauche de la grosse cavalerie, c'est-
à-dire qu'elle s'approcha du pied des montagnes, qui venaient s'incliner et se perdre dans la plaine. Bientôt
après, parut le corps des grenadiers, commandé par le
brave et habile Rajewski. Ces grenadiers se placèrent à la
gauche de la cavalerie, en s'étendant vers la cime des
montagnes. Ils se lièrent par là aux positions qu'occupait
l'infanterie de Yermoloff, dont ils devinrent un formidable
appui. Je fus alors plus que jamais raffermi dans l'assurance que j'avais donnée aux deux généraux dès le premier moment de notre rencontre. Il me paraissait bien
certain que l'ennemi ne sortirait pas du défilé ; le jour,
d'ailleurs, touchait à sa fin. De nouveaux efforts de l'ennemi menacèrent pourtant de devenir décisifs. C'est alors
que le général Ostermann voulut joindre ses troupes les
plus avancées. Nous nous y acheminions, lorsque nous
vîmes amener un officier supérieur fait prisonnier, je
l'arrêtai pour lui faire les questions d'usage sur le nom du
général qui commandait devant nous. Le général Ostermann continuait son chemin ; il était à peine à trente pas
de moi, qu'un éclat d'obus vint lui fracasser le bras. Son
cheval tourna, et le calme du général montra toute la fer-

meté et la force de son âme. Le hasard m'avait servi ; car,
sans l'apparition de cet officier marchant près du général,
du côté où il fut frappé, il est à présumer que je l'eusse
été le premier. Ostermann, couvert de gloire, fut contraint
de quitter un champ de bataille où il laissait son bras et
son nom. Il est indubitable que si tant d'efforts ne fussent
pas parvenus à empêcher Vandamme de déboucher dans
la plaine, c'en était fait de l'armée combinée qui revenait
de Dresde. Les dix mille hommes du comte Ostermann,
soutenus par quelques escadrons que les combats avaient
affaiblis, débordés de toutes parts, auraient été renversés
hors du défilé. Vandamme avait à peine une demi-lieue à
faire sur la chaussée qu'il avait suivie, pour arriver au débouché de celui par lequel l'armée sortait de la forêt.
Afin de bien comprendre toute l'étendue du péril qui menaçait l'armée, il est nécessaire de se représenter le pays
où l'on agissait.

Le général Vandamme suivait la grande route qui de
Dresde va à Prague ; celle par laquelle l'armée se retirait
partait d'un point vis-à-vis de Dresde, et cheminait parallèlement à la première, à travers une épaisse forêt qui les
séparait l'une de l'autre. Elle était telle que la nature l'offrait : l'art ne l'avait pas travaillée. Ces deux routes venaient verser dans un entonnoir que les montagnes dessi-
naient sous la forme d'une plaine où la petite ville de
Töplitz était située. Mais il est essentiel de remarquer
que le débouché, par lequel Vandamme entrait dans la
plaine, était bien plus rapproché de son point de départ
que celui par lequel l'armée descendait dans cette même
plaine. Aussi, abstraction faite de la nature des chemins,
ce général avait eu une bien plus courte distance à parcourir,
que l'armée, pour sortir des montagnes. En était-il débouché, rien ne pouvait plus entraver la rapidité avec laquelle

il ne tenait qu'à lui de se porter, en face de la seule issue
qui restait à l'armée austro-prusso-russe. Lorsqu'il eut été
établi, comment aurait-on pu le forcer à céder le passage?
L'armée n'avait pour elle que les faibles ressources de la
tiraillerie. Si Vandamme eut placé des batteries dans la
direction du prolongement de la colonne, encore engagée
dans le défilé, quel désordre n'y aurait-il pas causé, et
quel ravage n'y aurait-il pas fait? Pour comble de désastre, on aurait dû donner à la cavalerie la tête de cette colonne. Veut-on admettre que l'armée eût trouvé à s'écou-
ler sur sa droite? Mais à travers l'aspérité des montagnes,
sans route frayée, elle eut été condamnée à abandonner
son matériel, à perdre sa cavalerie, et à livrer la queue de
sa colonne à la merci des ennemis qui la suivaient. Re-
connaissons donc toute l'immensité du service que rendit
le comte Ostermann; que les alliés ne perdent jamais de
vue ce que firent les généraux qui combattirent sous lui
et ses dix mille hommes de la garde impériale russe : les
dangers n'en imposèrent point à leur bravoure, et les pertes qu'ils essuyèrent n'ébranlèrent pas un moment leur
contenance.

Le général Yermoloff succéda dans le commandement
au général en chef Ostermann. Il avait eu trop de part au
succès de la journée pour qu'on pût craindre qu'il n'en
consommât pas l'œuvre de salut et de gloire auquel il
avait si puissamment concouru.

Vandamme avait laissé échapper le moment où la victoire s'offrait à lui; il ne lui restait plus d'espoir dès l'instant que les premières troupes qui revenaient de l'expédition de Dresde s'unirent à celles qui, étant seules, avaient
arrêté sa marche. Nous n'eûmes plus que quelques feux
de mousqueterie qui s'échangèrent et des coups de canon
qui se prolongèrent de part et d'autre. La nuit surprit les

deux partis dans cet état de combat, qui ne terminait pas l'affaire, parce que les alliés ne forçaient pas le général Vandamme à se retirer, et que celui-ci ne forçait pas les troupes alliées à lui livrer passage.

Miloradowitsch commandait toute la Garde impériale, sous les ordres du grand-duc Constantin.

A la tombée de la nuit, quand toutes les troupes furent sorties du défilé, il prit le commandement que lui remit le général Yermoloff. Ce général reconnut la nécessité de céder à la hiérarchie des rangs; mais il ne put me dissimuler combien ce sacrifice lui était pénible. Il abandonnait le fruit d'une journée laborieuse et glorieuse à un général couvert de lauriers à la vérité, mais que son devoir avait retenu éloigné d'une action que la gloire et les travaux signalaient. Les troupes gardèrent toute la nuit la position où le combat les avait laissées. Le prince Démétri-Galitzin, qui commandait la cavalerie de la Garde impériale, jugea convenable de faire mettre le feu à un village situé devant le front des chevaliers-gardes. Il étai à présumer qu'il serait occupé par de l'infanterie ennemie; et la trop petite distance entre les tirailleurs et la cavalerie aurait infailliblement causé de grands ravages: plusieurs balles étaient déjà venues blesser et tuer de chevaux dans les rangs. L'infanterie fut, en effet, chassée du village que je crois avoir été celui de Karvitz. Il en résulta un autre inconvénient : les flammes éclairèrent le tir du canon, et la troupe eut à souffrir de l'artillerie. Il était pourtant indispensable de rester en place; un mouvement rétrograde aurait pu enhardir l'ennemi à pénétrer dans la plaine, à la droite de la ligne; on sait qu'à la guerre il n'y a pas de légère concession faite à un ennemi entreprenant et expérimenté. Quand le calme fut bien rétabli, et que, fatigué de tirer des coups incertains, les

deux partis se furent résignés au repos, le général Miloradowitsch m'ordonna de l'accompagner à son quartier où je
passai la nuit. Le lendemain, à la pointe du jour, le général se rendit sur le champ de bataille de la veille. Toutes
les troupes étaient entrées dans la plaine; à l'exception
de l'énorme perte que le général Klenau avait faite, l'armée alliée en avait assez imposé aux ennemis pour qu'ils
eussent respecté sa retraite..... Il fut donc résolu que, dès
le 30, Vandamme serait attaqué. Quelque proche que Bonaparte fût de son lieutenant, il n'était pas vraisemblable
qu'il pût le joindre avant la fin de l'action; mais si Vandamme, après avoir été battu, était forcé de se retirer
par un défilé, il était indubitable que le désordre de ses
troupes se communiquerait à celles qui seraient envoyées
à son secours par le même défilé. Il n'y avait donc pas de
temps à perdre : il fallait attaquer le général Vandamme
avec une vigueur capable d'opérer la dissolution de son
corps avant qu'il pût être soutenu. L'attaque aurait dû
commencer à la pointe du jour; le pays était bien connu,
et la nuit avait donné le temps de bien combiner les dispositions et de les distribuer aux troupes. Cependant le
soleil était levé quand les généraux Toll et Diebitch arrivèrent sur le terrain pour y décider le mode de l'attaque.
Le général Toll était attaché particulièrement à la personne de l'empereur Alexandre; et le général Diebitch
remplissait les fonctions de chef d'état-major. Le général
Barclay de Tolli assistait à cette reconnaissance, à laquelle
je ne crois pas que se trouvât le généralissime prince de
Schwarzenberg. Je doute même que son chef d'état-
major, le lieutenant général comte de Radetsky, y fût. Ce
qu'il y a de très certain, c'est que Toll prononça le premier, et Diebitch adopta et appuya la résolution d'attaquer l'ennemi sur sa gauche. J'avais trop étudié le terrain

pour ne pas reconnaître toute la gravité de la faute; et il
y avait trop peu de temps que ces deux généraux avaient
cessé d'être colonels avec moi pour que, franc parleur
par caractère, je pusse garder le silence. Je dis donc, à
très haute voix, qu'il était impossible de concevoir une
manœuvre plus fausse, et que toute la force de l'attaque
devait se porter contre la droite de l'ennemi. Je ne manquai pas de faire observer qu'il allait garnir d'artillerie un
mamelon isolé entre son centre et sa gauche. Ce mamelon, situé à l'expiration des hauteurs, était d'une médiocre
élévation. Il semblait que la nature l'avait ainsi disposé
pour balayer la plaine contre celui qui aurait eu le projet
de gagner le défilé sans suivre la grande route. Il devient
nécessaire de donner les preuves des faits qui seront
avancés. Il ne faudra pas moins s'appliquer à mettre tous
les militaires en état d'apprécier la justesse des opérations qui furent proposées; afin de les convaincre que, si
ces opérations furent couronnées de succès, elles devaient
l'être parce qu'elles étaient les seules commandées par la
nature du terrain. Il faut donc bien se représenter sa con-
texture dans ses moindres détails. Je serai donc excusable
si en la décrivant je reviens sur ce qui aura été dit.

La chaîne de montagne qui sépare la Saxe de la Bohême,
appelée Erzgebierge, en se partageant sur les deux rives
de l'Elbe, forme le bassin dont les contours enveloppent
la Bohême. C'est à travers ces montagnes que passent les
chemins qui de Dresde viennent à Prague. La principale
de ces routes, celle sur laquelle sont établis les relais,
passe par Petersvald, Pirna, Nollendorf, Kulm et Töplitz,
qui n'est plus qu'à douze lieues de Prague, capitale de la
Bohême.

A Nollendorf, le terrain commence à s'incliner, et, après
s'être successivement élargi sur la gauche, aux villages

d'Arbezau et de Kulm, il vient mourir en glacis à peu de distance de ce dernier village. Là, commence une plaine dont toute l'étendue se porte sur la gauche, c'est-à-dire de l'ouest à l'est, où elle est bornée par un affluent de la Bilia. Mais les montagnes continuent sur la droite de la route, qui s'en éloigne peu, du nord au sud. Ainsi, en allant du nord au sud, on peut toujours cheminer par la montagne parallèlement à la route. Il n'en serait pas de même du nord au sud par la partie de l'est : on serait forcé de quitter les montagnes qui n'offriraient plus de direction parallèle à la route. La plaine dans laquelle on descend après Kulm peut avoir trois quarts de lieue d'étendue de l'est à l'ouest, et autant du nord au sud. Elle est bornée à l'ouest par la continuation des montagnes ; à l'est, par un affluent de la Bilia ; et au nord, par la chaîne des montagnes, qui passe derrière le village de Karvitz et continue jusqu'à l'Elbe.

Si cette description est devenue aussi claire que j'ai voulu la rendre, on voit que Vandamme n'avait de communication avec son armée que par le défilé que les montagnes dominaient à l'ouest, dans toute sa longueur, et qu'il n'avait point d'autre retraite. Je ne crois pas qu'il fallût un génie de guerre bien étendu pour s'apercevoir que l'on devait s'établir derrière Vandamme par les montagnes à l'ouest, en liant les troupes destinées à cette manœuvre avec celles qui occupaient la plaine. Ainsi, toute l'opération était une affaire d'infanterie. C'était à cette arme à effectuer la perte de l'ennemi en s'emparant des montagnes. La cavalerie n'était plus qu'une arme secondaire : elle devait attendre, pour agir, que l'infanterie eût déterminé le mouvement rétrograde de l'ennemi, et produit dans les masses le désordre inévitable d'une retraite qui se fait par un défilé que l'ennemi domine. Au milieu d'un tel encombrement, quelques escadrons suffisent pour fouler aux pieds de leurs chevaux et tailler en pièces une troupe qui ne tarde plus à perdre la volonté de résister et se mettre en pleine déroute. Telles sont, si je ne me trompe, les données qui devaient diriger dans l'attaque contre le général Vandamme. J'ajouterai que le mamelon qui était l'origine de la plaine, entre la gauche et le centre de l'ennemi, serait couvert d'artillerie; que nos troupes en seraient foudroyées durant toutes leurs marches en avant. Messieurs Toll et Diebitch n'eurent aucun égard à mes représentations; on ne pourrait nier aujourd'hui que le général Toll dit : « Il faut attaquer par notre droite la gauche de l'ennemi. »

Déjà une division d'infanterie du corps de Collorédo, soutenue par une division de grenadiers, commandée par le général Bianchi, s'avançait pour engager l'attaque. J'étais trop lié avec l'un et l'autre de ces généraux pour me contraindre devant eux. Je leur ouvris mon avis, en leur affirmant que nous allions échouer. Collorédo parut le croire, et Bianchi en fut convaincu. Encouragé par ce suffrage, je me dirigeai vers le général en chef Barclay de Tolli, qui était seul, à pied, sur la grande route, les yeux fixés sur les troupes autrichiennes, et sur la position de l'ennemi. Je m'approchai : après un moment de silence, je dis, sans paraître y attacher de l'importance : « Il me semble que cette attaque ne réussira pas; je crois que ce n'est que par les montagnes, sur la droite de l'ennemi, qu'on devrait attaquer. » Le général en chef des Russes m'écouta sans distraire ses regards, et ne répondit pas. Barclay était trop homme de guerre pour ne pas voir aussi bien que moi que tel était en effet la seule direction que dût prendre l'attaque; mais l'avis du général Toll, attaché à l'Empereur, était contraire, et le général Diebitch y avait adhéré.

Cependant, je ne me rebutai pas. Le prince de Schwarzenberg était à cheval sur la route, à quelques pas en arrière du général Barclay; je m'approchai et lui dis : « Monseigneur, comment peut-il se faire qu'on adopte une idée aussi fausse que celle qui prévaut? Cette attaque échouera. » Je le vois, répondit le prince; mais j'ai éprouvé dernièrement du désagrément en soutenant mon opinion, et je ne les contrarierai pas. Qu'on se rappelle que j'ai promis de rapporter un propos du prince de Schwarzenberg, duquel l'on pourrait induire que l'échauffourée de Dresde était en contradiction avec son sentiment propre. Cette opération était la seule qui avait eu lieu jusqu'alors. Je désire que mon induction soit fondée, pour la mémoire de ce prince, qui fut si digne de la profonde vénération de tous les gens d'honneur.

A quelques pas du prince, et en avant, était le comte de Radetsky, également sur la route, mais à pied. Je lui fis part de ma manière de voir. Ce chef d'état-major autrichien me prit par le bras, et, sans me dire mot, il m'entraîna vers le prince : « Monseigneur, lui dit-il, demandez-lui ce qu'il pense? Il vient de me le dire, répondit le prince. » Ainsi, d'après tout ce que j'ai rapporté, il est évident que les généraux Toll et Diebitch étaient les seuls de leurs avis.

Sur ces entrefaites, les Autrichiens avaient commencé leur attaque. Ils furent foudroyés et repoussés; trop de témoins existent aujourd'hui, et ceux que j'ai cités sont trop graves pour qu'on puisse lever le moindre doute sur l'exactitude de ces faits. Cependant je ne cessais de blâmer hautement ce qui se faisait. Quand j'insistais pour qu'on portât des forces par les montagnes sur la droite de

l'ennemi, le colonel Potemkin, du régiment de Prebra-
guiski, et même le général Yermoloff, me dirent que je ne
trouverais pas de chemins, que ce terrain, où ils avaient
combattu la veille, leur était parfaitement connu. Je leur
assurai qu'il s'en trouverait qui seraient susceptibles de
nous faire gagner les cimes. Enfin, cédant à mes impor-
tunités, Miloradowitsch dit : « Allons, soyez tranquille ; je
m'en vais ordonner à une brigade de s'y porter. » Voici,
dis-je, la brigade du prince Philippe de Hesse-Hombourg
qui se dispose à marcher, dirigez-la de ce côté. Je crois
que cette brigade avait ordre de s'avancer pour soutenir
l'attaque qui était engagée contre la gauche de l'ennemi.
Le prince pourrait, au reste, nous éclairer sur ce point. »
Miloradowitsch donna, en effet, l'ordre à Son Altesse de
marcher contre la droite de l'ennemi. Je connaissais le
prince depuis le temps où les Hollandais firent le siège
de Landrecies, et, depuis cette époque, nous n'avions pas
quitté les mêmes drapeaux. Ce prince joint au plus aimable
extérieur la plus belle âme et la plus brillante valeur. Il
avait pour Bonaparte la haine et l'esprit de vengeance
dont devait être animé un prince de l'empire digne du
nom qu'il portait. Modeste, instruit, capable de tout écouter, j'étais assuré d'avance qu'il ne repousserait pas mes
observations.

Au-dessus du point où aboutissait l'extrême droite de
l'ennemi, s'apercevait un pavillon qui frappait les regards
par sa blancheur. Le terrain qui l'environnait, paraissait
chargé de bois épais. « Voyez ce pavillon, Monseigneur,
dis-je au prince : c'est là qu'il faut que nous arrivions. Oh !
dit le prince, ce sera difficile. — La victoire est femme,
répliquai-je, elle ne nous résistera pas. » Les régiments
hongrois de Jérôme Colloredo et de Hiller composaient la
brigade du prince. Nous marchâmes dans le plus grand

ordre et d'un pas accéléré. Mes prévisions ne furent pas trompées. Nous parvînmes sans obstacles majeurs au point que j'avais indiqué. Le prince saisit des clairières, et y rangea ses troupes. A peine avait-on commencé le déploiement, que je me portai en avant, après avoir recommandé de gagner les cimes et de faire feu sur les derrières de l'ennemi. Il était assez difficile de bien découvrir ce qui se passait devant soi à cause du terrain fourré où nous étions. Le brave Rajewski arriva presque aussitôt avec le corps de grenadiers qu'il commandait. « Je suis bien aise de vous voir », me dit-il, en me tendant la main ; et au même moment son cheval fut frappé d'une balle.

Cependant, l'ennemi ne tarda pas à sentir tout le danger dont il était menacé ; il fit sur les grenadiers russes, qui n'étaient pas encore totalement déployés, un feu et un mouvement qui les obligea à se replier. Le général les rapprocha des Autrichiens prêts à combattre. Les deux colonels étaient fort près l'un de l'autre, de manière à s'entendre. Tous deux m'étaient connus particulièrement : l'un deux était le colonel de Retzaj, du régiment de Collorédo ; j'étais bien persuadé qu'il serait parfaitement d'accord avec moi. Aussi leur dis-je en passant avec le général Rajewski devant le front de leur régiment : « Tenez ferme, cela ne durera pas longtemps. » En même temps, je criai aux troupes qui étaient au bas des hauteurs : « En avant le centre ! faites avancer le centre ! » Cet appel aux troupes du centre ne fut point improuvé par le général Rajewski, que je ne quittai plus.

Pendant que tout se passait ainsi, une division du régiment de Collorédo était parvenue à l'extrême cime du mamelon le plus élevé de la chaîne. Étendue sur le flanc et les derrières de l'ennemi, elle faisait un feu nourri et bien dirigé. Or, on sait quelle sensation causent à des troupes

des masses de feux ou même des feux de tirailleurs qui
partent d'un bois, parce que l'homme grossit toujours à
son désavantage le danger qu'il ne peut pas juger. Il
semble encore que l'écho des bois multiplie les coups en
multipliant le bruit. Au même instant, un régiment de
hussards et des dragons autrichiens chargèrent sur ce
qu'ils avaient devant eux. L'ennemi, entièrement renversé,
ne fit plus que s'amonceler et se *pelotonner* dans le défilé,
et que recevoir, sans y répondre, les coups de fusils tirés
par l'infanterie établie sur le penchant des montagnes
qui dominent ce défilé. Les alliés n'eurent donc qu'à se
préserver du désordre qu'entraîne toujours après elle une
victoire aussi promptement décidée et remportée sur un
pareil terrain. Un expédient qu'emploie assez ordinairement l'ennemi qui se retire avec précipitation par un
défilé, contribuait à augmenter le désordre et à rendre
impossible la retraite des moins diligents : il mit le feu
au village de Kulm. Après être descendu de la montagne
en arrière de ce village, je le traversai pour rejoindre la
ligne de bataille. Mais, au moment où j'en sortais, je vis
arriver les souverains qui voulaient y entrer. J'avertis
Leurs Majestés que le feu était allumé de toutes parts,
et qu'il était à présumer que les caissons de munitions
qui encombraient les avenues allaient sauter. Cet aver-
tissement ne les arrêta pas :

Leurs Majestés traversèrent Kulm et se portèrent au
delà : elles ne pouvaient plus être témoins que d'une
destruction à laquelle aucune résistance n'était opposée.
Ceux des ennemis qui échappaient à la poursuite étaient
réservés à devenir victimes de l'un de ces coups singu-
liers, par lesquels la fortune se plaît quelquefois à signaler
sa bizarrerie et à parer du manteau du talent, ce qui n'est
que l'effet du hasard. Le lieutenant général Kleist, écarté

de la direction qui lui avait été prescrite dans la retraite
de Dresde, errait incertain de la route qu'il suivrait pour
se réunir à l'armée. Une tendance naturelle le ramena
vers la grande route de Dresde à Töplitz. Il y entrait,
quand il vit, accourant dans le plus grand désordre, les
troupes qui, sauvées de la défaite de Kulm, cherchaient à
rejoindre Peterswald, où elles savaient que le maréchal
Saint-Cyr devait les recueillir. Kleist les attaque sur le
champ avec impétuosité, et leur ferme toute issue. Il n'en
fallut pas davantage pour consommer la dissolution du
corps de Vandamme et décerner au général Kleist le dernier laurier de la journée. Ce général l'avait conquis bien
certainement, si on a égard à la présence d'esprit et à
l'énergie qui dirigèrent ses coups dans un moment où sa
situation était telle, qu'il devait regarder sa perte comme
inévitable. Il est évident, par le fait, qu'il était résolu de
vendre chèrement sa vie ; qu'il n'écoutait que la première
impulsion de l'honneur, sans même délibérer sur les dispositions qu'il convenait de faire. Sa conduite fut à la fois
hardie et courageuse ; la gloire en fut la récompense. Que
l'on cesse cependant de répandre que sa marche avait été
calculée ; il n'en est rien. Il fut vainqueur, ou plutôt il
porta le dernier coup au corps de quarante mille hommes
que le général Vandamme commandait : Mais son succès
fut improvisé et sa manœuvre n'avait point été prévue...

... Quoi qu'il en soit, le général Kleist, en coupant
toute espèce de retraite aux restes désorganisés du général Vandamme, en consomma la ruine et mit le sceau au
triomphe de la journée. Ce général commença la perte
absolue de Bonaparte ; car on ne désavoue plus aujour-
d'hui que la destruction de ce corps, en raison du nombre
et de la qualité des hommes qui le composaient, énerva
les forces de Bonaparte et prépara les désastres de

Leipzig. C'est donc de Kulm que les rois, si longtemps troublés dans leur domination ou privés de leur héritage, purent dater le renouvellement de leur ère.

Le général Vandamme était tombé prisonnier au pouvoir des alliés. Il remit son épée au colonel Stahl, l'un des aides de camp du grand-duc Constantin. Le soir même de l'affaire, cet officier me raconta l'événement en ces termes : « Je m'étais laissé entraîner dans la charge de cavalerie. Nous l'avions achevée, quand j'entends crier à quelques pas de moi. Général russe!... général russe! à moi! A ces cris, je me retourne, et j'aperçois un général ennemi que deux hussards tenaient. Lorsque j'approchai, ce général dit : Je suis le général qui commande le corps, comte Vandamme; voilà mon épée. — Gardez votre épée, lui ai-je dit; suivez-moi, je vous conduirai à l'Empereur. Quand nous sommes arrivés auprès de Sa Majesté : Voilà, Sire, ai-je dit, le général qui commandait le corps, le comte Vandamme. — Ah! général, lui a dit l'Empereur avec bonté, je suis fâché de votre situation. — C'est le sort de la guerre, a répondu assez brusquement Vandamme; ce qui m'arrive aujourd'hui, peut arriver demain à un autre... — Ah! sans doute, a repris l'Empereur, vous avez besoin de vous reposer. Conduisez le général sur les derrières. » Voilà le récit que le colonel Stahl me fit; et cet officier, toujours modeste, inspira aussi toujours la confiance. L'éloignement où le général Vandamme allait rester des opérations de la guerre dut profondément affliger Bonaparte.

(Baron de Crossard, maréchal de camp, *Mémoires militaires et historiques pour servir à l'histoire de la guerre, depuis* 1792 *jusqu'en* 1815 *inclusivement.* Paris, Migneret, 1829.)

LE GÉNÉRAL PUTHOD EST FAIT PRISONNIER

29 AOUT

Le général Puthod, avec toute sa division (la 17ᵉ du
5ᵉ corps, Lauriston), 100 cavaliers et 16 canons, se trouvait à Schenau le jour de la bataille de la Katzbach. Il
avait ordre de se porter sur Janer pour tourner entièrement notre armée, mais ayant compris, par la direction
du feu, que les résultats de la bataille n'avaient pas été
favorables à son parti, il se retira vers la Bober. Le général Youssosovitch, officier intelligent et actif, ne le perdit
pas de vue, le poursuivit, et quoiqu'il n'eût ni infanterie
ni canons, mit l'arrière-garde ennemie en désordre et fit
1.200 prisonniers.

Il intercepta une lettre du général Puthod qui annon-
çait au maréchal Macdonald ses projets de retraite sur
Lœvenberg par le pont qui est près de cette ville par suite
de l'impossibilité de passer au gué la Roër, alors débordée partout. Il ajoutait que s'il ne pouvait pas gagner ce
pont, il tâcherait de passer sur ceux de Hirschberg et de
Lœhn. Je conçus, à la réception de cette lettre, l'espoir de
couper et d'entourer la division Puthod.

Le 16/28, le général Roudzewitck avait occupé les bois
et les défilés entre Pillgramsdorff et Lauterseiffen.

Le 17/29 août, il envoya sa cavalerie avec Emanuel sur

Lœvenberg pour en couper le chemin au général Puthod qui eut pu, sans cela, se retirer par le pont de pierre de cette ville et par les radeaux qu'on y préparait pour lui. Le général Emanuel manœuvra, dans cette circonstance, avec son activité et sa décision ordinaires.

Le général Puthod, coupé par lui de Lœvenberg, voulut se rejeter sur Zobten. Le baron Korff s'y était porté avec sa cavalerie de réserve et, par ce mouvement, il fut très utile au succès de la journée.

Le lieutenant général prince Scherbateff, commandant le 6e corps, prévenu par le général Roudzewitch, se porta à l'instant, avec célérité, sur la gauche, par Petersdorff et par ce mouvement, fait très à propos et très bien exécuté, il entoura la division française sur la gauche, tandis que Roudzewitch l'entourait à sa droite et qu'elle avait derrière elle la Bober débordée.

Le général Puthod, qui montra dans cette cruelle circonstance autant de valeur que de sang-froid et qui, par sa fermeté, sa tenue après son malheur, a acquis des droits bien légitimes à mon estime, s'était placé en colonne serrée sur le Mittelberg et son artillerie faisait un feu vif et bien nourri.

Le prince Scherbateff disposa la sienne sur les hauteurs qui dominent celle où étaient les ennemis. Le feu de la compagnie de Nesterowski fit de grands ravages dans ces masses serrées et les força de se retirer en flottant.

Le colonel Diedriks, avec le 11e et le 9e chasseurs et le général Mescherinoff avec le 28e et le 32e, tournèrent dans les vallons la position de l'ennemi et l'attaquèrent à la baïonnette avec la plus grande valeur. Le général Roudzewitch attaqua de même de son côté. Ces brillantes attaques eurent tout le succès désiré; en un instant, la colonne ennemie fut enfoncée. Le général Puthod, plus de 100 officiers de différents grades et plus de 4.000 hommes, restant de la division, furent pris ainsi que 16 canons.

. Le lieutenant Kalinin et l'enseigne Bogdanoff, du 28e chasseurs, enlevèrent dans les rangs ennemis les aigles du 146e et du 148e de ligne, celles du 134e et du 147e, furent jetées dans la Bober; je ne pus d'abord retrouver que le bâton du 134e; plus tard, lorsque les eaux furent retirées, on trouva un troisième aigle.

Le général français [1] se noya avec plus de 400 hommes qui tentèrent ainsi que lui de passer la Bober à la nage.

Nous trouvâmes près de Lœwenberg plus de 150 canons brisés et renversés. Le maréchal Macdonald, avec le reste des fuyards, ne pouvant passer la Bober à Lœwenberg, en longea la rive droite et ne parvint à la traverser plus bas que Lœwenberg qu'avec beaucoup de peine. Il fut trois jours sans rejoindre ses troupes qui ne se rassemblèrent que près de Bautzen et de Lœbau, où elles se joignirent au corps polonais du prince Poniatowski et à celui de Souham.

(*Mémoires inédits du comte de Langeron.*)

---

1. Sibuet (Benoît-Prosper), né le 6 juin 1773, à Belley (Ain), était beau-frère du général Montbrun et gendre du général Morand. Colonel du 147e régiment de ligne le 16 janvier 1813, il venait d'être nommé général de brigade (22 août).

Sibuet, très brave militaire, avait reçu deux pistolets d'honneur au siège de Gênes.

30 AOUT

Depuis Torgau, il s'est passé bien des choses. On nous
a fait partir pour Dresde, distant de vingt lieues que nous
avons franchies en deux jours, pour venir passer la revue
de l'Empereur; à la dernière étape, nous nous sommes
harnachés de notre mieux. A midi, nous arrivions dans les
grandes plaines qui entourent la ville, et nous prenions
place dans une immense ligne de bataille. L'Empereur est
arrivé en petit uniforme, sur un cheval blanc, suivi d'un
magnifique état-major. Il est descendu de cheval non loin
de notre corps, et il a parcouru les rangs à pied, en adressant souvent la parole aux soldats.

Serez-vous ravis quand vous saurez qu'il m'a parlé? Le
lieutenant commandant et tous les sous-officiers et briga-
diers nous étions à la tête de notre compagnie, à pied devant
nos chevaux. Il a dit un mot au commandant, et en passant son attention s'est portée sur moi, peut-être à cause
de la différence de mon âge et de celui des maréchaux des
logis; il m'a demandé : *D'où êtes-vous?* — *Sire, de Genève,*
la main au shako. — *Comment vous appelez-vous?* — *Cra-*
mer. — *Comment dites-vous?* — *Cramer.* — *Que fait votre*
père? — *Sire, un ancien militaire.* Et il a passé. En approchant de notre régiment il avait dit : *Qui sont ceux-là?* —
Ceux du Midi, Sire, a dit un général. — *Ah! je les aime*

bien ceux-là. — Il a ri en disant cela et a parlé avec beaucoup de bonté au major et à **M.** d'Arbaud, le chef d'escadron.

Après la revue nous avons défilé au grand trot; les cris de : Vive l'Empereur! de toute la brigade, couvraient le bruit des chevaux. J'étais en serre-file derrière le dernier peloton de notre compagnie, et c'est elle qui fermait la marche; j'ai donc défilé le dernier de tous; devant l'Empereur j'ai voulu pousser mon cri, mais j'étouffais, et j'ai salué du sabre.....

Nous étions arrivés trop tard pour assister à la bataille de Dresde, et notre corps n'y fut point engagé. Quand j'obtins la permission de visiter la ville, elle était encombrée de prisonniers, et les vivres y étaient d'une cherté affreuse : j'y dînai, il m'en souvient, à 16 francs par tête avec un plat de viande et du légume, mais j'eus au moins la satisfaction d'y coucher avec trois camarades dans un bon lit, volupté dont nous jouîmes d'autant plus que, depuis quinze jours au moins, nous ne nous étions pas déshabillés pour dormir; les villages étaient ruinés, les fourrages très rares, la solde arrêtée depuis Gotha; les fatigues et les privations de la guerre commençaient à se révéler sérieusement à notre inexpérience militaire. Quatre jours après notre arrivée il fallut repartir pour rejoindre l'armée de Bohême; on se battait près de nous et nous entendions sans cesse gronder l'artillerie, dont l'écho se répétait dans les montagnes aux pieds desquelles nous cheminions.

(*Souvenirs d'un Garde d'honneur pendant la campagne de* 1813. Bibliothèque universelle de Genève, février 1856.)

Le 30 août au matin, nous formâmes notre ligne de bataille sans être inquétés. La 42ᵉ division à la droite de

Straden, appuyant au bois qui domine le Geyersberg; la
1re division à sa gauche; la brigade Quiot à cheval sur la
grande route de Kulm; la brigade de Reuss derrière celle-
ci; la brigade Doucet en arrière de Kulm; la brigade Dunesme à la gauche de la grande route; la cavalerie à l'extrême gauche, vers Neudorf. Elle aurait dû appuyer à
l'Elbe, à Aussig, mais notre armée n'était pas assez nombreuse pour occuper une ligne aussi étendue. On s'était
contenté d'envoyer à Aussig le général Kreutzer de la
42e division, avec deux bataillons et quatre cents chevaux;
il avait l'ordre de communiquer, par sa cavalerie, avec le
général Dumonceau, et d'empêcher que la gauche de ce
général ne fut tournée; ce qui était difficile, à cause de la
distance qui sépare Aussig de Kulm, et de notre infério-
rité numérique.

L'armée russe, commandée par le général Barclay de
Tolly, prit position en face de nous. Sa droite débordait
notre gauche, que le projet du général était de tourner et
de rejeter sur le centre. L'action s'engagea de ce côté.
L'attaque fut soutenue avec vigueur par le général Dunesme. Les brigades Gobrecht et Heimrodt exécutèrent
de belles charges; mais l'ennemi gagnait du terrain et se
prolongeait dans la direction d'Arbesau. Le général Vandamme détacha la brigade Quiot pour soutenir la gauche.
Pendant ce temps, le centre et la droite étaient fortement
canonnés par l'ennemi. On avait formé la 1re division en
échelons, par bataillon, à d'assez grandes distances. Les
troupes étaient bien disposées malgré l'échec de la veille;
mais un événement funeste rendit toute résistance impossible. Le corps prussien de Kleist, qui se retirait en désordre par Glasshüte et Schonenwald, était arrivé sur les
hauteurs de Nollendorf. Ce général apercevant la position
de notre armée, reprit courage, descendit de Nollendorf,

et se forma au pied de la colline. Ainsi notre armée, menacée de front par des forces supérieures et débordée sur son flanc gauche, trouvait le défilé, par lequel seul elle pouvait opérer sa retraite, occupé par l'ennemi. Une retraite régulière devenait impossible; il fallait passer sur le corps des Prussiens et regagner les hauteurs de Nollendorf en abandonnant l'artillerie. Les brigades Quiot et Reuss firent volte-face pour attaquer Kleist. J'eus l'ordre de les appuyer. Je me trouvais alors avec le 36e, que je ne voulais pas quitter. Il formait la gauche de la division et cette gauche était fort en l'air depuis le départ du général Quiot. L'attaque devenait plus vive; déjà la droite de la division commençait à plier. J'envoyai chercher le 17e; il ne vint pas. Pressé par le général Vandamme, je lui amenai le 36e, qu'il dirigea lui-même contre les Prussiens. Le 36e était si affaibli que j'avais réuni les deux bataillons en un seul. A cette époque, il n'y avait que six compagnies par bataillon. En traversant le village de Kulm, trois compagnies furent détachées à l'artillerie, il me resta donc trois compagnies. Je ne pus que les envoyer en tirailleurs et marcher moi-même à leur tête avec le major Sicart. La première ligne des Prussiens fut rompue et leurs canons enlevés; mais la seconde ligne nous arrêta et nous ramena bientôt en désordre. Si les généraux Philippon et Mouton-Duvernet avaient pu nous seconder, cette seconde ligne eut été enfoncée comme la première. Ces deux généraux commencèrent, en effet, leur retraite entre Kulm et le Geyersberg, et les colonnes russes les serraient de près. Notre cavalerie de l'aile gauche, entièrement débordée, vint se jeter dans leurs rangs; le désordre se mit parmi les équipages : on détela les chevaux. Une masse de fuyards se précipita dans les bois du Geyersberg et y entraîna les deux divisions. Toute la cavalerie ennemie se répandit alors dans la plaine; les brigades Quiot, Reuss et Dunesme furent rompues à leur tour et se sauvèrent dans les bois.

J'errais dans la plaine, au milieu de cette inextricable confusion; je n'avais plus un seul homme de ma brigade; mon aide de camp, blessé la veille, n'avait pu m'accompagner. Les ennemis m'entouraient, et j'aurais été pris cent fois, si je n'avais pas eu la volonté bien arrêtée de ne pas me rendre, « à moins, comme le disait le maréchal Ney, qu'on ne me tînt par la cravate ». C'est ce qui pensa m'arriver; je me trouvai face à face avec les tirailleurs prussiens, qui me parlèrent comme à un des leurs, et ne s'aperçurent de leur méprise que quand je fus éloigné. Ils me tirèrent des coups de fusil, et ne réussirent pas plus à me tuer qu'à me prendre.

Quelques pelotons d'infanterie marchaient encore en ordre, je me mis à leur tête; ils furent écrasés en un instant. Je me réunis enfin au 16e chasseurs, qui, par un effort désespéré, cherchait à se faire jour sur la grande route. Bientôt le feu de l'infanterie prussienne renversa les hommes et les chevaux, et le régiment se dispersa. Je ne songeai plus alors qu'à ma retraite personnelle, en emportant du moins la consolation d'avoir quitté le dernier ce funeste champ de bataille. Je gagnai les bois du Geyersberg; un escadron de Cosaques me poursuivait; je leur abandonnai mon cheval, et j'entrai dans un fourré où ils ne pouvaient me suivre. Je trouvai le bois encombré de fuyards de tous les corps et de toutes les armes. Un soldat conduisait un cheval en main, et je le lui pris. Après une heure de marche, j'arrivai sur un plateau à l'autre extrémité du bois; un officier de la 2e division, égaré comme moi, m'accompagnait. On voyait, de loin, des troupes sur la hauteur; cela nous causa quelque inquiétude. Nous entendîmes des commandements en français; c'étaient les généraux Philippon et Mouton-Duvernet, qui se ralliaient à la sortie du bois pour continuer leur retraite. Je me trouvais ainsi réuni à ce qui restait de ma brigade. Je fus reçu avec de grands transports de surprise et de joie; on me croyait perdu. Je n'ai jamais, en effet, couru tant de dangers, et je ne comprends pas que je n'aie pas même été blessé. Nous nous arrêtâmes le soir à Liebenau, où le maréchal Gouvion Saint-Cyr venait d'arriver de son côté.

Le général Montmarie, avec une partie de sa brigade de cavalerie légère, parvint à se faire jour sur la grande route et rejoignit le maréchal Mortier à Pirna.

Le général Kreutzer, détaché à Aussig, ainsi que je l'ai déjà dit, ne fut que faiblement attaqué. Il se retira le soir en bon ordre par Biéla, et ramena le lendemain à Kœnigstein ses deux bataillons et le 3e de hussards, en conduisant même quelques prisonniers.

Les pertes du 1er corps furent immenses. Dans ma brigade, le 17e perdit, pendant les deux journées, 1500 hommes sur 2.600; le 36e, 750 sur 1000. Ainsi, au 31 août, la situation du 17e était de 1.100 hommes, et celle du 36e, de 250. Le 36e avait 40 officiers présents; 6 furent tués ou blessés, 14 prisonniers, en y comprenant le major Sicard. Un assez grand nombre d'hommes blessés ou égarés rentrèrent plus tard, mais je pense que le personnel du 1er corps fut réduit de moitié, ce qui fait une perte de 20.000 hommes.

Le général Vandamme fut pris dans la plaine au moment où je venais de le quitter. Les généraux Haxo et Quiot blessés et pris, le général Ponchelon blessé légèrement, le général Heimrodt tué. Les rapports des Prussiens me portent aussi au nombre des morts; 60 pièces de canon, 18 obusiers, tous les caissons, y compris ceux du parc de réserve, tous les bagages enfin tombèrent entre les mains de l'ennemi. Nous arrivâmes à Liebenau en ne possédant que ce que nous avions sur le corps.

(Duc de Fezensac, général de division, *Souvenirs militaires de 1804 à 1814.* Paris, Dumaine, 1863.)

11 SEPTEMBRE

Nous avons passé six jours à une dizaine de lieues de
Dresde, à l'entrée des défilés, et nous avons souffert de la
pluie et de la faim. Beaucoup de villages sont déserts; on
est réduit, pour la viande, à quelques vaches maraudées,
et les distributions de pain diminuent. Le déluge ne nous
a pas quittés, et nous étions comme dans des marais par-
semés de grands bois. La compagnie a eu, depuis trois ou
quatre jours, vingt-cinq malades que l'on s'occupe à envoyer au dépôt de Torgau. L'Empereur nous a passé encore une fois en revue avec d'autres corps près de Pirna, et
depuis lors nos escadrons sont incorporés à la cavalerie de
la Vieille Garde : c'est-à-dire que ceux du 1er régiment
marchent avec les grenadiers, ceux du 2e avec les dragons,
ceux du 3e avec les chasseurs, ceux du 4e avec les lanciers
polonais. Nous voyons souvent l'Empereur. L'autre soir,
par un magnifique soleil levant, après toute une journée
de pluie, il était debout au pied d'une colline; sa présence semblait ramener le beau temps, et devant lui défilaient des troupes en marche par ces vilaines montagnes
de Bohême qui bordent l'horizon; les armes étincelaient;
il arrêtait en souriant des officiers, des soldats : c'était un
père au milieu de ses enfants. Mais les bivouacs com-
mencent à être durs...

(Souvenirs d'un Garde d'honneur pendant la campagne de 1813.)

DU 10 AU 16 SEPTEMBRE

Après le combat de Gorlitz, nous continuâmes notre retraite sur l'Elbe, et le général Chastel reçut l'ordre de se porter sur la ville de Milberg, pour y prendre position jusqu'à nouvel ordre, avec trois régiments de sa division : le 8ᵉ de chasseurs, commandé par le colonel de Périgord; le 1ᵉʳ de la même arme, par le colonel Hubert, et le 19ᵉ sous les ordres du colonel Vincent. Nous y arrivâmes le 10 septembre 1813.

Placés en extrême avant-garde, nous étions éloignés de six lieues de l'armée française, ayant derrière nous une immense plaine d'environ trois lieues d'étendue, terminée par une immense forêt, au centre de laquelle se trouvait un vaste marais, qu'on traversait sur un pont étroit construit sur pilotis. Nous établîmes notre bivouac près d'un hameau, à un quart de lieue de la jolie petite ville de Milberg, agréablement située sur le bord de l'Elbe. Cette description des lieux était nécessaire pour l'intelligence des faits que j'ai à raconter, et qui sont restés gravés dans ma mémoire, comme un des épisodes les plus remarquables de ma vie militaire.

Ce fut dans ce cantonnement, le 13 septembre, que je reçus des mains de mon brave colonel la décoration de la Légion d'honneur, qui m'avait été promise en Russie par le roi de Naples, dans la journée du 18 octobre. Je ne saurais exprimer la joie que je ressentis. Il me semblait que mes forces et mon courage étaient doublés par cette distinction, si honorable à mon âge. On ne la prodiguait point et j'avais le noble orgueil de l'avoir bien méritée.

Mes camarades eux-mêmes, loin d'être jaloux, m'embrassèrent de tout cœur, et Monneret, ce brave des braves, me sauta au cou en me disant : « Mon petit..., tu n'as que ce que tu mérites, et *vive l'Empereur !* »

Nous restâmes six jours dans cette cruelle incertitude. Le général Chastel, très inquiet, ne recevait ni ordres ni nouvelles de l'armée dont, ainsi que je l'ai dit, nous étions éloignés de six lieues.

Le roi de Naples, qui nous avait fait prendre cette position avancée, semblait nous avoir oubliés, nous abandonnant à notre sort, comme des enfants perdus. Les conséquences de cet état de choses étaient inévitables. Un corps d'armée prussien, composé d'infanterie, d'artillerie et de cosaques détachés pour en faire partie, sous les ordres du général Tawentzin, ayant reconnu notre faiblesse numérique, manœuvra de manière à nous couper toute retraite.

Il s'empara du défilé, nous cerna de telle façon que nous nous trouvions acculés sur l'Elbe, et le 16 septembre, à la pointe du jour, il nous attaqua vigoureusement.

Pendant toute la matinée, les trois régiments, en bataille dans la plaine, tinrent bon et exécutèrent leur retraite en échiquier avec le plus grand ordre, au milieu d'une foule innombrable de cosaques.

Monté sur mon joli cheval gris étourneau, je me battis en tirailleur et le fatiguai inutilement. J'avais apporté de Paris un pistolet de tir que je chargeais à balle forcée, au moyen d'une baguette placée dans la fonte de ma selle.

Je puis dire sans vanité que j'étais, à cette époque, un des bons tireurs du tir Lepage, et j'en donnai, ce jour-là, maintes preuves sur les Cosaques. Enfin, au moment où un de nos régiments exécutait son mouvement de retraite par un demi-tour par pelotons, les plus hardis cosaques se précipitèrent dans les intervalles et mirent la confusion dans les rangs.

Nos jeunes conscrits n'avaient point, comme nous, l'habitude de combattre ces hordes sauvages. Leurs cris féroces, leur figure hideuse, leur costume même pouvaient intimider des jeunes gens qui, nouvellement arrivés à l'armée, sans instruction militaire, et, par conséquent, sans beaucoup de confiance dans leurs armes et dans leurs chevaux, ne se sentaient pas de force à lutter corps à corps avec de tels adversaires; en un mot, la déroute fut complète. La plaine, inondée de fuyards, devint le théâtre du massacre que faisaient les Cosaques, n'ayant qu'à percer de leurs lances des hommes qui ne cherchaient même plus à se défendre, et se laissaient tuer, le sabre à l'épaule.

Je galopais à côté du général Chastel, qui montait une belle jument noire, et nous nous dirigions ensemble vers la forêt, lorsqu'un maréchal des logis de mon régiment, passant près de moi, me dit que le colonel de Périgord, renversé de cheval, venait d'être fait prisonnier.

A cette terrible nouvelle, n'écoutant que mon attachement pour lui et mon désespoir, je changeai de direction et courus à travers la plaine pour le délivrer ou me faire tuer.

Mais j'avais mésusé des forces de mon cheval; je le sentais fléchir; son galop devenait lourd et difficile; ce bon animal, si plein d'ardeur, qu'un appel de voix suffisait pour le lancer avec vitesse, était devenu insensible même à mes coups d'éperons réitérés.

Dans cette position, je ne tardai pas à être entouré de cosaques. Je parai du sabre un coup de lance et me penchai de côté pour en éviter un autre ; mais, comme dans ce mouvement je dus faire porter tout le poids de mon corps sur un seul étrier, les sangles de ma selle, devenues trop lâches, ne purent la maintenir, elle tourna et je tombai entre les quatre jambes de mon cheval, qui s'arrêta court. Les Cosaques m'enveloppaient déjà en me criant : *Pardoun ! pardoun !* (rendez-vous ! demandez grâce !) Je les écartai à coup de sabre en leur répondant avec rage : *Nix, nix, pardoun !* (non, non, pas de grâce !)

En ce moment critique, je les vis tout à coup se disperser pour se tenir à distance respectueuse d'un maréchal des logis de mon régiment, nommé Alexandre, qui, monté sur un excellent cheval et maniant son sabre avec une force et une agilité incroyables, me dit en me présentant le petit cheval noir d'un cosaque qu'il venait de tuer : « Montez ce cheval, mon capitaine, il vous sauvera. »

Et, pour m'en donner le temps, il tournait autour de moi ainsi que pourrait le faire le chien de berger le plus courageux et le plus fidèle, pour la défense ou la garde de son troupeau.

J'aurais dû suivre son conseil ; mais en jetant un coup d'œil sur mon bon cheval qui, encore à demi couvert de sa belle chabraque de peau de tigre, n'avait pas fait un pas en avant, je pensai que ce court délai lui avait permis de souffler et de reprendre des forces. D'ailleurs, j'y tenais beaucoup, et, au lieu de sauter sur la monture qu'on me présentait, je m'approchai de lui, resserrai ses sangles à la hâte et me remis en selle.

Alexandre abandonna alors son cheval de prise qui

l'eut gêné pour combattre, et nous partîmes aussi vite que possible sans que les cosaques, malgré leur nombre, eussent le courage de nous attaquer.

« Le colonel vient d'être fait prisonnier, dis-je à Alexandre; savez-vous dans quelle partie de la plaine? L'avez-vous vu? Il faut le délivrer ou mourir. Votre cheval n'est point fatigué comme le mien, allez prendre des informations. »

Il s'éloigna au triple galop. A peine l'eus-je perdu de vue que les Cosaques, qui nous surveillaient, me voyant seul, se jetèrent sur moi en poussant des cris. Je me défendis tant que les forces de mon cheval lui permirent d'avancer ; mais il n'en pouvait plus : trempé de sueur, respirant à peine, je m'attendais à chaque instant à le sentir s'abattre sous moi pour ne plus se relever, lorsque je reçus dans l'épaule gauche un coup de lance qui me renversa par terre. J'eus assez de présence d'esprit, en tombant, pour dégager mon pied de l'étrier, et je me relevai aussi vivement que la première fois, sans abandonner mon sabre et mon pistolet. Comme après ma première chute, je me battis en désespéré, refusant tout quartier, et tenant en respect mes ennemis qui auraient pu cent fois me tuer d'un coup de pistolet, mais ne le firent pas, parce qu'ils avaient l'ordre positif de faire des prisonniers (ce que j'appris ensuite) et que la position où je me trouvais, seul, démonté et en plaine, leur donnait la certitude de s'emparer de moi tôt ou tard.

Pourtant ils devaient payer cette prise encore bien chèrement.....

Le maréchal des logis Alexandre, en revenant sur ses pas et n'ayant pu rien apprendre sur le sort du colonel, n'hésita pas dans son dévouement héroïque pour moi.

Il écarta de nouveau les Cosaques, en tua trois ou quatre

à coups de pointe de sabre, et attaqua les autres en faisant le moulinet avec tant d'audace que tout fuyait à son approche. Revenant alors sur moi, il me dit : « Mon capitaine, prenez la queue de mon cheval, et je vous traînerai jusqu'à la forêt, où les Cosaques ne pourront vous prendre. »

Nous en étions effectivement à une si petite distance que je pouvais concevoir la presque certitude de cette chance de salut. En conséquence, ayant laissé pendre mon sabre à mon poignet par la dragonne, je saisis des deux mains la longue queue du cheval d'Alexandre. Mais, ainsi que cela arrive toujours, cet animal, qui s'anime au combat et y prend une part aussi active que son cavalier, guidé par un instinct naturel de défense, me lança dans la poitrine une ruade qui me jeta sans connaissance sur la poussière.

J'ignore combien de temps je restai évanoui ; je me rappelle seulement que je fus tiré de cet état par de violentes secousses à mon poignet droit. En reprenant mes sens, je me trouvai dans la position de Gulliver s'éveillant dans l'île des Lilliputiens ; si ce n'est que mes membres n'étaient point retenus par des fils, mais bien par des cosaques, dont l'un m'ayant saisi par les cheveux, me tenait la tête contre terre ; un second maintenait mon poignet gauche ; un troisième mon poignet droit, tout en cherchant à casser ma dragonne pour m'enlever mon sabre, tandis que deux autres contenaient mes deux jambes. Dès que j'ouvris les yeux, ils me remirent sur pieds. J'éprouvais beaucoup de douleur, non seulement de ma blessure à l'épaule, mais encore, et plus peut-être, des deux coups de pieds de cheval que je venais de recevoir et qui m'occasionnaient une oppression très pénible.

Un des Cosaques ayant amené le cheval d'un de nos

chasseurs, ils m'enlevèrent dans leurs bras comme un enfant, me mirent en selle, et se dirigèrent du côté de Milberg. Un de ces sauvages, qui parlait un peu allemand, me demanda quel était mon grade; dans ma réponse, le mot *major* le frappa plus vivement que celui d'*adjudant*, parce que le grade de major est élevé chez eux; il me parut satisfait et répéta plusieurs fois : « Major, major », comme pour se féliciter de la prise d'un officier supérieur.

Tout en cheminant, j'étais l'objet des investigations minutieuses de mes *gardes du corps*. L'un d'eux me dit en frappant son oreille de son index : *Ourki, ourki, tic, tic, tic*.

Il n'était pas difficile de comprendre qu'il me demandait ma montre. Je la tirai de mon gousset, et, comme elle était garantie par une chaîne d'or de Venise, je donnai une violente secousse et la brisai par les deux bouts, espérant que, s'ils ne me dépouillaient pas de mes habits, elle échapperait à leurs recherches et serait une ressource pour moi. Mais il n'en fut pas ainsi, car un des bouts, qui dépassait ma veste d'uniforme, fut bientôt aperçu et saisi par une main dure qui la tira. Je sentis la chaîne glisser autour de mon cou, et, presqu'au même instant, je la vis réunie dans le creux de la main d'un Cosaque qui criait : « *Dobje, dobje* (bon, bon) », en la soupesant; puis elle disparut dans la large poche de son pantalon. Un autre, qui tenait la bride du cheval que je montais, faisant glisser plusieurs fois le pouce de sa main droite sur l'index, dans le creux de sa main gauche, joignit à ce geste expressif le mot *pigniacgi*, plusieurs fois répété; ce qui signifiait clairement : de l'argent, de l'argent.

Il fallut bien chercher ma bourse dans la poche de mon pantalon. Elle contenait vingt-huit ou trente napoléons. Il la versa dans sa main et jeta un cri de joie suivi de l'expression : *dobje, dobje,* à la vue de l'or qui s'engouffra aussitôt dans sa grande poche.

Cette poche, pratiquée des deux côtés d'un pantalon d'une ampleur considérable, est pour eux comme un sac en peau de mouton, où ils engloutissent pêle-mêle tout ce qu'ils veulent emporter.

Quand je vis qu'ils me dépouillaient ainsi en détail, je ne voulus point me laisser arracher ma décoration et mes épaulettes, et je préférai les leur offrir; mais, à mon grand étonnement, ils refusèrent de les prendre, me faisant entendre par signes que cela leur était expressément défendu.

A mesure que nous avancions, de nouveaux Cosaques, errant dans la plaine, s'approchaient de moi et causaient avec leurs camarades sur un ton très animé. Leur figure hideuse exprimait le regret de ne pas pouvoir ou de ne pas oser me dépouiller entièrement; et l'un d'eux ne put résister à la tentation de mettre pied à terre pour ôter ses bottes usées et me servir de valet de chambre en me tirant les miennes : mais, comme il ne put y introduire que le bout de son gros vilain pied, il les jeta en l'air et reprit les siennes, ce qui excita le rire bruyant de ses sauvages compagnons. Je réclamai alors mes bottes, et elles me furent rendues.

Cependant, parmi les Cosaques qui se succédaient autour de moi et de mes conducteurs, il en vint un qui, en me voyant, entra dans une terrible colère; il s'approcha de moi le poing fermé, et m'en aurait probablement asséné un coup violent, s'il n'eut été retenu par mon escorte. Une conversation des plus animées s'entama alors, évidemment à mon sujet, ce que m'indiquaient, à n'en point douter, les gestes du furieux.

Je compris qu'il affirmait me reconnaître et m'avoir vu

tuer à coups de pistolet, dans la matinée, plusieurs de leurs camarades. Enfin il demandait vengeance et expiation avec une telle force d'éloquence, que mes gardiens, se laissant convaincre, lui abandonnèrent les rênes de mon cheval, et, au lieu de continuer notre marche sur Milberg, mon nouveau guide me ramena du côté de la forêt.

Mon sort était décidé : j'allais être égorgé sans défense, blessé que j'étais et hors d'état de résister à cette bête féroce. Dans cette circonstance périlleuse, la Providence vint encore à mon aide. Avant d'être arrivés à la forêt, nous fûmes rencontrés par un officier cosaque, qui nous arrêta; il parlait allemand et s'approcha de moi en me demandant mon grade. Le mot de *major* fit encore son effet sur lui; d'un geste impératif il ordonna à mon Cosaque de reprendre la direction de Milberg où se trouvait le quartier général du général Tawentzin, et, pour garantir l'exécution de son ordre, l'officier russe me fit accompagner par son Cosaque d'ordonnance.

Il n'y avait pas à reculer, il fallait obéir. Les yeux étincelants de colère, la bouche écumante de rage, mon ennemi fut obligé de m'abandonner à la conduite de mon nouveau guide; et certainement il m'aurait brûlé la cervelle avant d'arriver à Milberg, si l'ordonnance de l'officier, qui avait un grade correspondant à celui de maréchal des logis, ne lui eut donné l'ordre de se retirer; ce qu'il fit comme un ours auquel on ravirait sa proie.

Parvenu dans la ville, à la maison occupée par le général ennemi, j'y trouvai mon cher colonel et dix officiers de mon régiment, presque tous blessés.

[*Mémoires du colonel Combe sur les Campagnes de Russie* (1812), *de Saxe* (1813), *de France* (1814-1815). Paris, Blot, 1853.]

22 SEPTEMBRE

Le 10/22 septembre, à quatre heures après-midi, je remarquai des hauteurs de Buhla, où je m'étais porté avec le comte de Saint-Priest pour observer la position des ennemis, qu'ils s'avançaient de nouveau sur nous avec de grandes forces.

A cinq heures, je vis toutes ces colonnes se porter vivement sur le pont de Bischoffverda ; elles défilaient à mille pas de nous et nous sûmes par un déserteur que Napoléon était arrivé le matin de Pirna avec des forces importantes et qu'il se trouvait lui-même à leur tête pour diriger l'attaque qu'il avait projetée. J'estimai à 40.000 hommes les forces qu'il déployait contre nos avant-gardes : le matin, il avait fait repousser de Pullnitz les Cosaques du corps du Sakeu qui l'occupaient, et assuré par là de son flanc gauche, il voulait encore une fois essayer d'engager à une bataille générale notre armée qu'il croyait à Bischoffverda.

Ce fut une ruse de Blücher, qui fit croire à Napoléon que notre armée s'était avancée à Bischoffverda. Le fils de Blücher, qui servait à la Grande Armée, avait été blessé et pris près de Dresde ; Napoléon fit donner de ses nouvelles à son père et proposa de l'échanger contre le colonel

Edmond de Périgord, qui avait été pris par les troupes légères du général Tanenzieu et qu'il croyait l'avoir été par celles de notre armée. Blücher fit remercier Napoléon de son attention et data sa lettre de Bischoffverda, où Napoléon espéra le surprendre et vint perdre encore cinq jours précieux pour lui.

Blücher lui manda aussi que le comte de Périgord ne se trouvait point chez lui; mais qu'il pouvait avoir été fait prisonnier par les troupes légères du prince royal de Suède ou par celles de Bennigsen, qui se trouvaient alors non loin de nous. Blücher voulait faire croire que nous nous étions tous rejoints et il y réussit pour quelques moments.

A six heures du soir, sur les avant-gardes de Borozdin, de Roudzevitch et de Kazler, une attaque impétueuse.

Je me trouvais encore alors avec le comte de Saint-Priest, le général Borozdin et beaucoup d'officiers sur la hauteur de Buhla, d'où je découvrais toutes les colonnes françaises et examinais leurs mouvements. Elles s'arrêtèrent très près de nous et je vis entrer dans la ferme de Hartau Napoléon que nous reconnûmes parfaitement. Dans ce moment même, les voltigeurs se jetèrent avec une telle rapidité sur nos avant-postes qu'ils nous devancèrent dans les bois, quoique nous nous retirâmes au grand galop. Ils nous tirèrent de fort loin beaucoup de coups de fusils, et je crus un moment qu'ils me couperaient la retraite sur le chemin de Bautzen et me forceraient de rejoindre à gauche le comte de Bubna. S'ils eussent tué mon cheval, je n'avais aucun moyen d'éviter d'être pris. Nous étions restés très imprudemment très longtemps sur la montagne de Buhla, et la vitesse de nos chevaux nous tira seule de ce mauvais pas. Les voltigeurs français sont vraiment inconcevables.

Le général Borozdin se replia dans le bois de Drebnitz et les autres avant-gardes sur Bischoffverda.

Les ennemis incendièrent Goldbach et attaquèrent Bischoffverda que l'infanterie prussienne du colonel Katzler défendit, avec la plus grande valeur, jusqu'à dix heures du soir.

Napoléon, après avoir perdu assez de monde, fut obligé d'employer de grandes forces pour emporter cette petite ville, déjà incendiée et détruite trois mois auparavant dans la retraite de Dresde à Bautzen et il ne put s'avancer plus loin, comme il paraissait le vouloir.

Le major prussien Hiller, qui commandait à Bischoffverda, se fit beaucoup d'honneur par cette défense opiniâtre.

(Mémoires inédits du comte de Langeron.)

15 OCTOBRE

Le 15 octobre, un nouveau et grand spectacle nous fut encore donné. Napoléon consacra toute cette journée à étudier son champ de bataille et à y disposer son armée autour de Leipzig. Il commença sa visite par le sud de la ville entre les villages de Leebert, Wolkwitz et de Wachau, où nous nous trouvions, car c'est là qu'il comptait combattre le lendemain la grande armée conduite par Schwarzenberg et les trois souverains alliés. Nous le vîmes donc arriver, dès le matin, suivi de son état-major historique tout étincelant d'or et de gloire, mais dont l'éclat pâlissait ou plutôt disparaissait devant la redingote grise et le petit chapeau. C'est dans cette occasion que j'entendis de lui cette simple parole dont je reçus comme une commotion électrique.

Il faut savoir que les aigles de nos régiments de nouvelle formation étaient restées jusque-là enfermées dans leur étui. Bien souvent, en les comparant à celles des anciens régiments, nous avions éprouvé le naturel et vif désir de voir enfin briller à nos yeux cette aigle et sa bannière tricolore pour l'honneur et la conservation desquelles nous étions prêts à donner nos vies. Mais il appartenait à l'Empereur seul de les découvrir, et c'est ce qu'il voulut faire ce jour-là.

Les soldats du 5e corps, déjà bien réduits en nombre (il comptait à peine une dizaine de mille hommes), se massèrent sur les trois côtés d'un carré, le quatrième étant occupé par le cortège impérial : puis, tous les officiers furent appelés au centre et placés en face de l'Empereur. C'est alors qu'il nous adressa une de ces courtes allocutions comme il savait les faire, et où il nous demandait de préférer la mort à l'abandon des aigles qu'il nous confiait. Ses paroles étaient simples, mais quelle singulière éloquence elles puisaient dans la bouche qui les prononçait, dans ce regard profond, dans cette voix vibrante qui pénétrait l'âme !

Jamais, non jamais je n'oublierai la fin de son discours lorsque, se soulevant sur ses étriers, le bras étendu vers nous, il nous lança ces trois mots avec un accent interrogateur : *Vous le jurez ?...* Je sentis alors, avec tous mes camarades, comme s'il arrachait de force, du fond de nos entrailles, le cri : Nous le jurons ! Vive l'Empereur ! — Quelle puissance magique en cet homme ! Il y avait presque des larmes dans nos yeux, et certainement une invincible résolution dans nos cœurs.

(Souvenirs d'un ex-officier.)

15 ET 16 OCTOBRE

Après une journée très fatigante, et lorsque nous nous apprêtions à prendre quelque repos, nous montâmes à cheval, nous repassâmes l'Elbe à Dessau et nous marchâmes sur Duben. La fatigue extrême et la mauvaise nourriture me causèrent la seule incommodité que j'aie ressentie pendant cette campagne : un sommeil continuel m'accablait, le sommeil à cheval est un vrai supplice. La nuit était si obscure, le chemin que nous suivions était si peu frayé, qu'à chaque instant nos chevaux tombaient ou se rejetaient hors de la route. Dès le second jour de cette pénible marche, nous bivouaquâmes à trois lieues de Duben et à quatre de Leipzig ; la concentration de tous les corps de l'armée nous faisait juger que le moment décisif approchait. Le pays que nous traversions était horriblement dévasté ; nous nous établîmes près d'un grand village ; on profita autant qu'on le pût des écuries, mais nous préférâmes être au bivouac. Vers onze heures, ne dormant pas, je fis quelques pas jusqu'à un mamelon d'où la vue s'étendait au loin ; à cette heure, on ne voyait que des feux de bivouac sur tout le pourtour de l'horizon, entremêlés des lueurs plus sinistres de cinq villages qui brûlaient.

— Quelle horrible chose que la guerre, m'écriai-je involontairement, malgré l'habitude que nous avions de ces spectacles.

La fatigue me ramena à mon lit de paille, et je dormais depuis deux heures, lorsque mon domestique et mon cuirassier accourent en toute hâte nous prévenir de faire sortir les chevaux; le village commençait à brûler. Ces incendies étaient le plus souvent dus à une déplorable incurie. On avait fini par s'y accoutumer. Lorsque nos chevaux furent en sûreté, nous nous endormîmes de nouveau au pétillement des flammes qui dévoraient les maisons; un vent furieux leur imprima une horrible activité; la fumée et les étincelles finirent par nous envelopper à tel point, qu'il fallut nous éloigner. Pour compléter les maux de cette nuit, une pluie torrentielle nous inonda; nous ne savions où nous établir.

Le lendemain, nous fûmes à deux lieues de Leipzig. La veille de ces luttes terribles, nous jouîmes d'une parfaite tranquillité; nous occupions un grand village où il y avait quelques ressources. La bataille était inévitable, mais nous ne la croyions pas aussi prochaine; nos cuirassiers passèrent le temps à mettre en état de propreté leurs armes et leurs équipements. Ils voulaient être parés pour la fête qui se préparait.

Le 16 octobre, à la pointe du jour, les trompettes donnèrent le signal du départ. J'étais commandé pour conduire les chevaux de main du régiment, c'est-à-dire les chevaux écloppés et la valetaille.

Tout était calme autour de nous; après une heure de marche, nous fîmes halte dans un village où le prince de Tarente avait établi son quartier général; si je ne me trompe, c'était le village de Reudnitz. Le maréchal monta à cheval, passa au galop devant nous, et cinq minutes après, à notre calme profond, succéda, comme par en-

chantement, sur notre droite, la plus effroyable canonnade qui se puisse imaginer. Au premier coup de canon,
j'abandonnai mes chevaux de main, et je courus prévenir le colonel que je reprenais ma place; il m'approuva,
et je rejoignis ma compagnie. Le feu fut bientôt engagé
sur toute la ligne; nous formions la gauche de l'armée.
L'ordre du jour nous avait appris de quelle importance
serait cette journée. Nos soldats étaient pleins d'ardeur;
ils savaient qu'ils étaient un contre deux, et que nous
n'avions que sept cents canons à opposer aux mille ou
onze cents pièces des alliés; mais le génie de Napoléon
animait tout : n'étaient-ce pas ces mêmes ennemis qu'on
avait tant de fois vaincus ?

« Plus l'herbe est épaisse, mieux la faux mord », disait
Alaric, le grand roi des Goths. Le succès parut d'abord
répondre à nos désirs; le duc de Tarente emporta rapidement la position qu'il devait attaquer; il avait dépassé
Holzhausen, et marchait sur Liebertwolkowitz, que les
Autrichiens attaquaient avec fureur. Nous fîmes plusieurs
belles charges, et notre régiment reçut les éloges du général Sébastiani, qui faillit être pris par les hussards hongrois. Nous étions en colonne par régiment. Le 1er régiment de carabiniers étaient en tête, le général Sébastiani
à la droite de ce régiment; tout à coup une masse de cavalerie, principalement de hussards hongrois, arriva à
toute bride sur les carabiniers. « Bravo, s'écrie le général
en riant et en agitant sa petite cravache, seule arme dont
il daignât faire usage; nous allons voir quelque chose de
charmant, les hussards qui chargent les carabiniers ! »
En effet, ces colosses n'avaient qu'à pointer, et voir si les
hussards viendraient s'embrocher sur leurs longs sabres.
Mais que font-ils? lorsque les ennemis sont à cent pas,
les carabiniers font demi-tour, se précipitent en désordre

sur le 2ᵉ régiment qu'ils entraînent dans leur fuite; ces deux régiments se jettent sur le nôtre et entraînent le premier escadron, les deux autres tinrent ferme, et nous chargeâmes les hussards, qui ne nous attendirent pas. La seconde brigade accourut, nous reprîmes notre position et nous fîmes perdre à l'ennemi la sienne.

Le général Sébastiani qui avait eu assez de peine à se tirer d'affaire dans cette débandade, revint au triple galop de son cheval. Je n'ai jamais vu quelqu'un de plus en colère. « Commandez une grand-garde de cuirassiers; ces grands c....., ces j..... f..... », bref, toutes les épithètes les plus malsonnantes sortaient de sa bouche gracieuse pour exprimer la haute estime où il tenait les carabiniers.

Vainqueurs sur le point où nous étions maîtres du terrain qu'avait occupé l'ennemi le matin, nous ne voyions rien qui dût nous arrêter longtemps. Le terrain était, il est vrai, trop marécageux pour que l'on pût manœuvrer avec facilité, mais notre infanterie s'en tirait bien; à notre droite, et appuyé à un mamelon couvert d'une formidable artillerie, se trouvait le village de Wachau. Le combat se soutenait là avec une fureur inouïe; c'est contre ce village et contre Liebertwolkowitz que les alliés dirigèrent leurs plus grands efforts; ils attaquèrent dix fois ces deux villages, et furent autant de fois repoussés. Enfin, une grande colonne, commandée par le maréchal Oudinot, sortit de Wachau, soutenue par soixante bouches à feu de la Garde : c'était magnifique à voir; les ennemis se replièrent de toutes parts, mais ils se reformèrent sur les hauteurs d'Auenhayn et de Gossa; ils en furent chassés un moment, mais ils parvinrent à s'y rétablir.

Le roi de Naples fut également heureux à la tête des cuirassiers de Latour-Maubourg. Il y avait dix heures qu'on était aux prises, et il semblait que le combat commençait à peine, ou plutôt il s'étendait toujours plus ; nous entendîmes une effroyable canonnade au loin sur notre droite, de l'autre côté de la Pleiss ; nous sûmes que c'était à Lindenau ; les Autrichiens s'en emparèrent un moment ; s'ils avaient rompu les ponts, c'en était fait de nous. Vers quatre heures, le général Bertrand, par une attaque impétueuse, les chassa de Lindenau, et les ramena, l'épée dans les reins, au point de départ.

Derrière nous, au nord de Leipzig, nous entendîmes depuis midi le bruit d'une bataille épouvantable : c'était Blücher qui attaquait le maréchal Ney à Möckern ; accablé par le nombre, il perdit des prisonniers et quelques canons. Ainsi, il n'y avait pas un point autour de Leipzig où l'on ne se battit. Vers le soir, nous fîmes encore un effort pour emporter un village qui se trouvait en avant de nous ; mais l'ennemi était trop supérieur en nombre, il fallut y renoncer. La nuit la plus obscure vint mettre fin à cette journée ; quelle étrange chose qu'un soir de bataille ! nous errions à l'aventure, cherchant un abri et quelque chose à manger pour nous et nos chevaux ; nous arrivâmes près d'une grande ferme, elle était gardée militairement par des cuirassiers : c'était le 5e régiment. Lorsqu'ils reconnurent les casques grecs des carabiniers : « Passez, passez ! crièrent-ils, il n'y a rien pour vous ici ; allez demander l'hospitalité aux hussards hongrois ! » Mais lorsqu'ils nous virent : « Entrez, camarades ! crièrent-ils ; tout ce que nous avons, nous le partagerons avec vous » ; et ainsi fut fait. Les carabiniers allèrent chercher fortune ailleurs.

Au tintamarre de la journée avait succédé un profond silence ; nous avions obtenu des avantages, et nous ne les avions pas chèrement achetés.

(Rilliet de Constant, *Journal d'un sous-lieutenant de cuirassiers.*)

L'ennemi s'était présenté avec soixante-douze pièces de canon sur le 72ᵉ régiment que je commandais. En faisant exécuter une manœuvre pour préserver notre artillerie menacée par une forte colonne de cavalerie ennemie, un obus à mitraillé me renversa de mon cheval, qui fut tué sous moi, et me fit une blessure grave à la partie moyenne interne de la cuisse gauche. Castel, tambour-major du 72ᵉ, et trois voltigeurs m'enlevèrent du champ de bataille, me mirent dans une brouette et me transportèrent à Leipsick, après un trajet de trois heures.

Les combats des 16, 17, 18 et 19 octobre 1813, qui composent la bataille de Leipsick, avaient encombré Leipsick de douze mille blessés.

J'avais racheté quatre chevaux; je payais le foin à Leipsick à raison de un franc la livre, et avais trois nouveaux domestiques à entretenir....., un obus mit le feu dans la maison où j'étais logé, et gisant sur la paille, sans pouvoir me remuer, à cause de ma blessure, qui fut trois semaines sans être pansée.

Ne voulant pas être fait prisonnier par les Cosaques, je formai le parti téméraire de suivre le mouvement rétrograde de l'armée, qui avait été battue à Leipsick, et qui se dispersait à la débandade de tous les côtés, sans ordre.

Je me fis attacher, comme je pus, avec mes béquilles, à mon cheval; je franchis deux ponts sur l'Elster, pour sortir de la ville et me diriger sur Lutzen. Les deux ponts étaient encombrés de fuyards; je fus porté par la foule sur le dernier, où je fus désarçonné et jeté bas de mon cheval. Des grenadiers me transportèrent sur la neige hors de la portée du canon de l'ennemi, qui nous poursuivait sans cesse. A peine avais-je franchi ce pont, qu'il sauta; tous ceux qui s'y trouvaient furent noyés; deux de mes domestiques avec les chevaux qu'ils montaient éprouvèrent le même sort. Mon troisième domestique parvint à se sauver, me rejoignit et me rétablit sur mon cheval.

Aidé par ce fidèle serviteur, n'ayant point de chirurgien pour me panser, mettant moi-même des calmants sur mes plaies qui me causaient des douleurs atroces; ne vivant que de pommes de terre, marchant avec les masses que je parvins à rallier pour pouvoir repousser à chaque pas les colonnes de l'ennemi qui nous poursuivait sans cesse, je parvins, après les plus grands périls et les plus grandes difficultés d'une retraite de douze jours, à arriver heureusement à Mayence, le 30 octobre; et, le 11 novembre, à Bruxelles, où se trouvait le dépôt de mon régiment, le 72e.

[Ch. Guidon. — *Le major Guidon. Notes et Souvenirs* (1794-1848) Coutances, Garrau et Laloy, 1894.]

DU 16 AU 19 OCTOBRE

Le 16 octobre au matin, nous étions en position au centre de l'armée, placés par bataillon en masse à distance de déploiement, près du village de Probsthayde, dans un bas-fond. Devant notre front, une hauteur garnie d'une artillerie formidable nous masquait à l'ennemi. Nous étions l'arme aux pieds.

Je me rappellerai toute ma vie le commencement de cette bataille. La grand'route sur laquelle nous étions à cheval traversait notre ligne de bataille. L'Empereur arriva en voiture par cette route. Il mit pied à terre, monta à cheval et se dirigea entre les pièces en batterie sur les hauteurs qui nous dominaient. Nous disions : l'ennemi doit encore être loin, car l'Empereur arrive en voiture ; mais nous étions gravement dans l'erreur.

Il était, je crois, environ neuf heures du matin. A peine Napoléon était-il parmi les batteries que trois coups de canon partirent de la ligne ennemie suivis d'une grêle de boulets qui tombèrent à ricochet dans nos rangs et dans les escadrons de la Garde, où les hommes avaient mis pied à terre derrière nous. A l'instant même, comme si c'était une surprise, on n'entendait que roulements de tambour, sonneries à cheval, des commandements et le bruit du canon. On doit remarquer que les boulets ont pour aides de camp quelques obus qui ne sont pas à mépriser dans des circonstances pareilles. Tout cela formait un vacarme de tous les diables.

Nous fîmes demi-tour pour nous placer à quelques pas plus en arrière sur un terrain plus avantageux à la conservation des hommes. Il était inutile de les faire tuer sans avantage, car cette première volée nous avait abattu déjà plusieurs grenadiers.

Dans ce moment la terre bourdonnait aux contre-coups des pièces, au point de ne pouvoir s'entendre sur le champ de bataille de trois lieues d'étendue. Les batteries se portèrent en avant au galop. Pour la première fois je voyais dans une bataille un mouvement pareil à celui-là.

Le fort de l'action était au centre que l'Empereur voulait percer. Une batterie de soixante canons de la Garde, dirigée par le général Drouot, fit un effet terrible dans les rangs des alliés.

L'ennemi recula un peu et notre armée campa sur une partie du terrain qu'avaient quitté les alliés.

Le lendemain 17, les deux armées restèrent toute la journée en présence sans faire le moindre mouvement d'hostilité.

Le 18, nous étions prêts à recommencer la danse. Dans la nuit notre centre s'était rapproché de Leipzig. A huit heures du matin, l'attaque de l'ennemi força les positions que nous avions occupées pendant la nuit. Vers dix heures, la canonnade s'engagea sur toute la ligne de l'armée ennemie renforcée jusqu'à 300.000 hommes, tandis que nous n'avions que la moitié de ce nombre tout au plus. Mais que faire? il fallait combattre.

Quelle canonnade épouvantable! le massacre se prolongea jusqu'à la nuit. Nos bataillons, criblés d'une épaisse grêle de mitraille, restèrent inébranlables à leur poste.

Nous étions en carrés. Tout à coup le sort de la bataille changea. Par un mouvement inattendu, l'armée saxonne et la cavalerie wurtembergeoise passèrent à l'ennemi. La nuit mit fin au combat; la canonnade se prolongea jusqu'à neuf heures du soir.

Là encore, comme bien d'autres fois dans ma vie, j'ai désiré la fin du jour pour que le combat cessât et pour que nous puissions nous reposer quelques instants sur la terre, dans la boue, dans l'eau ou la neige et presque toujours sans pain, sans feu même, comme ce jour-là encore.

Nous bivouaquâmes en carré, sur le Stomberg, près d'un moulin à vent. Nous formions un seul carré de toute la Garde sur six rangs d'épaisseur; toute son artillerie nous entourait. Quelle triste nuit! Un peloton se tenait debout, l'autre était assis sur son sac, le fusil entre les jambes. Toutes les heures on alternait cette agréable position. Sans feu, tout au plus quelques mauvais morceaux de pain que l'on avait su conserver. Après une telle journée, c'était bien le cas de chanter : « Ah! quel plaisir d'être soldat. »

Napoléon couchait au centre de notre carré : il était toujours un peu mieux que nous, sauf les inquiétudes. Le soldat n'en a plus dans ces moments-là, il fait abnégation de la vie; il s'en f....., comme on disait alors. Mais qu'un jour de bamboche arrive, il n'y pense plus, c'est comme si rien n'avait eu lieu.

Heureusement à trois heures du matin, le 19, nous quittâmes ce malheureux champ de bataille. C'est à la même date que, un an auparavant nous avions quitté Moscou. D'après les relations, depuis le 15 octobre, 250.000 coups de canon avaient été tirés. Nous fîmes le tour de la ville de Leipzig, et traversâmes le défilé pour prendre position sur l'autre côté du pont sur l'Elster; on le fit sauter quelques instants plus tard.

A ce moment le désordre se met dans les bataillons restés sur l'autre rive. Tous se débandent, tous prennent la fuite, mais ne savent pas par où se sauver. Chacun cherchait son salut : on se jetait dans la rivière que l'on passait au mieux possible, car l'Elster n'est ni large ni profond. C'est dans ces flots que Poniatowski trouva la mort. Nous allâmes bivouaquer à Lindenau, le beau village fut saccagé, démoli, transporté au bivac et brûlé en détail. Quelques rares maisons sont seules restées debout. C'étaient celles occupées par l'Empereur et son état-major. Les malheureux habitants se sauvèrent de leurs maisons en démolition sans pouvoir rien emporter de ce qui leur appartenait. Vaches, cochons, tout devait aller à nos bivouacs. Nous formions un grand carré composé de plusieurs carrés dont le village était le centre.

J'étais de garde ce jour-là, avec toute la compagnie, *au palais*, c'est-à-dire devant la maison où l'Empereur devait passer la nuit. Voici la manière de s'installer en pareille criconstance.

Nous arrivions au poste avant Napoléon, on formait les faisceaux. Une douzaine d'hommes de corvée jetaient par les croisées tous les meubles qui se trouvaient dans la chambre destinée à l'Empereur. Les grenadiers de garde ramassaient et utilisaient ces meubles, pour passer une nuit confortable en plaçant des matelas autour du feu de bivouac. La chambre vidée, on balayait autant que possible la boue et la poussière sous la direction du mameluk Roustan qui, dans de pareilles circonstances, avait toujours une bouteille d'eau-de-vie à la disposition des grenadiers de corvée. Ce jour-là, l'Empereur entra pendant la corvée; on plaça son lit, sa table et une chaise, et tout

fut dit. C'est ce qui se faisait dans tous les cas sembla-
bles, lorsqu'il ne se trouvait qu'une maison de paysan
pour loger Napoléon.

La retraite fut continuée le lendemain.

(Souvenirs d'un vieux soldat belge de la Garde impériale.)

12 AU 19 OCTOBRE

..... Le 12 octobre, nous campions sous la forteresse de
Torgau. Dans l'après-midi, le général Sébastiani me remit
une dépêche pressée pour l'Empereur qui avait son quartier général à Düben, petite ville située sur la route de
Torgau à Leipzig. Pour y arriver il fallait traverser une
forêt infestée par les cosaques du partisan Czernitcheff.
Le général ne me dissimula pas l'importance et les périls
de ma mission et m'engagea à prendre mes précautions
pour n'être pas enlevé par l'ennemi. Pour me seconder,
il m'adjoignit un homme de confiance, un lancier polonais
d'une rare intelligence et d'une bravoure éprouvée.

En nous mettant en route avant la nuit, et avant de
nous engager dans la forêt, nous fîmes nos dispositions
de la manière suivante : d'abord nous inspectâmes nos
armes et changeâmes les amorces de nos pistolets. Puis
je mis mon colback, qui eût pu me faire reconnaître, dans
un mouchoir solidement attaché à l'arçon de derrière. Le
lancier en fit autant de son schapska. Alors, coiffés de nos
bonnets de bivouac dont la forme différait peu de celle
des bonnets russes, enveloppés dans nos capotes, nous
allâmes résolument en avant. Vers les deux heures de
nuit nous tombâmes dans un petit poste ennemi. La vedette cria : *qui vive!* à quoi, suivant nos conventions, mon

camarade répondit en langue russe : *Officier de uhlans du général* ..., *porteur d'une dépêche.* — *Passez,* répondit la vedette en nous souhaitant la bonne nuit. A droite de la route, près d'un hameau, nous aperçûmes des feux. Je pensai que ce pouvait être un bivouac de cosaques. Comme je connaissais les lieux que j'avais déjà traversés deux fois durant cette campagne, nous cheminions sans tâtonnements, malgré l'obscurité. Arrivés près d'un bourg à la sortie duquel quatre mois auparavant nous avions enlevé aux Russes un parc d'artillerie, je crus prudent de l'éviter, le supposant occupé par les cosaques ; et à travers champs, nous regagnâmes la route en suivant un excellent petit chemin par lequel nous étions tombés sur ce même parc.

Une fois sur la grande route, nous marchâmes de nouveau avec précaution. Nos chevaux commençaient à être fatigués. Cependant comme, d'après mon calcul, nous ne pouvions pas déboucher dans la plaine de Düben avant le jour si nous ménagions nos montures, ce qui nous exposait à être reconnu par le dernier poste que je devais supposer établi à l'issue de la forêt, je décidai d'augmenter notre allure pour échapper, à l'aide des ténèbres, à l'ennemi. Enfin nous arrivons au dernier corps de garde. Point de *qui vive ?* le feu s'éteignait et tout le poste était endormi à vingt pas de nous et à gauche de la route. Alors nous partons au galop et, dépassant rapidement les dormeurs, nous sabrons en passant la vedette qui faisait face à la plaine et que nous surprîmes. C'était une imprudence, car aux cris du Cosaque, ou peut-être aussi éveillé par le galop de nos chevaux, le poste monte à cheval et se met à notre poursuite. Assurément nous avions gagné du terrain. Cependant, comme leurs montures étaient fraîches et les nôtres fatiguées, ils auraient pu nous atteindre, si les avant-postes français, dans la direction desquels nous galopions, n'eussent pas fait cesser la poursuite.

Le jour commençant à paraître, notre déguisement devenait inutile. Nous prîmes le pas, nous nous coiffâmes de nos colback et schapska et continuâmes notre marche sur les vedettes françaises. Quelques cavaliers du grand poste vinrent nous reconnaître et nous conduisirent auprès de l'officier qui était un lieutenant des lanciers hollandais de la Garde impériale. Bien accueillis par ce frère d'armes, nous fîmes une petite halte afin de faire souffler nos chevaux; puis, après avoir accepté quelques légers rafraîchissements, nous continuâmes notre route vers Düben que nous voyions devant nous: Le lecteur sera peut-être surpris de ce qu'un parti ennemi ait osé approcher, même à la faveur d'une forêt, du quartier impérial, et intercepter les communications des corps d'armée. De la part des cosaques, ce fait se produisait souvent; on les considérait comme peu dangereux et nos généraux ménageaient pour les grandes affaires notre jeune cavalerie.

En entrant dans la ville encombrée de troupes de la Garde, je me fis indiquer le quartier impérial. J'y arrive, mets pied à terre, et, après avoir confié mon cheval au Polonais, je m'annonce à un officier supérieur que je rencontre dans la cour, comme porteur d'une dépêche pour Sa Majesté. Cet officier m'invite à le suivre et nous montons au premier étage. Mon guide frappe à la porte de l'appartement occupé par le maréchal Berthier, major général de l'armée. — Entrez! — dit une voix. L'officier entre et je reste derrière la porte entr'ouverte. Mon guide explique ma mission, et une voix qui fait vivement battre mon cœur dit : — « Faites entrer. » — Cette voix était celle de l'Empereur. — Entrez, monsieur, me dit alors l'officier. Comme j'étais couvert de boue, j'hésitais. — Entrez, entrez, continua-t-il. Je laisse tomber mon manteau sur une chaise de l'antichambre et j'avance respectueusement, la dépêche dans ma main gauche pendante le long de mon sabre et la droite à la hauteur du front. Une grande carte était déployée sur le parquet d'un salon modestement meublé. A genoux sur cette carte, Napoléon plantait des épingles à tête de cire d'Espagne de deux différentes couleurs. — Berthier, dit l'Empereur en levant la tête, prenez cette dépêche. — Le maréchal la prend, en rompt le cachet et la lit. Alors l'Empereur, après avoir jeté un rapide coup d'œil sur son échiquier, se lève et s'approche de moi.

— D'où venez-vous ?

— Du quartier général du général Sébastiani, Sire.

— Où l'avez-vous quitté ?

— Près de Torgau, Sire.

— Venu par quelle route ?

— Par celle de la forêt, Sire.

— Et les Cosaques, monsieur.

— Sire, je suis parvenu à tromper leur vigilance.

Et très succinctement, j'expliquai comment.

— C'est bien. C'est heureux, monsieur.

Durant cet interrogatoire, Napoléon m'enveloppait de son regard sans m'intimider. Le maréchal, qui se trouvait à ma droite près d'une fenêtre, après avoir lu la dépêche, me demanda à quelle heure j'étais parti de Torgau, et si la division Souham y était arrivée. Pour répondre à cette question, je dus faire un quart de conversion à droite et présenter le flanc gauche à l'Empereur qui, ayant vraisemblablement vu le numéro de mon régiment sur le cor de chasse de ma giberne, reprit aussitôt :

— Du 24e chasseurs ?

— Oui, Sire.

— C'est cela, je vous ai déjà vu. Vous étiez maréchal des logis chef de la compagnie d'élite à la revue de Gorkum.

— Oui, Sire.

— Fait la campagne de Russie?

— Oui, Sire, avec le 2ᵉ corps.

— Bien.

Puis s'adressant au maréchal :

— Berthier, cet officier doit être fatigué; il se reposera ici deux jours; il ira ensuite rejoindre Sébastiani, qui sera alors sous Leipzig.

Le maréchal sonna et un aide de camp qui se trouvait dans l'antichambre, reçut l'ordre de me loger dans la maison. Je sortis avec lui, frappé d'admiration pour cette mémoire prodigieuse qui permettait à Napoléon de reconnaître après tant d'événements et au milieu de ses préoccupations actuelles, un individu aussi insignifiant que moi.

Je me reposai deux jours au quartier impérial, prenant mes repas à la table d'état-major, où ma modeste épaulette de sous-lieutenant se trouvait rapprochée des épaulettes à graines d'épinards et même des épaulettes étoilées. Le troisième jour, de bon matin, le maréchal me fit remettre une dépêche pour mon général qui devait être à Leipzig. A mon départ, toutes les troupes de la Garde se préparaient à marcher sur cette ville où les destinées de l'Allemagne allaient se décider.

Arrivé devant Leipzig, j'appris que le corps du général Sébastiani était campé près du village de Wachau. Il était environ huit heures du matin, je m'y rendis aussitôt. Le général ainsi que le chef d'état-major étaient en ce moment aux avant-postes. Je remis ma dépêche à M. de Lascours, qui fut assez bon pour me complimenter sur le succès de ma mission. Je le remerciai et lui dis : — « Mon colonel, je vous demande la permission de rentrer à mon régiment et je vous prie de me faire remplacer comme officier d'ordonnance. » — Comment! comment! M. Calosso, vous voulez nous quitter, et pourquoi? Le général est très content de vous et nous aussi. — Ce que vous me faites l'honneur de me dire, mon colonel, me flatte infiniment, mais mes chevaux sont éreintés et... — Bah ! bah ! savez-vous que vous perdez beaucoup en quittant ainsi le général. — J'insistai et le priai de lui faire connaître ma demande. Au régiment, nous faisions un service infiniment plus dur, toujours au bivouac, mais nous étions en famille. Aux quartiers généraux, nous étions sûrs d'être constamment logés à l'abri, d'avoir bonne table et bien d'autres petites douceurs. Mais, par compensation, il nous fallait faire de rudes corvées qui souvent répétées étaient fatales à nos chevaux. En tout cas, la vie des états-majors, malgré l'avantage que j'y trouvais personnellement d'y voir un compatriote, M. Méséna, sous-lieutenant du 4ᵉ lanciers, qui commandait un peloton de ce régiment en service permanent auprès du général, cette vie ne remplaçait pas pour moi le régiment.

A la rentrée du général, je me présentai devant lui pour lui soumettre ma détermination dont le colonel Lascours l'avait déjà informé. Il me blâma avec bonté; mais comme je persistais, il me permit de partir. Je trouvai le 24ᵉ chasseurs campé en avant du village de Wachau, lequel donna son nom à la bataille qui s'y livra le même jour 16 octobre.

Le roi de Naples, ayant sous la main quelques divisions d'infanterie et le corps de cavalerie de réserve du général Sébastiani, attaqua, dans l'après-midi, l'ennemi qui manœuvrait dans la plaine. On se canonna d'abord quelque temps. Puis, le moment favorable arrivé, Murat lança nos deux divisions de cavalerie légère et la division de cuirassiers contre l'ennemi. Nous culbutâmes la cavalerie et arrivâmes sur les carrés d'infanterie que nous rompîmes et sabrâmes. Puis, ayant le roi à notre tête, aux premiers rangs, nous poussâmes notre charge si imprudemment loin que nous donnâmes aux carrés ennemis le temps de se reconnaître et de se reformer pour nous cribler au retour ce qui nous valut des pertes considérables. La cavalerie ennemie se reforma aussi, et nous attaqua dans notre mouvement de retraite; ce fut alors qu'entouré d'ennemis, je fus atteint d'un coup de pistolet par un hussard hongrois et de deux coups de lance par les hulans. Malgré cela, je parvins, grâce à la vigueur de mon cheval, à leur échapper. La balle avait traversé l'épaule gauche au-dessus de la clavicule. Un coup de lance m'atteignit légèrement dans le côté droit et le second au médium de la main gauche. Le lieutenant Ferrary fut tué.

Plusieurs de nos officiers furent aussi blessés, notamment M. Duc, chef d'escadron, arrivé depuis peu de jours au régiment avec un détachement de deux cents chevaux. Le colonel Schneit eut un pied déchiré par un éclat d'obus.

Je me retirai au village où je fus pansé. Mais soit négligence, soit plutôt défaut de temps, à raison du grand nombre de blessés qui réclamaient ses soins, le chirurgien ne sonda pas suffisamment ma plaie de l'épaule, et il en résulta que ma blessure prit en quelques jours un caractère assez grave.

Après mon pansement, je me fis remettre à cheval et suivi de mon chasseur et de mon second cheval, je me retirai dans une des maisons du faubourg de Leipzig. J'y passai la nuit et toute la journée du 17. Dans la matinée du 18, une forte canonnade se faisant entendre, j'envoyai mon ordonnance en quête de nouvelles. A son retour, il était accompagné d'un officier du 23ᵉ, blessé d'un coup de sabre à la tête. Cet officier m'apprit la fâcheuse position de l'armée. Le bruit courait qu'un corps autrichien s'était glissé sur nos derrières, occupait la ville et le pont de Wissenfeld et coupait par conséquent nos communications avec la France. Il fut d'avis, afin d'être prêts à tout événement, que nous devions quitter le faubourg, monter à cheval, et nous rendre aux chevaux de main de la brigade en compagnie d'autres camarades blessés comme nous. Je me rangeai à son sentiment. Plus tard, nous apprîmes que l'Empereur avait détaché le corps commandé par le général Bertrand avec ordre de reprendre Wissenfeld, de s'y établir, et que le général avait réussi dans sa mission. D'où il résultait que nos communications étaient redevenues libres.

Dans cet état de choses, je proposai aux autres officiers blessés de nous retirer à Leipzig et d'y attendre l'issue de la bataille. Ils furent d'avis, au contraire, que pour le moment ils ne fallait pas nous éloigner de nos chevaux de main où nous étions hors de danger. Je cédai et nous nous trouvâmes ainsi spectateurs de la lutte. Tout à coup, l'un des camarades me dit : Voilà, sur notre droite, la cavalerie alliée qui s'ébranle ; elle va fournir sans doute une charge contre la cavalerie autrichienne placée en face d'elle. Voyez, voyez, ces braves alliés ! ils partent au trot avec leurs batteries !... Horreur ! ces braves alliés (les Saxons) nous abandonnaient sur le champ de bataille même pour passer à l'ennemi ! Une fois leur mouvement accompli, ils se retournent et nous envoient le feu de leurs batteries !!! Jamais rien de pareil ne s'était vu.

Notre division prise en écharpe par le feu des traîtres est obligée de faire un changement de front à droite, ce qui la rapprocha de la position que nous occupions nous autres blessés non combattants. Alors un boulet arrive, un boulet ami il y a quelques minutes, il frappe mon cheval à la tête. Le pauvre animal fait demi-tour, chancelle et tombe sous moi. Mon chasseur m'amène mon second cheval; on me remet en selle et nous sommes forcés de nous éloigner en abandonnant sur place l'infortunée Hirondelle, qui m'avait si bien servi pendant toute la campagne de Russie, qui en avait partagé avec moi les dangers et les fatigues; qui, dans cette campagne de 1813, avait été associée à ma fortune et à mes périls. Les cavaliers, qui ont fait la guerre, savent si l'on s'attache fortement à ces compagnons de bataille; ils comprendront les larmes que je versai sur la perte du pauvre animal avec lequel j'avais bravé, pendant plus de dix-huit mois, le froid, la faim, la fatigue et le feu de l'ennemi.

Nous nous rapprochâmes de la ville et passâmes le reste de cette fatale journée et la nuit qui la suivit dans un jardin près de la route de Lindenau. Notre jeune armée enveloppée dans un cercle de feu avait fait des efforts héroïques et malheureusement inutiles. La trahison grossissait chaque jours les rangs de nos ennemis.

Déjà le canon grondait derrière nous. Nous nous décidons au départ et franchissons sur l'Elster le pont qui allait bientôt devenir si fatal à notre arrière-garde. Nous nous dirigeons sur Wissenfeld. Près de Lutzen, nous rencontrons la brigade de cavalerie légère du général Ameil, notre ancien colonel, qui a pour aide de camp un lieutenant du régiment, M. Lhermitte. Ce bon et cher camarade, Breton d'origine, en me reconnaissant parmi les blessés, vint à moi, m'offre ses services et s'informe de ce qui concerne le régiment. Hélas! je ne pus lui en donner que de bien tristes nouvelles.

(*Mémoires d'un vieux soldat.*)

16 OCTOBRE 1813

Napoléon séjourna à Düben jusqu'au 15 octobre; pendant ce temps, il dirigea sur Leipzig notre corps d'armée (le 6ᵉ), parce qu'il apprit que les forces alliées se concentraient sur ce point.

Nous trouvâmes réunis à Leipzig les corps du duc de Bellune (le 2ᵉ), du duc de Castiglione (le 9ᵉ) et du général Bertrand (le 4ᵉ); l'Empereur nous y suivit bientôt avec le reste de l'armée. Après beaucoup de contremarches autour de Leipzig nous prîmes position au nord de la ville, autour des villages de Möckern et d'Enteritsch, ayant à dos la Partha et chargés de tenir tête à l'armée que commandait Blücher, forte de soixante-dix mille hommes par l'adjonction des corps de Sacken et de Langeron.

Nous étions en position autour de vastes fabriques ayant une vue assez étendue sur le futur champ de bataille; des avant-postes de cavalerie se faisaient déjà une petite guerre peu meurtrière et qui ne ressemblait pas mal à un jeu de théâtre.

Le jour néfaste du 16 octobre 1813 parut enfin. Nous étions, comme je l'ai dit, au nord de Leipzig dans une situation assez isolée du reste de l'armée, dont nous formions l'extrême droite. A neuf heures du matin, le canon se fit entendre vers le centre de l'armée, c'était l'attaque commencée par les alliés contre le village de Wachau occupé par les Français; nous prîmes les armes et fûmes rangés en bataille sur une hauteur, au pied de laquelle se montraient déjà des forces imposantes. Nous n'avions, pour nous appuyer dans notre position éloignée et exposée à une puissante attaque, qu'une seule division du corps du maréchal Ney; les deux autres divisions de ce corps devaient former notre ligne de réserve et auraient peut-être sauvé la journée en nous évitant une défaite et la captivité; mais le maréchal Ney eut la malheureuse idée de les envoyer au centre de l'armée, où elles ne furent d'aucune utilité à cause de leur tardive arrivée. Ainsi vingt-cinq mille hommes et la cavalerie peu nombreuse du corps du maréchal Ney se trouvaient exposés, sans appui, au choc de près de soixante-dix mille hommes. Tandis que nous prenions position, Ramu trouva moyen de me dire : « La journée sera chaude; si je suis tué ou blessé, soignez mon schako; j'y ai placé des papiers qui ont pour moi de l'importance. » On verra l'usage que je fis de cette recommandation.

Rien de plus solennel que le dispositif de la bataille, soleil brillant, profond silence; on nous déploya en ligne comme pour une revue, nous faisant placer sur deux rangs au lieu de trois, afin de faire paraître un front plus grand, ce qui était mauvais signe.

J'entends encore le porte-drapeau, nommé Mutel, demander s'il ne conviendrait pas de mettre l'aigle dans sa fourre parce que son éclat au soleil présentait un point de mire à l'ennemi; et le major lui répondre, du plus haut de sa voix, qu'en un si beau jour on ne pouvait trop faire briller l'aigle impériale. Je crois que Mutel et beaucoup d'autres ne trouvaient pas, qu'à tout prendre, le jour fût si beau.

Mais bientôt, au calme profond succéda le fracas de la canonnade et de la mousqueterie; notre unique batterie d'artillerie est écrasée en un clin d'œil par la formidable artillerie de l'ennemi, et pour comble de malheur un caisson rempli d'obus chargés prend feu et vomit la mort autour de lui; les tirailleurs sont obligés de se replier devant des forces supérieures; afin de recevoir la cavalerie qui s'approche, on nous fait quitter l'ordre de bataille, pour nous former en masse par bataillon, mais la mitraille ne nous laboure que plus profondément; nous tenons bon cependant, espérant que des troupes de réserve viendront nous soutenir; vain espoir! Cependant un régiment de chasseurs à cheval fait une démonstration pour charger l'ennemi et surtout son artillerie, mais il n'a pas fait vingt pas en avant qu'il tourne bride et nous laisse à notre malheureux sort.

Nous voilà donc abîmés de plus en plus par la mitraille, toujours en ligne par bataillons en masse; aucun ordre ne nous vient, le commandement d'aucun chef ne se fait entendre, nous sommes en quelque sorte abandonnés sur le champ de bataille.

Ceci s'explique par le fait que le maréchal Marmont et le général Compans étaient blessés, je ne sais trop si Pelleport l'était aussi; en tout cas je ne le vis plus; quant à mon petit chef de bataillon rodomont, invisible! J'ai su depuis qu'il avait pris prétexte d'une égratignure pour se retirer honteusement de la mêlée, ainsi que le lieutenant de ma compagnie, tout cela sans mot dire. Si le major, qui commandait le régiment, ne donna signe de sa présence, c'est qu'il était sans doute ahuri par la tourmente; il ne se sauva pas du moins et nous le retrouverons captif.

Cependant les bataillons d'infanterie prussienne s'appro-

chaient tellement, à l'aide de leur artillerie et de notre immobilité, qu'ils se confondaient avec les nôtres; si bien
qu'un adjudant du régiment, nommé Mourgue, les prenant pour français, à cause de leurs capotes bleues, sem-
blables aux nôtres, s'en fut officieusement au-devant de
l'un d'eux pour le prévenir qu'il tirait mal à propos sur
ses compagnons; il fut fort heureux d'en être quitte pour
être pris au collet, et m'a lui-même conté le fait étant en
captivité.

La position devenait intenable : outre l'artillerie qui
nous tuait à bout portant, une formidable cavalerie attendait immobile, à vingt pas, le moment de notre déroute
pour s'élancer sur nous, comme le tigre qui guette sa
proie. Les compagnies se désorganisaient, et bientôt les
bataillons peletonnés sur eux-mêmes, n'offrirent plus que
des amas informes, d'où partaient encore quelques coups
de fusil, et sur lesquels les officiers n'avaient d'influence
qu'en restant eux-mêmes et retenant matériellement les
soldats. Cela ne pouvait durer longtemps; l'instinct de la
conservation, quoique mal inspiré dans la circonstance,
devint enfin plus fort; on se débanda en fuyant.

Entraîné dans le premier moment par le torrent, je vis
bientôt que toute retraite était impossible au fantassin devant la cavalerie, et que, mourir pour mourir, autant valait du moins se donner la consolation de voir venir le
coup. Je fis donc volte-face, bien résigné à mon sort ;
mais je n'eus guère le temps de philosopher, car, prompt
comme la foudre, un hussard prussien me porta un coup
de sabre sur la tête ; le coup, en parti paré par le schako,
me fit au front, au-dessus du sourcil droit, une superbe
balafre, plus étendue que profonde, car l'os ne fut pas entamé ; puis, rencontrant ma main droite, qui serrait mon
épée, en coupa le pouce à la première phalange. Jeté en-

suite à terre, par le choc du cheval, je passai sous les pieds de tout un escadron, dont les chevaux m'enjambèrent sans me toucher; puis je fus sur le point d'être écrasé par une batterie d'artillerie, dont les roues effleurèrent ma tête. Tout cela se passa en moins de temps qu'on n'en met à lire cette courte description, c'est-à-dire deux ou trois secondes, car à la guerre *les morts vont vite*, comme dit la ballade.

Je ne me sauvai de cette scène de carnage que pour tomber dans celle, moins dramatique, du pillage, dont les acteurs étaient de sauvages cosaques, suivant à la piste les combattants; blessé et encore gisant par terre, ma bourse, ma montre, mes épaulettes me furent lestement enlevées, et mes habits y auraient aussi passés sans l'intervention d'un officier prussien, chargé de rassembler les prisonniers; je n'y perdis que mon schako.

Au moment de la déroute, le brave Ramu se trouvait à mes côtés, et je le vis tomber, le pied traversé par une balle. Ma mémoire me servant trop bien dans cet instant, je crus faire pour le mieux en me conformant à sa recommandation en prenant son schako. En cela je fus malheureux, car, n'ayant pu conserver ma propre coiffure, je pus encore bien moins sauver celle de Ramu au milieu de la bagarre que je viens de raconter.

En retrouvant le lendemain ce cher Ramu que j'avais cru mort, et qui était captif comme moi, blessé et, par ma faute, veuf de son schako, et surtout du contenu, qui lui eût été doublement précieux, j'éprouvai un vif regret et lui fis de sincères excuses de ma maladresse. Cet excellent homme prit la chose au mieux; il m'apprit dans la suite qu'il n'avait rien perdu financièrement, les lettres de change ou de crédit confiées au schako lui ayant été plus tard payées sur les attestations qu'il avait fournies.

Revenons au champ de bataille. Je perdais beaucoup de de sang ; un de mes sergents, grièvement blessé lui-même, eût encore la générosité de me forcer à prendre son foulard pour bander ma plaie à la tête ; mon propre mouchoir enveloppa ma main. Ce foulard a été ma seule coiffure jusqu'à Kœnisberg.

Telle fut ma dernière bataille, qui termina la première journée de celle de Leipzig.

Notre régiment fut à peu près détruit dans cette affaire ; le major qui le commandait et l'aigle furent pris ; tous les officiers, sauf ceux qui prudemment s'étaient retirés avant la débâcle, furent pris ou tués. Les autres régiments d'artillerie de marine souffrirent moins, ne se trouvant pas comme nous à l'extrémité de l'aile attaquée. Notre porté-drapeau Mutel, qui fut ramassé avec son aigle et conduit, ainsi que moi, en Russie, m'a raconté souvent que, voyant la malemparée, il avait cassé le bâton de l'aigle et avait mis l'animal sous son manteau, afin de le cacher, si possible ; mais, atteint par la cavalerie, sa bosse factice n'en avait point imposé, et l'aigle et le manteau avaient servi de trophée aux ennemis ; lui-même, gros garçon fort enjoué, s'en était tiré sans blessure, ce qui faisait une petite ombre à l'héroïsme du porte-drapeau, qui aurait eu meilleure façon étant mort ou blessé ; mais il ne s'affectait pas outre mesure d'avoir conservé sa vie et ses membres.

(Mémoires de Jean-Louis Rieu.)

La célèbre bataille de Leipsick dura trois jours. L'empereur Napoléon, voyant tant de puissances coalisées contre lui, chercha les positions les plus avantageuses que possible, afin de pouvoir leur résister. Il plaça son quartier général dans un moulin, et ce fut de là qu'il dirigea son plan.

Pendant tout le temps que dura cette fameuse bataille, l'Empereur ne quitta pas le moulin. Il s'était fait entourer de toute sa Garde, qu'il jugea à propos de ne pas faire combattre pour ne pas la fatiguer ou la faire massacrer, quoique l'ennemi la redoutât toujours beaucoup. Il préféra battre en retraite et la réserver pour des moments plus critiques, parce qu'il se méfiait de quelques trames de l'ennemi. Ce qui ne tarda pas d'arriver.

L'ennemi commença l'attaque. Le premier jour, nous fûmes vainqueurs et culbutâmes encore l'ennemi à une lieue de là. L'Empereur ayant appris que l'armée polonaise s'y trouvait enveloppée par une forte colonne ennemie, envoya à son secours un escadron de chaque régiment de sa Garde. Je fis partie de cette expédition, qui fut commandée par le colonel Letort. Dans cette action, nous nous trouvâmes pris entre deux feux. D'un côté, nous faisions face à l'ennemi et, de l'autre côté, les dragons de Latour (d'Autriche) qui, s'étant embusqués dans une forêt, nous prenaient par derrière.

Dans la mêlée, me sentant heurté de côté par un dragon autrichien, je me retournai brusquement et lui enlevai, d'un coup de sabre, la tête de dessus les épaules, coup étonnant qui arrive rarement. Je donnai le cheval de ce dragon à mon capitaine qui se trouvait démonté. En parlant de ce trait, le soir au bivouac, mon capitaine disait : « Je n'ai jamais vu décoller un homme d'un seul coup de sabre. C'est un trait d'un vieil égyptien. Les mameluks, avec leurs damas, fendaient un homme en deux. Ce qui est plus facile que de le décoller. »

(*Histoire militaire de J.-M. Merme*, chevalier de la Légion d'honneur, ex-chasseur à cheval de la garde. Moutiers, Bocquet, 1852.)

Toute la matinée du 16 et jusque vers les deux heures de l'après-midi, le général Curial était resté en réserve à la hauteur de Probstheide, à moitié distance entre Leipzig et Wachau ; nous n'avions donc jusque-là pris aucune part à l'action ; mais, à cette heure déjà avancée de la journée, il reçut tout à coup l'ordre de se porter avec sa division au secours du corps de Poniatowsky, qui, sur les bords de la Pleiss, à notre extrême droite, était vivement pressé et forcé à la retraite par le corps autrichien aux ordres du comte de Meerfeldt. Nous nous mîmes à l'instant en marche dans cette direction ; selon mon ancienne habitude contractée au temps où, officier de voltigeurs, je marchais ordinairement en éclaireur ou en tirailleur, bien en avant des colonnes, je précédais le général Curial de cinq à six cents pas, lorsque, arrivé sur le sommet d'un plateau d'où l'œil découvrait la position à une assez grande distance, je vis en face de moi, mais assez éloignées, des colonnes d'infanterie en capotes grises qui suivaient le cours de la Pleiss, dans la direction de Leipzig ; je crus que c'était le corps de Poniatowsky qui battait en retraite ; je continuai donc à m'avancer sans défiance quand, parvenu au bord d'un chemin creux, je me vis tout à coup à quelques pas d'une colonne autrichienne qui défilait silencieusement au fond de ce chemin ; je fis, comme on pense bien, subitement volte-face et revins au grand galop prévenir le général Curial de la découverte que je venais de faire ; au même instant, quelques coups de fusil furent tirés entre nos éclaireurs et ceux de l'ennemi, et nous vîmes sortir d'un petit bois, de l'autre côté de ce chemin creux dans lequel j'avais aperçu la colonne autrichienne engagée, un personnage suivi d'une escorte, et qui paraissait être un officier de haut grade ; il arrivait seul au galop en criant à ses troupes en allemand : Ne tirez pas !

ne tirez pas! ce sont les Prussiens! De même que nous avions pris ces Autrichiens pour des Polonais, eux nous prenaient pour des Prussiens; mais l'erreur de notre part n'avait pas duré longtemps, et bientôt le personnage susdit qui n'était autre que le feld-maréchal comte de Meerfeldt en personne, reconnaissait de son côté que c'était bien un corps français qui s'avançait sur son flanc. Il tourna bride alors; mais à peine avait-il fait quelques pas, que son cheval fut tué sous lui.

A l'instant, le commandant Bernelle et moi nous nous élançâmes au galop pour le prendre avant qu'il eût eu le temps de se relever ou d'être secouru; deux autres officiers, partis de deux points différents, avaient eu la même idée; de sorte que nous arrivâmes quatre ensemble sur ce pauvre homme; il avait pu se dégager de dessous son cheval et avait déjà fait quelques pas en toute hâte pour rentrer dans son bois, quand nous l'atteignîmes; son escorte, composée de quelques dragons, était restée à la lisière de ce même bois, à moins de deux cents pas de nous, et nous les vîmes brandissant leurs sabres au-dessus de leur tête, en signe de menaces, sans que l'idée leur vînt de nous charger pour nous faire lâcher prise, ce qui certainement leur était bien facile, car chacun de nous n'avait à la main qu'une petite épée et pas seulement un pistolet dans ses fontes.

Le comte de Meerfeldt, se voyant pris, déboutonna sa capote, et, nous montrant ses broderies et ses plaques de divers ordres, nous dit en bon français : *Messieurs, ayez égard à mon âge et à mon rang!...* Nous l'assurâmes de notre intention de ne lui faire aucun mal; mais, comme le temps pressait et que nous nous attendions à voir ses dragons nous charger pour le délivrer, deux de nous le prirent entre leurs chevaux, et, le soulevant légèrement par ses vêtements, le portèrent pour ainsi dire jusqu'à une certaine distance, où l'un des deux, mettant pied à terre, le fit monter sur son cheval. Nous l'amenâmes ainsi au général Curial, qui l'envoya aussitôt à l'Empereur, dont il avait été fort connu soit à Vienne, soit à Paris, à l'époque du mariage de l'impératrice Marie-Louise; aussi, dès qu'il le vit paraître, l'Empereur s'écria : *Quoi! c'est vous, monsieur de Meerfeldt, qui vous faites prendre ainsi!* Il voulut le garder près de lui jusqu'au lendemain matin, et, après avoir eu avec lui de longues conférences, il le renvoya prisonnier sur parole. En quittant l'officier qui fut chargé de le reconduire aux avant-postes, le comte de Meerfeldt lui dit ces quelques mots qui, répétés parmi nous, ne laissèrent pas d'y faire quelque impression : *Je vous plains, messieurs les Français, vous êtes enfermés comme dans une souricière.* Tandis que nous courions sur le feld-maréchal autrichien et le faisions prisonnier, le général Curial, tombant avec sa tête de colonne sur le flanc de la troupe ennemie engagée dans le chemin creux, en avait eu bon marché et nous fîmes là un millier de prisonniers.

On me chargea de les conduire au quartier général impérial, ce qui fut pour moi une corvée dont le souvenir ne saurait s'effacer de ma mémoire. La nuit était déjà très avancée quand on put m'expédier avec une colonne, composée des prisonniers et d'un bataillon tout entier qu'on me donna pour les escorter. Je croyais pouvoir en peu de temps remplir ma mission; mais, égaré par de fausses indications au milieu de cette multitude de feux de bivouac qui, de tous côtés, s'étendaient au loin dans la plaine et se confondaient même avec ceux de l'ennemi, j'errai tout le reste de la nuit sans pouvoir atteindre les tentes de l'Empereur, malgré mes efforts pour obtenir de tous les chefs auxquels je pus parler, et notamment du prince Poniatowsky lui-même, les renseignements dont j'avais besoin. Enfin, le jour parut : mais quel fut mon étonnement quand je me vis, après une marche de plusieurs heures, revenu tout près de l'endroit même d'où j'étais parti et qui n'était guère en réalité qu'à une demi-heure du quartier général. Il va sans dire que, dans cette longue et pénible marche de nuit, malgré la vigilance de mon escorte, bon nombre de mes prisonniers avaient trouvé moyen de m'échapper... Mais aussi pourquoi n'avait-on pas attendu qu'il fît jour pour les mettre en route, ou, mieux encore, comment n'avait-on pu le faire avant la nuit, aussitôt après qu'ils avaient mis bas les armes, c'est-à-dire entre quatre et cinq heures de l'après-midi ? Le déficit qu'on put reconnaître dans leur nombre ne fut pas au surplus ce qui me fut le plus sensible dans mon aventure : quelques prisonniers de plus ou de moins, au point où en étaient les choses, devaient être de peu d'importance ; mais, après la mauvaise nuit que je venais de passer, et lorsque, accablé de fatigue et tombant de sommeil, j'espérais pouvoir bientôt revenir m'envelopper de mon manteau et prendre quelque repos, ce vêtement plus précieux que jamais dans la saison où nous entrions, me fut indignement volé au moment où je venais d'entrer dans la tente du major général, laissant à la porte mon cheval aux mains d'un gendarme d'élite ! Quand je sortis, plus de gendarme, plus de cheval ! Je parvins cependant à retrouver ce dernier errant dans le camp en toute liberté ; mais le manteau, qu'il portait roulé sous la chabraque, avait disparu, et il me fut impossible de retrouver le voleur. Ce ne fut que plusieurs jours après, à Erfurt, que je pus m'en procurer un autre et quel autre ! Drap grossier au travers duquel on voyait le jour

et qui buvait la pluie comme une éponge. Mais c'est assez
sur ce contretemps, qui ne fut pas pour moi le dernier de
la campagne.

(Général baron Girod de l'Ain, *Dix ans de mes Souvenirs militaires
de 1805 à 1815. Paris. Dumaine, in-8°, 1873.*)

Nous avions bivouaqué près du faubourg du Kohlgarten.
Dès le matin du 16, nous avions pris notre rang de bataille
dans la direction de Lieberwolkowitz. Nous voyions devant nous de grandes masses d'infanterie : c'était le corps
autrichien de Klenau.

A la droite de cette ligne autrichienne s'élevait un mamelon dominant la plaine; nous apercevions de grands
chariots couverts en toile blanche gravissant cette hauteur, la seule qui rompît l'uniformité de cet immense
champ de bataille. Cette position élevée avait déjà été occupée par Gustave-Adolphe pendant la guerre de Trente-
Ans; elle porte depuis ce temps le nom de *Redoute suédoise*.

Une canonnade s'établit entre nous et les Autrichiens.
Pendant que les boulets faisaient leurs ravages dans nos
rangs, un officier d'ordonnance de Napoléon nous apporta
l'ordre de marcher en avant. Toutes nos colonnes d'attaque s'avancèrent alors, précédées d'une nuée de tirailleurs.

On aborda ensuite à la baïonnette les régiments qui
étaient devant nous; on les fit rentrer dans le bois auquel
ils étaient adossés. Ce bois était une dépendance de celui
auquel on avait donné, dans des temps plus paisibles, le
nom de *Bois de l'Université*. Il nous fut vivement disputé;
mais enfin nous parvînmes à en chasser l'ennemi, non
sans avoir vu tomber, dans cette guerre de buissons, la

plus meurtrière de toutes, un très grand nombre de nos soldats.

Voici l'un des incidents de ce rude combat de tirailleurs :

A cette époque, l'infanterie française n'avait pas une seule carabine rayée. Nos tirailleurs étaient armés comme tous nos autres fantassins. Les Autrichiens, munis *en partie* d'armes de précision, avaient sous ce rapport de grands avantages; mais la plupart des ennemis que nous combattions en ce moment, n'étaient armés, comme nous, que de simples fusils d'infanterie. Nous avancions pas à pas à travers le taillis; nos hommes s'embusquaient pour tirer à coup sûr, soit par groupe, soit isolément; l'ennemi obéissait à la même tactique, tout en se retirant; quelquefois nous recevions cinq ou six coups de fusil, partant ensemble d'un massif d'arbrisseaux touffus. On reconnut bientôt que les coups les mieux ajustés nous arrivaient de derrière les plus gros troncs d'arbre servant à cacher un tireur d'élite. Ce long combat de tirailleurs, quelque cruel qu'il fut, provoquait des deux parts, faut-il l'avouer à la honte du cœur humain, les mêmes cris joyeux ou railleurs, qu'on entend parfois dans une partie de chasse.

Parmi les Autrichiens dont les balles nous firent éprouver les pertes les plus sensibles, nous avions remarqué, depuis le matin, un très jeune chef qui ne portait pas de fusil, mais saisissait fréquemment celui de l'un de ses soldats, et s'embusquait dans un endroit favorable pour choisir le moment de faire feu. Il tua ou blessa successivement, de cette façon, quatre des nôtres. Pendant deux heures que dura cette persistance acharnée, nous le vîmes tour à tour disparaître et se montrer de nouveau.

Nos soldats, justement irrités, résolurent de se débarrasser d'un ennemi aussi dangereux. Plusieurs de nos meilleurs tireurs réservèrent leur coup et se tinrent prêts à venger leurs camarades. Ils se disaient, entre eux, que sans doute ce jeune homme si bien exercé au tir, était le fils de quelque seigneur habitué à chasser sur ses terres le renard et le sanglier. Aussi chaque fois qu'après avoir fait feu, il courait lestement d'un buisson à l'autre, il était poursuivi par ce cri partant de tous les côtés : « *le petit chasseur ! le petit chasseur !* » et dans le même instant on dirigeait sur lui de nombreux coups de fusil. Tirés trop précipitamment, ils ne l'atteignaient pas. L'un des sous-officiers, sorti de notre armée d'Espagne, l'ajusta enfin avec plus de calme. On vit alors rouler sur le gazon celui qui nous avait fait tant de mal dans ce bois tout jonché de morts et de blessés.

Peu de temps après, nous avions fait, malgré une résistance opiniâtre, reculer la ligne de tirailleurs ennemis. Se trouvant maîtres du terrain où ce hardi tireur venait de succomber, nos soldats entourèrent son corps et le contemplèrent avec une curiosité mêlée de la pitié qu'ils ne pouvaient refuser à sa jeunesse. Il paraissait avoir de seize à dix-sept ans ; il portait l'uniforme blanc et le pantalon bleu de ciel d'un corps dont nous ne savions pas le nom ; nous avions affaire à deux autres corps que nos prisonniers nous dirent se nommer les régiments de Jérôme et de Joseph Collorédo. Nos conjectures seules nous firent penser que le *petit chasseur* avait le grade de cornette ou de cadet, que les jeunes gens de famille obtiennent de très bonne heure dans l'armée autrichienne.

Une scène de toute autre nature succéda à celle que je viens de décrire. On avait fait beaucoup de prisonniers en s'emparant de ce bois, et il fallait les envoyer, sous escorte, un peu en arrière de notre ligne. On chargea de ce soin une douzaine de nos soldats, dont quelques-uns furent choisis parmi les plus fatigués; les bien portants reçurent l'ordre de revenir au régiment dès qu'ils auraient remis les prisonniers sous bonne garde.

Ce détachement partit dans la direction de Leipzig; il était à peine éloigné de cinq cents pas, que nos tirailleurs amenèrent un nouveau prisonnier. On devait l'envoyer rejoindre ceux qu'on venait de mettre en marche, mais notre colonel regrettait d'être encore obligé de priver son régiment de l'un de ses soldats. Le chef de bataillon Dambly en aperçut alors un très visiblement malade, que le docteur venait d'autoriser à retourner en arrière comme incapable de combattre. Le chef de bataillon lui dit :

« — Allons, mon garçon, arme ton fusil, tu auras assez de force pour faire marcher ton prisonnier à cinq pas en avant; s'il veut se jeter sur toi, préviens-le par un bon coup de fusil. »

Ces paroles produisirent un singulier effet sur le pauvre conscrit, que la fièvre semblait avoir miné depuis quelque temps. Il fixa des yeux effarés et très inquiets sur celui qu'on voulait confier à sa garde. C'était un grenadier hongrois à formes herculéennes, grandes moustaches retroussées, et d'une apparence très martiale.

Le chef de bataillon dit alors en riant :

« — Gare à toi, conscrit; si tu prends vis-à-vis de ton prisonnier cet air piteux et désolé, tu ne seras pas plus tôt loin de nous qu'il t'arrachera ton fusil et te mettra ta propre baïonnette dans le ventre. »

D'après cette réflexion, exprimée sans trop de ménagements, mais parfaitement judicieuse, le commandant Dambly changea ses premières dispositions; le pauvre conscrit fiévreux fut dispensé de cette corvée périlleuse, il partit seul pour l'ambulance, et nous gardâmes notre

Hongrois, en attendant un autre convoi de prisonniers.

Le combat dans le taillis de chênes retentissait encore, lorsque nous vîmes, à quelque distance de ce bois, dont nous bordions la lisière, un grand mouvement dans l'armée ennemie. D'épaisses lignes de cavalerie russe et autrichienne apparaissaient à l'horizon : il était évident qu'une charge de belle dimension se préparait. Nous distinguions déjà les cuirasses noires des escadrons qui traversaient la plaine, afin de se masser; mais, d'autre part, le duc de Trévise disposait son infanterie de manière à faire une réception convenable à cette force menaçante. J'avais, pendant toute cette journée, circulé à cheval sur le champ de bataille, soit à la suite des généraux Berthezène et Marquet, soit chargé par eux de quelque mission ou reconnaissance.

Peu d'instants auparavant, ayant eu un ordre à porter, je traversais cette plaine couverte à perte de vue de combattants de toutes nations, rencontrant le duc de Trévise au milieu de son état-major, je l'avais salué, et il m'avait adressé quelques paroles amicales. En ce moment, je le reconnaissais de loin, parcourant au galop, avec son escorte de lanciers rouges, le front de bataille de son infanterie, et la formant en un vaste carré composé de quatre bataillons des 7ᵉ et 8ᵉ de tirailleurs. (Près de trois mille hommes étaient ainsi réunis.)

Au même instant, le 9ᵉ régiment, tout en continuant contre l'infanterie autrichienne un combat où il avait été déjà considérablement diminué par cette fusillade prolongée, s'étendait en avant de la lisière du taillis, et nos chefs en destinaient une partie à faire pleuvoir ses balles sur le flanc des escadrons autrichiens ou russes qui, d'après leurs prévisions, allaient peut-être passer à portée de nos fusils.

C'était le commandant Dambly qui s'occupait à organiser ce feu latéral, pendant que plus des neuf dixièmes du régiment continuaient à combattre dans le bois.

Ce chef était l'un des anciens officiers de la Vieille Garde auxquels on avait confié le commaudement de nos légions novices, mais si dévouées. Le commandant Dambly, aimé de ses soldats pour son courage autant que pour sa bonté, avait commencé sa carrière dès le début des guerres de la Révolution et de l'Empire. Il s'était particulièrement distingué dans les campagnes d'Italie. Au passage du Mincio, il avait, à la tête d'une troupe choisie, passé ce fleuve à la nage. — Le Premier Consul lui avait, en vertu de la loi du 4 nivôse an VII, accordé un sabre d'honneur. Plus tard, lorsque la noblesse impériale fut instituée, il reçut le titre de chevalier de l'Empire, avec les armoiries significatives d'un sabre courbé, jeté comme un pont en travers d'un fleuve.

Pour surveiller les mouvements de cette cavalerie que nous voyions s'agiter au loin, nos chefs se portaient de temps en temps à cheval dans cette direction.

Nous allions assister, du point où nous étions avancés, au plus beau des spectacles dont on puisse jouir en un jour de bataille, celui d'une grande charge de cavalerie se ruant hardiment sur le front impassible d'une ligne d'infanterie hérissée de baïonnettes; le courage ardent, l'élan impétueux aux prises avec la fermeté inébranlable, l'imposante immobilité!

Tout dépend, dans de pareils moments, du sang-froid de la ligne d'infanterie. — Les fusiliers expérimentés, les vieilles bandes qui ont l'habitude de cette lutte entre deux armes rivales, savent que le bataillon doit garder en réserve le feu qui fait toute sa force, et que c'est une faute grave de tirer de loin sur cette cavalerie qui accourt presque toujours avec des cris étourdissants. Quant aux jeunes fantassins, ils sont instinctivement disposés à répondre par un feu précipité à ces clameurs lointaines et furieuses. Ils cèdent trop souvent à cette tentation, s'ils ne sont pas contenus par des chefs exerçant sur eux l'ascendant d'un caractère éprouvé, et des autres qualités qui établissent la popularité des chefs de guerre.

Voici comment l'un des officiers qui se trouvaient avec le duc de Trévise dans le grand carré de la Jeune Garde, mon ami, le capitaine Gillet de Kervéguen, aide de camp du général Roguet, m'a raconté ce qui se passa sur ce point assez éloigné de nous pour ne présenter, par moments, à nos regards, qu'une masse confuse voilée par la fumée de la fusillade.

Le maréchal donna une forme allongée au carré, dont il tourna l'un des grands côtés en face de la cavalerie ennemie : sa troupe était placée sur trois rangs.

Ce chef entra alors, suivant l'ordonnance, dans l'intérieur de cette forteresse vivante. Je vis de loin ce carré de notre Jeune Garde qui, au moment de l'arrivée de son chef, poussait les cris habituels de : *Vive l'Empereur!* devenir tout à coup silencieux.

En cet instant, nous pouvions reconnaître et suivre du regard la marche du duc de Trévise; les fanions flottants des lanciers de son escorte, s'élevant au-dessus des rangs intérieurs du carré, nous indiquaient qu'il longeait au pas celle des faces qui attendait la cavalerie ennemie déjà lancée au galop.

On nous rappela depuis la simple, mais énergique allocution qu'il adressa à ses soldats : « — Enfants, ne criez plus ! laissez crier l'ennemi... Ne tirez pas... Silence ! — Ne faites feu qu'au commandement! »

Cette voix aimée, cette voix claire et vibrante fut écoutée.

La face du carré resta l'arme haute; cette jeune infanterie demeura calme, immobile, attentive au commandement qui lui était promis.

Ce qui arrive le plus souvent en présence d'une troupe de si fière contenance se renouvela cette fois encore. Il est presque inouï que l'effort de la cavalerie, lorsque le boulet et la mitraille n'a point préparé son attaque par de larges brèches, entame ou même affronte de près une ligne pareille; le sabre, même celui du cuirassier, n'a pas assez de longueur pour atteindre le fantassin protégé par son fusil armé d'une baïonnette. Les lanciers pourraient y parvenir; mais, par une vieille habitude, c'est toujours à la grosse cavalerie que cette tâche est confiée. Elle réussit très rarement à l'accomplir.

L'effet moral de la vue d'une troupe ainsi préparée, pouvant à chaque instant faire un feu d'ensemble, salve meurtrière dont le résultat sera plus terrible à mesure qu'on approche, cet effet moral agit presque toujours, même sur la cavalerie la plus déterminée.

Celle que nous voyions accourir en ce moment sembla hésiter quand elle fut à cent pas de la ligne française; à cinquante pas, son impétueux mouvement s'arrêta tout à fait. Au même instant, les fusils de la Jeune Garde s'abaissèrent, la salve retentit, et cette ligne de cavalerie rétrograda, en abandonnant le terrain couvert de cavaliers, de chevaux morts ou blessés.

Ces escadrons aguerris se rallièrent sans tarder; leurs chefs les reconduisirent bravement dans la même direction, mais le carré du duc de Trévise ne fut pas entamé. La cavalerie des alliés fit sur d'autres points, avec plus ou moins de succès, des efforts analogues. Plusieurs de nos brigades, entre autres celle des voltigeurs, commandée par le général Pelet, la repoussèrent également.

C'est sur les plans qui m'ont été communiqués récemment par cet écrivain militaire, que j'ai pu reconnaître les localités ici mentionnées, et y placer avec précision les grands souvenirs que j'évoque.

Sur la partie du champ de bataille de Leipzig que je pus embrasser du regard, dans cette journée du 16 octobre, nous voyions de tous côtés, avancer la ligne française : à notre droite, le corps du duc de Reggio ; à gauche, ceux du duc de Tarente et à côté de nous, le général Lauriston.

La division de la Jeune Garde du général Charpentier, dans laquelle était comprise la brigade du prince Émile de Hesse, avait emporté à la baïonnette la *redoute suédoise*.

Nous regardions la bataille comme gagnée ; mais nous n'apercevions qu'une bien faible partie du sanglant tableau qui se déroulait alors sur une étendue immense. Une canonnade pressée, opiniâtre, sans trêve ni temps d'arrêts, retentissait de toutes parts. Tandis que notre corps d'armée n'avait eu, jusque-là, que des succès enivrants, tandis que nous avions toujours marché en avant, gardé les positions conquises et fait des prisonniers, d'autres corps, moins favorisés par le sort, avaient éprouvé des défaites ; car dans cette rencontre d'armées arrivées de toutes les directions, le hasard bien plus que les prévisions savantes d'un plan d'ensemble, amena, sur beaucoup de points, des succès ou des revers inattendus ; mais chaque heure augmentait chez nos adversaires leur grande supériorité numérique !

Vers onze heures du soir, la Jeune Garde, déjà mise en mouvement, vit passer près d'elle l'Empereur traversant la plaine. Deux chasseurs à cheval de la Garde portaient des torches en avant de lui pour l'éclairer dans cette nuit ténébreuse. Peu après, nous reçûmes l'ordre de traverser le faubourg occidental de Leipzig : la direction rétrograde donnée à nos colonnes, au delà de l'Elster, sur la route de Lutzen, nous fit juger que nous n'avions eu, dans cette première journée du 16, qu'un succès partiel et local, et que la supériorité des forces ennemies, sans avoir vaincu la Grande Armée, la contraignait à songer à une retraite. La sinistre explosion de plusieurs caissons de munitions adandonnés, éclairant subitement le champ de bataille que nous traversions, confirma cette conjecture.

Vers neuf heures du soir, nous avions reçu de l'Empereur l'ordre d'y entretenir tous nos feux en y ajoutant du bois nouveau; il était facile de comprendre que nous devions abandonner cette position tout en laissant croire à l'ennemi que nous n'avions fait aucun mouvement de retraite ou de concentration.

(Baron Paul de Bourgoing, *Souvenirs d'Histoire contemporaine. Épisodes militaires et politiques. Dentu, éditeur.)*

16 AU 19 OCTOBRE

Le 4/16 octobre, au point du jour, j'allai dans la plaine
où bivouaquait mon avant-garde, j'y trouvai déjà l'infati-
gable vieillard Blücher. Nous observâmes la position des
ennemis, autant que le permettaient les nombreux villages
et les bois qui ornent cette belle plaine; nous n'avions
contre nous que quelques avant-postes. A neuf heures du
matin, une énorme fumée, répandue sur une ligne immense et qui parut tout à coup, nous annonça une bataille
générale entre Napoléon et notre grande armée. Je l'aperçus le premier et la fis remarquer à Blücher qui, à l'instant, cria : « *Marche en avant! Portez-vous sur Leipzig et
attaquez les ennemis partout où vous les rencontrerez !* »
Toutes mes troupes étaient prêtes; en cinq minutes,
l'avant-garde était en marche et, au bout d'un quart
d'heure, mes avant-postes étaient déjà engagés avec ceux
de l'ennemi. Il était alors neuf heures du matin et il y
avait à peine une demi-heure que la grande armée avait
été attaquée par Napoléon.

Le général Emanuel, avec la cavalerie de mon avant-
garde, tourna les villages de Freiroda et de Redderfeld,
tous les ennemis se retirèrent avec précipitation. Ils y
avaient une petite avant-garde de deux à trois mille hom-

mes, et quelques canons qui échangèrent quelques coups avec mon artillerie à cheval.

Le général Roudzevitch suivit le général Emanuel avec l'infanterie de l'avant-garde, et je le suivis moi-même avec les corps de Kaptzevitch et d'Olsoufieff. Le comte de Saint-Priest vint aussi plus tard me rejoindre; il avait bivouaqué à un mille de moi. Le corps de York s'avança sur Lindenthall.

Les ennemis ne tinrent pas dans le bois épais qui touche à ce village et se retirèrent sur Breitenfeld, village fameux par une victoire de Gustave-Adolphe, et ensuite sur Klein et Gross Veteritz. Je les y suivis, tandis que le général York emportait le village de Lindenthall.

Roudzevitch, laissant à droite le village de Klein Veteritz, s'avança dans la plaine qui se trouve entre le ruisseau marécageux qui coule près de ce village et la rivière Partha, tandis que le corps de Kaptzevitch attaquait Klein Veteritz et occupait les bords à la droite de ce village. Le corps d'Olsoufieff et la cavalerie de réserve de Korff furent placés en réserve. Il y avait alors peu de forces ennemies contre moi. Elles étaient employées contre la grande armée et la plus grande partie de celles qui nous étaient alors opposées, étaient rassemblées entre Mœken et Gœlhi. Le premier de ces villages était occupé par beaucoup d'infanterie. Le général York l'attaqua. Cet intrépide général et ses braves troupes s'étaient couvertes de gloire dans toutes les affaires de cette immortelle campagne; mais, s'il est permis de le dire, elles se surpassèrent encore elles mêmes dans cette mémorable bataille. On ne peut porter plus loin l'héroïsme : chaque individu de ce corps mérita dans cette journée, l'admiration de tous les militaires.

Le village de Mœken fut emporté; cinquante-deux pièces

de canon, un aigle des matelots de la Garde, deux drapeaux furent pris à la baïonnette par l'infanterie ou enlevés par la cavalerie, malgré la résistance acharnée des Français.

Le combat dura toute la journée avec ce même acharnement des deux côtés; mais la valeur prussienne triompha de tout. Ce combat peut être regardé comme un des plus brillants, mais des plus sanglants de la campagne. Les Prussiens payèrent bien cher leur gloire : le corps d'York, déjà très affaibli par les pertes qu'il avait faites précédemment et réduit à 21.500 hommes sous les armes, en perdit près de 7.000 dans cette terrible affaire. Presque tous les généraux, les commandants de brigades ou de bataillons furent blessés ou tués. Le jeune prince Charles de Mecklembourg, les colonels Katzler, Steinmetz, le lieutenant-colonel Hiller, une multitude d'autres braves officiers furent grièvement blessés et quelques régiments presque anéantis.

Le corps de Saken était destiné à me soutenir; déjà sa cavalerie, sous les ordres des lieutenants généraux Wassiltchikone et Landskoy, m'avait rejoint; mais le général Blücher fut obligé de faire marcher Saken sur Mœken où le feu était rendu plus vif et les ennemis plus en force que de mon côté.

Le corps de Saint-Priest fut aussi dirigé par le général Blücher, sur la gauche de celui d'York, entre lui et Kaptzevitch.

Les troupes du comte de Saint-Priest ne furent pas exposées aux coups de fusil, mais le feu de son artillerie, commandée par le colonel Baschmakoff et le lieutenant colonel Bellingshausen, fut très utile et fit beaucoup de mal aux ennemis.

De mon côté, nous avions eu de grands succès. La cava-

lerie d'Emanuel à laquelle je joignis les régiments de
Derpt et de Livonie, chasseurs à cheval, renversèrent la
cavalerie ennemie et prirent sept canons, beaucoup de
caissons et cinq cents prisonniers. Les régiments de Kiew,
de la nouvelle Russie, de Derpt, de Livonie, les Cosaques
de l'Ukraine, ceux du Don, l'artillerie à cheval, aug-
mentèrent encore leur réputation dans ces brillantes
charges. Les généraux Roudzevitch, Emanuel, prince Obolenski, les capitaines Nanivoitsch, Lichin et le lieutenant
colonel Kusbel, du régiment de Kiew, le major Bourgraff,
de celui de la nouvelle Russie, le major Teveletzky et le
capitaine Pillenstein, des Cosaques de l'Ukraine, le colonel
Kamiatoff, du régiment de Livonie, le major Gardéeff, de
celui de Derpt, les lieutenants colonels Schvanoff et Kou-
tanikow, le major Assakow, des Cosaques du Don, les
lieutenants colonels Schouschérin et Deudevoki, le capitaine Leovitovitch, de l'artillerie, etc., se distinguèrent de
la manière la plus brillante.

Le général Kaptzevitch avait attaqué et emporté les
deux villages de Veteritz, avec la valeur et la résolution qui le distinguèrent ainsi que le brave corps qu'il
commandait.

Les ennemis furent mis en pleine déroute et se sauvèrent vers Leipzig et la Partha.

Mais tout à coup, sur les deux heures de l'après-midi, je
vis ces fuyards s'arrêter et se reformer, et de fortes colonnes venir de la Partha et de Leipzig. Elles attaquèrent
les villages de Veteritz avec beaucoup de vigueur malgré
la résistance du 10e corps. Ces villages furent un moment
perdus. Le lieutenant colonel Vœvodsk, du régiment de
Starakosk, fut tué; le général-major Schenschin, le lieutenant colonel Prigava, le major Youssousovitch grièvement
blessés. Le combat fut très vif, ma perte assez forte,

et il y eut un moment de désordre dans mes troupes. La cavalerie de mon avant-garde fut forcée de repasser le ruisseau de Veteritz, le feu des colonnes ennemies et la mitraille lui faisant éprouver une perte considérable.

L'infanterie de cette même avant-garde fut aussi obligée à un mouvement de retraite, le feu était terrible mais ce n'était pas le moment de ménager les troupes. Il fallait vaincre.

Le général Roudzevitch, les autres généraux de l'avant-garde et moi, nous arrêtâmes l'infanterie ; Roudzevitch se porta à la tête du régiment de chasseurs, je conduisis celui de Schlusselbourg. Ce moment fut fort critique ; mes colonnes, forcées à une retraite précipitée par les masses qui s'avançaient sur elles, par le feu de la mitraille et par celui d'une nuée de tirailleurs, se rapprochaient fort vite, mais cependant sans désordre, du ruisseau marécageux, très difficile à franchir et sur la rive duquel étaient entassées ma cavalerie et surtout mon artillerie, qui avait beaucoup de peine à le passer. Si l'infanterie y fut aussi arrivée, poursuivie de près par les ennemis, la confusion eut été générale et j'aurais pu éprouver de grandes pertes. Il fallait arrêter l'infanterie ; j'avais sous mes ordres des Russes, je connaissais leur exacte subordination et leur valeur. Je dépassai le régiment de Schlusselbourg et, sans m'amuser à faire des phrases ni à haranguer, sans parler aux chefs ni aux soldats, je commandai d'une voix haute : « Halte ! demi-tour à gauche, en avant, à la baïonnette, marche ! marche ! » Le régiment s'arrêta, comme à l'exercice, se retourna et marcha en avant. Les autres régiments s'arrêtèrent de même et se reportèrent en avant, l'ennemi fut étonné de ce mouvement, il crut que des forces nombreuses étaient venues à mon secours. Il s'arrêta et parut hésiter ; cette hésitation me sauva, ma cavalerie et mon artillerie passèrent le ruisseau et se formèrent sur la rive droite, mon infanterie vint aussi y prendre une position. Les ennemis s'arrêtèrent alors tout à fait, et ce petit échec que je venais d'éprouver et dont les suites eussent été si dangereuses avec d'autres troupes, fut réparé à l'instant par l'intrépidité de l'infanterie de mon avant-garde et de celle du 10e corps de Kaptzevitch qui se trouva dans le même cas que moi et s'en tira de même.

Pendant le même temps, le corps du maréchal Ney, commandé par le général Souham et fort de sept à huit mille hommes, parut sur le chemin de Düben, sur mon flanc gauche qui était en l'air et que je ne pouvais appuyer nulle part. Ce moment fut encore assez critique. Je fus obligé de prolonger ce flanc par le 9e corps d'Olsoufieff et, ensuite, par la cavalerie du général Korff, de sorte que je me trouvai sur une seule ligne immense, sans réserve, le corps de Saken et celui de Saint-Priest ayant été (comme on l'a vu plus haut) dirigés à ma droite pour soutenir le général York.

Mon front était alors très étendu et faible partout. Sans la fermeté de mes généraux, leurs bonnes dispositions, l'intrépidité de mes troupes, je courais risque de voir l'ennemi percer de nouveau ma ligne et d'être obligé de me retirer sur Breitenfeld. La reprise des villages de Veteritz, qui se trouvaient à peu près au centre de ma ligne était indispensable pour assurer le succès de la journée.

Le général Kaptzevitch, quoique blessé d'une forte contusion causée par un boulet qui tua son cheval, ne quitta point le champ de bataille; il attaqua de nouveau les villages avec la plus grande bravoure. Parfaitement secondé par les généraux Tourscharinoff, prince Ourouzow, commandant les 22e et 8e divisions, Wassiltchikoff, chef du régiment de Vialka, par le colonel Magdenko, de l'artillerie, qui, quoique blessé, ne quitta pas son poste, et par tous les régiments de ce brave corps, il emporta et garda les deux villages, tandis que Roudzevitch et moi conduisions de nouveau l'infanterie de l'avant-garde dans la plaine qui se trouve à gauche des villages de Veteritz qui furent ainsi tournés.

Le général Reven, avec le régiment de Schlusselbourg, le général Narunault et le colonel Wittodzewski, avec les 12e et 22e chasseurs, le lieutenant colonel Boulgarski avec celui d'Oloiretz, le lieutenant colonel Hegemann, le major Tchourakowski et le capitaine Schmaneff avec les 7e, 30e et 48e chasseurs, s'avancèrent avec intrépidité contre la ligne ennemie, soutenus par le général Emanuel, avec sa cavalerie. Les ennemis furent enfin culbutés et se retirèrent en désordre, laissant beaucoup de morts, de blessés et de prisonniers. Cependant il y avait un grand intervalle vide entre les deux villages de Veteritz et le corps de Saint-Priest. Les ennemis tentèrent de pénétrer dans cet intervalle pour couper notre ligne en passant le ruisseau de Klein Veteritz, entre ce village et celui d'Entritz, qu'ils occupaient.

Le général Kaptzevitch y détacha le général-major Vasiltchikoff, avec les régiments de Viatka, d'Archangel et la batterie de 12 de Magdenko, et le comte de Saint-Priest y envoya, par mes ordres, le major Bistromm, avec sa brigade de chasseurs.

Ces deux généraux méritèrent, dans cette occasion, ma reconnaissance; ils manœuvrèrent avec autant d'intrépidité que d'intelligence, et, quoique faibles et sur une ligne étendue, ils repoussèrent partout l'ennemi qui ne put exécuter aucun de ses projets.

Le général Olsoufieff, que j'avais placé, comme on l'a vu, à ma gauche pour arrêter Souham quoiqu'il n'eût pas

la moitié des forces des ennemis, remplit mes ordres avec
succès.

Je détachai le général-major Oudomm, excellent officier, avec le 10e et 38e chasseurs, et les tirailleurs des régiments d'Apchéron, Nassebourg et de Yakousk pour défendre un bois près du village de Seehausen qu'il était
très important de ne pas laisser occuper par les ennemis,
et qui était attaqué par le général Souham, lui-même,
dont la bravoure est connue. Il fut repoussé par nos troupes, mais il renouvela ses attaques avec plus de forces et
plaça des batteries que le feu du colonel Yassedsko fit
taire. Mon artillerie démonta des canons ennemis et fit
sauter des caissons, mais Souham s'acharnait à occuper
ce bois qui lui était nécessaire, pour assurer le passage
d'une foule d'équipages qui venaient de Düben. Le général Olsoufieff ordonna au colonel Medentzoff de soutenir
le général Oudomm avec les régiments de Raevski et de
Kolivan, le combat fut très vif; on se mêla à la baïonnette, le régiment de Raevski prit le drapeau du 125e de
ligne.

La valeur des troupes, les bonnes dispositions des généraux Olsoufieff, Kerniloff, Oudomm, Poltaradzki, des
officiers supérieurs Medintzoff, Reuchell, Ougroumow,
Makatzaroff, Grimbald, Melnikoff et de tous les commandants des régiments rendaient inutiles les efforts des ennemis. Ils furent forcés de se retirer.

Le bois de Seehausen nous resta, le chemin de Düben
fut coupé et beaucoup d'équipages français, qui furent
forcés de faire un détour en plein champ pour essayer de
rentrer dans Leipzig, tombèrent au pouvoir des Cosaques.

Le général Korff qui soutenait le général Olsoufieff avec
sa cavalerie et prolongeait sa gauche, couvrit son flanc et
empêcha les attaques que la cavalerie française aurait pu

faire sur mon infanterie. Il détacha vers Düben deux régiments de Cosaques du Don, du corps de Saken, qu'on lui avait laissés, sous les ordres du général-major Loukovskin ; il prit six canons du corps de Souham qui étaient restés en arrière ; ils n'étaient point escortés et les chevaux ne pouvaient plus avancer. Il s'empara aussi de beaucoup de caissons qu'il fit sauter.

Korff détacha encore plusieurs escadrons sur le même chemin, ils firent beaucoup de prisonniers ; le major Schenue, du régiment de Mittau Dragons, en ramena près de quatre cents.

Le feu ne finit qu'à la nuit. La victoire de notre côté fut complète ; 65 canons, plus de 200 caissons, 1 aigle, 1 drapeau, 2.000 prisonniers en furent les trophées. Jamais l'armée de Silésie ne se battit avec plus de valeur et plus de succès. Les obligations que j'ai eues dans cette journée aux généraux et aux troupes qui étaient sous mes ordres ont mérité l'attention particulière du général Blücher qui leur fit témoigner sa satisfaction et rendit compte à l'empereur et au roi de Prusse des succès de la journée, en ajoutant qu'il m'était redevable d'une grande partie de sa gloire. Ma perte, dans cette bataille, fut de quinze cents hommes. Elle fut donnée très à propos et fut fort utile à notre grande armée, en forçant Napoléon de partager ses forces, mais, ce qui paraîtra sans doute inconcevable, c'est qu'il s'attendait si peu à une attaque de notre armée, qu'il avait envoyé l'ordre aux troupes qui nous combattaient de venir le joindre, à sa gauche, pour réunir toutes ses forces contre la grande armée.

Le soir, les ennemis se retirèrent vers Leipzig et sur la rive gauche de la Partha et abandonnèrent, dans la nuit, les villages de Gollitz et d'Entrist, qui furent occupés par les corps d'York, de Saken et de Saint-Priest.

Le prince royal de Suède qui avait soixante-dix mille hommes sous les armes se promenait tranquillement de long en large, comme on l'a vu, entre Halle, Dessau et Düben ; c'était, disait-il, dans la persuasion que Napoléon se dirigeait sur Berlin et sur Magdebourg. Enfin, persuadé de l'inutilité de sa promenade, et ne pouvant plus décemment se dispenser de nous rejoindre, il se rapprocha de nous. Il était venu près de Zorbitch et de Landsberg, et marchait sur Leipzig, mais il ne pouvait arriver que le 5/17 au soir ; s'il nous eut rejoint le 4/16, les résultats de la bataille de ce jour eussent peut-être été les mêmes que ceux de la bataille du 6/18. La conduite du prince (puisque prince il y a) a été constamment fort louche, comme j'aurai encore constamment l'occasion de le remarquer ; Blücher lui écrivit, le 4/16 au soir, une lettre très forte, je lui en adressai également une dans laquelle je lui faisais part, avec un peu d'ironie, de nos succès du matin et du désir que nous avions de le voir venir partager ceux qui nous attendaient encore. Le général Bennigsen qui avait laissé devant Dresde les lieutenants généraux comte Tolstoy et Markow, s'avançait aussi vers Leipzig avec vingt-cinq mille hommes, mais il n'était encore qu'à Wourtzen et ne pouvait arriver à temps le 5/17. Ces considérations nous obligèrent à remettre au 6/18 la bataille générale qui devait décider du sort de l'Europe et peut-être du monde.

Ce retard pouvait nous être préjudiciable. Napoléon aurait dû en profiter ; mais, depuis l'armistice de Silésie, il faisait absolument tout ce que nous voulions. On ne pouvait être plus poli. Il ne fit aucun mouvement. Cette inaction de sa part me parut encore plus extraordinaire que toutes les autres fautes qu'on peut lui reprocher dans cette campagne. Il ne pouvait plus ignorer la marche de

Benningsen ni le retour du prince royal de Suède et, s'il n'en était pas instruit, il est encore plus impardonnable d'avoir été si mal servi par ses espions, dans un pays où le souverain était son allié.

Il voyait nos forces très augmentées; nous avions cent quarante mille hommes de plus que lui sous les armes; c'était la première fois qu'il livrait une bataille en nombre inférieur; sa position était détestable; il était presque cerné et obligé de faire face de tous les côtés; il n'avait de complètement libre que le chemin d'Eulembourg où il pouvait passer la Mulda et se porter ensuite sur Wittemberg, ce que nous crûmes tous qu'il ferait. Il pouvait encore, dans la journée du 5/17 (pour éviter la bataille générale qu'il était obligé de recevoir et non de donner, avec toutes les chances défavorables) se replier en arrière avec toutes ses forces, par le chemin de Lutzen, et s'ouvrir un passage en écrasant le corps du comte Giulay, qui n'était pas assez fort pour résister à une attaque de toute l'armée ennemie, d'autant plus qu'il était impossible à la nôtre de le secourir à temps, ayant entre nous et lui l'Elster, la Luppe et une lieue de marais lents et difficiles à passer et fort aisés à défendre. Nous ne pouvions donc pas faire de diversion assez vive pour sauver Giulay si Napoléon avait laissé assez de monde à Leipzig pour nous empêcher d'y pénétrer et la grande armée sans nous, sans Benningsen et sans le prince de Suède n'était pas aussi forte que l'armée française. Cependant, Napoléon avait déjà perdu trop de temps. L'un et l'autre des deux partis qui lui restaient à prendre, lui offraient beaucoup de dangers, mais ils étaient encore préférables à celui auquel il se décida, de nous attendre à Leipzig et d'y risquer une bataille qu'il ne pouvait espérer de gagner et dont la perte pouvait entrainer celle de toute son armée.

La grande armée des trois souverains n'entreprit rien dans la journée du 5/17, et cette inaction était très sage, dès que Napoléon remplissait nos vœux en ne faisant aucun mouvement.

Cependant, vers les dix heures du matin, le général Blücher remarqua que quelques lignes d'infanterie ennemie se montraient entre la Partha et le chemin de Landsberg, et l'on pouvait croire que Napoléon voulait faire quelque entreprise contre notre armée de Silésie.

Blücher résolut de le prévenir. Je fis placer, par son ordre, en avant de Veteritz, vingt-quatre pièces de 12 soutenues par le 10ᵉ corps et par la cavalerie de Saken qui s'avança sur les ennemis.

La division de hussards, composée des régiments d'Aktirka, d'Alexandrie, de la Russie blanche et de Marrépol, commandée par les généraux Vassiltchikoff, Landskoy et Yourkowski, se précipita sur la ligne des ennemis, avec la plus grande valeur, les enfonça et prit quatre canons. Il était alors midi, les ennemis se retirèrent dans les faubougs de la ville et le reste du jour fut tranquille.

Le général Benningsen arriva et se mit en communication avec la grande armée par le chemin de Wurtzen; enfin, le prince royal de Suède, ayant terminé ses promenades, se rapprocha de nous et vint prendre ses quartiers à Beitenfeld.

Ce fut ce jour-là que je vis pour la première fois le prince royal. Nous allâmes ensemble voir le champ de bataille de la veille; il fit quelques remarques en style de son pays et je fus obligé de me faire aussi gascon pour lui répondre. Lorsque je le quittai, il me congédia avec un *adoulias* qui avait été sûrement croqué de la Garonne.

Le 6/18, à six heures du matin, le général Blücher me prévint que j'étais destiné à être, dans cette journée mémorable, sous les ordres directs de Bernadotte. Il paraît que ce dernier avait fait entendre qu'il n'attaquerait pas s'il n'avait pas cent mille hommes sous ses ordres. Comme il n'en avait que soixante-dix mille, on m'ôta à Blücher pour donner au prince mes trente mille hommes, alors réduits à vingt et un mille.

J'allai donc de nouveau à Beitenfeld. Lorsque j'arrivai auprès du prince royal, je le trouvai occupé à dicter en francais ou plutôt en gascon, car il ne savait pas un mot de suédois, ses dispositions à ses généraux. Elles me parurent fort bonnes, mais un peu minutieuses. Il y désignait les places des bas officiers dans les colonnes.

Il devait marcher par sa gauche à Toucha, y passer la Partha de vive force et attaquer le flanc droit des troupes ennemies qui bordaient la rivière. Je reçus mission de couvrir cette marche en me déployant le long de la rive droite de la Partha, en arrière des villages de Mockau et de Plœzen et forcer ensuite le passage de la rivière lorsque je verrais le prince de Suède engagé.

Les ennemis avaient de fortes lignes d'infanterie, de cavalerie sur la rive gauche de la Partha, dans l'immense plaine de vase qui entoure Leipzig du côté de Düben, de Torgau et de Dresde. La Partha est marécageuse, encaissée, garnie d'arbres et de broussailles qui en rendent le passage très difficile lorsqu'il est défendu.

A neuf heures du matin, le feu que nous aperçûmes du côté de la grande armée nous annonça que la bataille était engagée. Le prince de Suède commença aussi son mouvement; je m'approchai de la Partha et le général Blücher fit avancer le corps de Saken vers Leipzig sur le chemin de Halle; le corps de York resta en réserve. Tout à coup, les ennemis (soit dans la crainte d'être tournés par le prince royal de Suède et par Benningsen dont ils pouvaient voir la marche, soit par la nécessité d'employer plus de forces contre la grande armée qui les attaquait avec une grande vigueur vers Connevitz et Probsaïda, tandis que les généraux Benningsen et Bubna se portaient sur Sommerfeld) commencèrent à s'éloigner des bords de la Partha. Le général Roudzevitch et le général Emanuel, ayant remarqué ce mouvement rétrograde des ennemis, forcèrent à l'instant le passage de la rivière. Ils la passèrent à gué, près de Mockau. Cette décision leur fit beaucoup d'honneur, mais ne doit point étonner de leur part; ils la prirent sans attendre mes ordres et contre les dispositions données par le prince royal de Suède; mais ils devaient agir ainsi, il n'y avait pas de temps à perdre et ces deux généraux savent l'employer.

Cependant les Français avaient encore quelques troupes et seize canons sur les hauteurs. Malgré le feu de ces seize pièces et celui des tirailleurs, le 7e, le 12e, le 22e, le 30e et le 48e chasseurs, les régiments de Schlusselbourg et d'Olonetz forcèrent le passage avec une grande bravoure et les ennemis se retirèrent sur Schoenfeld. J'arrivais, dans ce moment, à mon avant-garde, je venais de Preitenfeld, j'admirai le mouvement de Roudzevitch et lui en témoignai ma satisfaction. Les corps de Kaptzevitch, de Saint-Priest et d'Olsoufieff et ma cavalerie de réserve suivirent mon avant-garde et je me portai en masse sur la rive gauche de la Partha, entre le monastère de Sainte-Thède et le village de Naundorff.

Deux très beaux régiments saxons, un de hussards et un de uhlans, se portèrent alors au grand trot sur le général Emanuel; mes Cosaques se préparèrent à les charger avec le régiment de Kiew. Les Saxons s'arrêtèrent, crièrent : « Hourra! » et les officiers s'avancèrent hors des rangs. Emanuel vint leur parler; ils annoncèrent le désir de se joindre à nous et passèrent dans nos rangs. J'en fus prévenu par le général Emanuel. J'y courus et je m'abouchai avec le chef de ces deux régiments. J'avoue que je fus un moment embarrassé de ce que je ferais d'eux. Il était possible, à la rigueur, que ce fût une ruse des ennemis et que ces soi-disant émigrés ne fussent destinés, lorsqu'ils auraient été mêlés à ma cavalerie, qu'à la charger en arrière ou sur les flancs au moment de l'attaque. Je voulus les envoyer à ma cavalerie de réserve, mais ils me prièrent de les faire avancer avec la cavalerie de l'avant-garde. Je remplis leur désir et n'eus pas à m'en repentir.

Du côté de la grande armée et plus tard du côté du prince de Suède, des bataillons saxons, wurtembergeois passèrent aussi dans nos rangs avec deux batteries saxonnes, qui tirèrent à l'instant contre leur ancien allié.

Une nuée de Cosaques remplissait la plaine à ma gauche : c'était le corps de Platow; il était suivi par ceux de Benningsen et de Bubna. Comme on devait croire que la retraite de Napoléon sur Lutzen était trop difficile pour qu'il ne préférât pas celle par Eulembourg, nous avions porté, de ce côté, la plus grande partie de nos forces, la grande armée par la droite et nous par notre gauche, et effectivement, dès le commencement de la bataille, le chemin d'Eulembourg fut coupé aux ennemis. On n'était occupé que du projet d'anéantir l'ennemi ; pour le succès de la bataille, il n'était douteux pour aucun de nous ; jamais on n'a marché à la victoire avec plus d'assurance ; personne de nous ne pensait ni ne pouvait penser à la possibilité d'une retraite et même, dans les dispositions, un point de retraite n'était pas même désigné.

Je m'abouchai avec les généraux Benningsen, Platow et comte Neüperg, du corps de Bubna, et voyant mon

flanc gauche assuré par eux, je m'avançai sur Schœnfeld,
sans attendre les troupes du prince de Suède.

Le village de Schœnfeld est très grand ; il est, pour
ainsi dire, un des faubourgs de Leipzig. C'était la clef de
la position des ennemis à leur gauche. Ils l'avaient garnie
d'infanterie : de fortes colonnes et des batteries très bien
disposées soutenaient cette infanterie et la quantité de
fermes, de jardins, de vergers que ce beau village ren-
ferme en fait une espèce de forteresse. Les maréchaux
Ney et Marmont commandaient contre moi. On voit que
j'avais affaire à forte partie ; ils me le prouvèrent.

Cependant, il fallait absolument, pour assurer la victoire de notre côté, emporter et enlever ce village de
Schœnfeld que l'on ne pouvait tourner. Le prince de
Suède qui s'était porté de sa personne à ce point intéressant, approuva mes dispositions. Il me dit que son
armée avait déjà dépassé Taucha, qu'elle viendrait me
soutenir et qu'il ferait, dans l'instant, avancer sa cavalerie, mais que son infanterie ne pouvait avancer que
dans deux heures. Ce retard n'était point à calculer ; ma
gauche était déjà appuyée, et je savais que l'on pouvait
tout entreprendre et tout exécuter avec les soldats que je
commandais.

Le général Roudzevitz, avec mon avant-garde, se porta
sur ma gauche et se réunit aux Cosaques du comte Platow
et aux corps de Benningsen et de Bubna. Le comte de
Saint-Priest se plaça entre lui et le village de Schœnfeld
et attaqua la gauche de ce village que le général Kaptzevitch attaquait de front. Toutes mes batteries furent
placées en avant de ma ligne et ouvrirent un feu très vif,
auquel les ennemis ripostèrent de même. La canonnade
devint bientôt terrible ; d'ailleurs, pendant les quatre
jours qu'a duré la bataille de Leipzig, mes 175 canons

ont tiré 12.600 coups et j'ai perdu 400 chevaux d'artillerie.

Il était midi, lorsque Kaptzevitch fit attaquer Schœn-feld par le 29e, 37e, 45e chasseurs et le régiment de Stava-kolsk, commandé par l'intrépide général Schapski et les colonels Dournoff et Suttrow. Cette attaque fut si vive et si bien dirigée que le village fut emporté à la baïonnette en un instant, malgré la résistance des ennemis dont la perte fut considérable ainsi que la mienne. Ce point était trop intéressant pour que les ennemis ne fissent pas tous leurs efforts pour le reprendre, et ils étaient commandés par Ney, dont la valeur, les talents et la ténacité m'étaient déjà connus.

De fortes masses ennemies se portèrent en colonnes sur le village et délogèrent mes troupes. Le général Schapski fit des prodiges de valeur. Le colonel Suttrow, quoique blessé deux fois, n'abandonna pas son poste ; mais tout son courage fut inutile contre l'attaque furieuse des forces supérieures aux nôtres dans ce moment. Le détachement de Schapski souffrit beaucoup ; le beau et brave régiment de Stavakolsk fut presque détruit, le major Pilipoff tué, les majors Gacoski et Schamonin blessés, et un grand nombre d'officiers payèrent de leur sang la gloire qu'ils acquirent. Les régiments, chassés du village, se reformèrent en un instant et arrêtèrent les ennemis près des dernières maisons.

Le général Kaptzevitch, dont la conduite dans cette journée et dans celle du 4/16 est au-dessus de tout éloge, eut encore un cheval tué sous lui ainsi que le colonel Magdenko, de l'artillerie. Kaptzevitch fit avancer le général major Tourtchaninoff avec le reste de la division, et je fis avancer le 9e corps d'Olsoufieff. Tourtchaninoff ratta-qua le village avec une grande vigueur et fut secondé par le régiment de Vialta, commandé par le général major

Vassilchikoff : le détachement Schapski rentra de nouveau dans le village ; le combat fut terrible : on se mêla à la baïonnette et Schœnfeld fut occupé pour la seconde fois par mes troupes.

Je crus alors que la position m'en était assurée et je me portai en avant du village pour y établir la chaîne des avant-postes. Dans cet instant, Ney, qui se tenait près d'un moulin sur un mamelon placé à cinq cents pas en arrière des dernières maisons de Schœnfeld, fit sur moi une nouvelle attaque si imprévue, si impétueuse et si bien dirigée, qu'il me fut impossible d'y résister. Cinq colonnes, serrées au pas de charge et la baïonnette en avant, se précipitèrent sur le village et sur mes troupes encore dispersées et que je cherchai, à reformer et à mettre en ordre ; elles furent culbutées et obligées de se retirer en toute hâte. Je fus entraîné par les fuyards à qui je ne puis cependant reprocher ce mouvement précipité en arrière, car il était impossible de tenir, et j'avoue que c'était aussi vite que je le pouvais. Je criais cependant à mes gens : « Arrêtez-vous ! reprenez vos rangs. » Ils n'en couraient que plus vite et moi aussi. A ce moment terrible, un vieux sous-officier du régiment de Stavakolsk me dit : « Pour cette fois-ci, mon général, il n'y a pas moyen de rester », et il avait raison.

Heureusement que j'avais encore de fortes réserves, et ayant laissé passer dans leurs intervalles les régiments expulsés du village, je rendis bientôt aux ennemis ce qu'ils m'avaient fait ; mes colonnes étaient en ordre et leurs troupes alors dispersées. Le général Olsoufieff fit attaquer encore le village par le général major Poltavadzki avec les régiments de Nachebourg, de Stiask, de Yakouk, celui de la vieille Ingrie, commandé par le colonel Itelskow qui fut blessé, soutint cette troisième attaque dont le corps du comte de Saint-Priest partagea la gloire ainsi que celles des premières attaques, comme on le verra plus bas.

Pendant ces combats de mon corps à Schœnfeld, le général Saken s'était avancé sur Leipzig. Il éprouva une forte résistance que la valeur de ses troupes surmonta; elles pénétrèrent jusque dans les faubourgs et aux portes de la ville; le carnage y fut affreux. Le général Saken y perdit d'excellents officiers et des généraux bien distingués.

Le lieutenant général Neverovoki fut blessé et mourut de ses blessures. Le général major d'artillerie Hunie fut tué ainsi que le colonel Rakmanoff, officier d'état-major très instruit et excellent militaire. Le général major Aklestischeff fut grièvement blessé.

Le corps de Saken se couvrit de gloire dans cette journée, mais il l'acheta trop cher; du reste, la brillante diversion qu'il opéra fut aussi utile au bien général qu'aux attaques de mon corps.

Le général Blücher, qui se trouvait avec le général Saken et qui voyait l'importance du poste de Schœnfeld, me fit dire de faire les plus grands sacrifices pour l'occuper et le conserver. Lorsqu'il m'envoya cet ordre, je l'avais déjà prévu et exécuté.

Il était près de six heures du soir lorsque Schœnfeld fut emporté pour la troisième fois par mes troupes, et je ne le reperdis plus; mais, en avant du village près du moulin dont j'ai parlé plus haut, le feu continua jusqu'à neuf heures du soir. Enfin, le moulin fut aussi occupé et les ennemis se retirèrent sur Leipzig. Le général Kaptzevitch confia toute la chaîne des tirailleurs et des avant-postes au général major Voltaradsky. Le général Roudzevitch et le comte de Saint-Priest, à qui j'ai eu aussi la plus grande obligation dans cette bataille, furent engagés pendant plus de neuf heures avec les lignes ennemies.

Lorsque le comte de Saint-Priest se fut avancé sur la gauche de Schœnfeld que Kaptzevitch attaquait de front, il le fit aussi attaquer par le général Kern avec les régiments de Rezau et de Belosorsk, commandés par les lieutenants colonels Novikoff et Bougouslawski, soutenus par les régiments d'Eletzk et de Polotzk.

Le général Pillar, commandant la 17e division, dépassa ce village avec les régiments de Breecz et de Wilmand-strand et attaqua les jardins situés du côté de Leipzig. Ces généraux et les troupes rivalisèrent d'audace et de gloire avec celle du 10e corps; mais le feu effroyable de mitraille leur causa beaucoup de pertes et les força un moment à la retraite, lorsque les ennemis reprirent par deux fois le village. Cependant, ils s'y reportèrent encore à la troisième attaque avec la même valeur et contribuèrent efficacement à sa prise. Le feu de notre artillerie causait également une grande perte aux ennemis.

Le général Roudezvitch seconda le comte de Saint-Priest et s'avança toujours en ligne avec lui et perdit aussi beaucoup de monde. Le général Reven fut blessé à mort et vécut encore quelques jours après la bataille.

Vers le soir, Roudzevitch renforça le comte de Saint-Priest par le 30e et le 40e chasseurs qui lui furent bien utiles. Ce ne fut, comme on l'a vu, qu'à six heures du soir et dans l'obscurité que je restai maître de Schœnfeld, après un des combats les plus vifs et les plus sanglants de cette guerre. L'occupation de ce village nous coûta près de quatre mille hommes; toutes nos troupes y avaient été employées successivement après la troisième attaque, il ne nous restait plus en réserve que deux bataillons du 9e corps. La brigade du général Poltavadski était jointe au 10e corps, le général Korniloff commandant la 15e division avait participé à la dernière attaque avec les régiments de Kournisk et de Kolivan, dont les commandants, les lieutenants colonels Annenkoff et Makatzaroff furent blessés. Le reste du 9e corps, sous les ordres d'Olsoufieff et d'Ondomm s'était porté par mes ordres sur ma droite le long de la rivière Partha pour y contenir les ennemis, les empêcher de tourner le village et ouvrir une communication avec le corps de Saken.

A la fin de la bataille, j'avais été au moment de manquer de munitions; déjà toutes celles de l'artillerie de réserve avaient été employées, lorsque le prince de Suède m'envoya fort à propos, à six heures du soir, vingt pièces d'artillerie suédoise, commandées par le brave général Kerdell. Leur feu me fut très utile; cette artillerie fit à merveille, mais elle perdit beaucoup de monde. En un instant trois officiers et trente artilleurs furent mis hors de combat et deux caissons sautèrent.

Pendant toute la journée, la grande armée avait eu, de son côté, les plus grands succès. Elle avait emporté tous les villages occupés par les ennemis, vers leur droite, et les avait chassés de leur position.

A la nuit, plus nos troupes faisaient de progrès en avant de tous les côtés, plus le cercle de la bataille se rétrécissait. Il n'y avait plus de place pour l'immensité des troupes qui combattaient; dans cette plaine rase, près de 450.000 hommes étaient sous les armes, dans l'espace de 7 à 8 verstes. Cinq ou six lignes de colonnes étaient serrées, les unes contre les autres, 40.000 hommes de cavalerie n'avaient plus de place pour se déployer; les ennemis étaient entassés et refoulés vers les faubourgs de Leipzig et en avant de toutes ces masses, 1.500 canons faisaient un feu effroyable aussi nourri que celui du fusil.

Voilà le terrible et superbe spectacle qu'offraient alors les environs de Leipzig.

Le feu ne finit que vers les dix heures du soir et chacun resta au bivouac dans la plaine où le hasard l'avait placé.

A onze heures, les Français, contre leur habitude (car jamais ils n'entreprenaient rien durant la nuit et ils ont raison), essayèrent encore de reprendre le village de Schœnfeld soit que, sentant toute l'importance de ce point pour assurer leur retraite devenue nécessaire, ils voulussent à quelque prix que ce soit, l'occuper de nouveau, soit qu'ils espérassent de nous surprendre dans cette attaque imprévue, ils s'y portèrent en trois colonnes, mais leurs efforts furent déjoués; ils ne purent même pas forcer la chaîne de nos avant-postes. Le général major Poltavadski qui la commandait avait disposé ses postes si parfaitement et ceux-ci étaient si attentifs que les ennemis, voyant qu'il n'y avait rien à espérer, se retirèrent.

J'étais depuis longtemps accoutumé à la valeur des troupes que je commandais, à celle de leurs officiers, à leur zèle et à leurs talents. C'était la neuvième campagne que je faisais de suite avec ces mêmes troupes, dans toutes les occasions, je les avais trouvées les mêmes; mais aux batailles de Mœcken et de Leipzig, jamais leur courage ne parut avec un plus grand éclat. Dans ces mémorables batailles, chaque individu semblait persuadé que le sort du monde dépendait de lui. Il n'avait qu'un désir, qu'une volonté, celle de vaincre à quelque prix que ce fût. Un général qui commande à de telles troupes est sûr de la victoire.

Pendant la bataille, un corps français et tout l'état-major de Napoléon, revenant de Düben à Leipzig et ignorant tout ce qui se passait, se trouvèrent derrière nos lignes et, n'osant les percer, se jetèrent dans Torgau, où ils furent pris trois mois après. Il y avait une foule d'équipages, le corps entier du génie, etc.

Cependant, dès quatre heures après midi, Napoléon avait enfin senti l'impuissance de ses efforts et la nécessité d'une retraite, devenue alors fort dangereuse.

La persuasion où l'on était, où l'on devait être, que l'armée française tenterait de se jeter sur Torgau nous avait fait, comme on l'a vu, porter la plus grande partie de nos forces sur le chemin d'Eulembourg. Après la bataille, ce chemin était devenu impossible à tenter, il ne lui restait plus que celui de Lutzen, qu'observait le général autrichien comte Giulay.

Le comte Giulay, peut-être trop faible pour résister aux masses que Napoléon commença à porter contre lui à 5 heures du soir, se replia pendant la nuit et beaucoup de troupes françaises, de canons, de caissons, d'équipages, défilèrent par Marckraustadt sur Lutzen.

Ce mouvement fut aperçu par Blücher et, suivant son usage de ne pas perdre un instant, il fit marcher le corps d'York, qui était resté en réserve derrière celui de Saken, pour occuper le pont de Merzebourg et être plus à portée de poursuivre vivement les ennemis.

Dans la nuit, les feux de toutes les armées nous indiquèrent leurs positions, et nous vîmes alors les progrès décisifs des nôtres. Le cercle s'était rétréci de manière qu'il ne restait devant Leipzig qu'un très petit espace de terrain, où les ennemis avaient été refoulés. Blücher, sentant la nécessité de se porter sur la droite pour suivre les ennemis, me fit ordonner de repasser la Partha sur un pont que j'avais fait construire pendant la nuit, entre Schœnfeld et Naumdorff, et de me placer entre cette rivière et Eutritz.

J'y marchai au point du jour avec les corps de Kaptzevitch et de Saint-Priest et la cavalerie, laissant dans Schœnfeld l'avant-garde de Roudzevitch qui vint plus tard me rejoindre lorsque les troupes du prince de Suède l'y relevèrent. Ce fut au moment où j'assemblai les troupes pour marcher en avant que je pus juger de ma perte de la veille. Des régiments nombreux étaient réduits à quelques faibles pelotons. Les attelages de mon artillerie étaient réduits de moitié et une grande partie des artilleurs n'étaient plus dans les rangs.

Le 7/19, tout fut tranquille jusqu'à 9 heures du matin; on rassembla les troupes, on les mit en colonnes et l'on attendit les événements. Le général Blücher reçut une lettre des magistrats qui le priaient de ménager la ville; le prince Schwarzenberg en reçut une pareille. Comme les porteurs de ces lettres avaient traversé les avant-postes ennemis, il était évident que cette démarche avait été concertée avec lui et, peut-être, pouvait-on croire qu'ils voulaient effectuer plus paisiblement leur retraite. Le général Blücher envoya le lieutenant-colonel prussien Endé pour tâcher d'entrer dans la ville et de sommer le commandant de se rendre, mais le général français qui se trouvait à la porte de Halle refusa de le laisser passer et lui apprit que l'empereur Napoléon et le roi de Saxe se trouvaient dans la ville.

Cette immense ville de Leipzig, garnie alors des troupes repoussées du champ de bataille, défendue par un vieux mur et un large fossé, entourée de faubourgs dont les rues sont étroites et de trois côtés par des rivières et des canaux dont les ponts sont longs et étroits, offrait des difficultés presque insurmontables pour un assaut : même l'entreprendre était un coup si audacieux que le succès seul pouvait le justifier. Mais rien n'était devenu impossible à nos troupes.

A dix heures du matin, un feu très vif se fit entendre près de Leipzig, du côté de la porte de Dresde ; nous sûmes bientôt que les ennemis faisaient sauter une partie de leurs caissons. Ce fut par ce signal où, par un mouvement spontané, toutes nos troupes se précipitèrent d'elles-mêmes sur la ville de tous les côtés.

Celles du corps de Benningsen et la grande armée attaquèrent le faubourg de Wurtzen ; le prince royal de Suède fit attaquer celui qui est devant Schœnfeld, sur la rive gauche de la Partha, et je fis soutenir cette attaque par une forte batterie que je plaçai, sur la rive droite, sur le chemin de Delitsch. Nous vîmes bientôt que le feu s'avançait dans le faubourg ; déjà le général Bulow, avec ses braves prussiens ; déjà le général major Paskewitch, avec l'avant-garde de Benningsen, avait chassé l'ennemi de quelques maisons du faubourg. Le maréchal Blücher, qui venait d'être promu à ce grade de feld-maréchal au moment de marcher sur Leipzig, fit avancer les chasseurs du corps de Saken vers Phoffendorff. Ils trouvèrent les ennemis retranchés dans une grande fabrique, située à cinq cents pas de la ville, près du chemin de Halle ; nos braves chasseurs les en délogèrent, la reperdirent et la reprirent. Alors, je fis avancer toutes mes troupes que Blücher conduisait lui-même à l'attaque avec moi. Les régiments d'Archangel et de la vieille Ingrie se portèrent vivement à l'assaut de la porte de Halle ; ils furent repoussés sans abandonner l'entreprise. Le régiment d'Archangel se distingua et fut presque détruit. Le brave lieutenant-colonel Schenschin qui le commandait, le major Melnikoff, le capitaine Krudener et presque tous les officiers du régiment, un des meilleurs de l'armée, furent blessés : il n'en resta sous les armes, après la prise de la ville, que trois officiers et 150 soldats.

Dans le même temps, le comte de Saint-Priest s'avança par mes ordres et chercha un passage pour pénétrer dans la ville entre la Partha et la chaussée de Halle, mais cette rivière et les différents canaux qu'elle forme rendaient ce passage impossible. Les régiments d'Ekaterinembourg et de Kilok, sous les ordres du général major Bistraum, ayant celui de Polotzk en réserve, se joignirent alors à celui du corps de Kaptzevitch et le faubourg de Halle fut attaqué avec une valeur qui fit autant d'honneur aux soldats qui l'exécutèrent qu'aux chefs qui la dirigèrent. Le combat fut très acharné et me coûta encore plus de mille hommes. Les ennemis étaient logés dans des maisons d'où ils faisaient un feu très vif, mais rien n'arrêtait les braves soldats du corps de Saken et les miens.

Le feu durait déjà depuis deux heures, notre perte était forte. Je demandai au maréchal Blücher s'il ne m'ordonnait pas de faire avancer tout ce que j'avais encore de libre. Il me répondit avec humeur et chagrin : « *Non, mon cher général, il n'y a rien à faire ici qu'à perdre du monde inutilement; tâchez plutôt de retirer ceux qui sont engagés.* » Ceci était devenu impossible. Blücher et moi, nous entrâmes dans une belle maison de campagne pour nous concerter et écrire les ordres nécessaires à donner.

Mon adjudant Ruhl, qui était monté par autorité en haut d'un belvédère qui dominait la maison, en descendit en nous criant : « *Nous sommes dans la ville!* » Et effectivement nos troupes y entraient. C'était impossible à croire et cependant c'était vrai.

Le major Bogdanovitch, qui commandait le régiment d'Ekaterinembourg, pénétra dans la grande rue du faubourg de Halle avec son régiment et celui de Kilsk; il fut suivi par les autres de mon corps et par ceux de celui de Saken; les maisons furent enfoncées et ceux qui les défendaient tués à coups de baïonnette. D'un autre côté, le général Bulow était déjà parvenu aux portes de la ville ; bientôt les ennemis se replièrent de tous côtés, les rues furent nettoyées, les troupes entrèrent de toute part dans Leipzig qui ne fut plus défendu. Là, le spectacle le plus étonnant et peut-être unique dans l'histoire des guerres nous attendait.

Nos colonnes se portaient dans les rues comme des torrents.

Napoléon n'était parti de Leipzig que depuis une demi-heure ; le malheureux roi de Saxe y était resté avec la reine, la princesse Augusta sa fille. La cour, ses chambellans, ses pages en habits brodés ou galonnés garnissaient les fenêtres de son palais. Cet infortuné prince, victime de sa fidélité à ses engagements et des calculs les plus faux, renfermé dans ses appartements, y attendait son sort : les gardes du roi étaient rangés en bataille dans la place présentant les armes et la musique jouait.

Les trois souverains, le prince de Suède, tous les généraux des quatre armées, leur suite innombrable se trouvèrent réunis comme par enchantement dans cette place salués par les cris de joie de tous les habitants de Leipzig. Tous les hommes étaient dans les rues, toutes les femmes étaient aux fenêtres, agitant leurs mouchoirs et nous couvrant de fleurs, de châles, de morceaux d'étoffe et faisant retentir l'air du cri de « *Hourra.* »

Les trois plus puissants monarques de l'Europe, armés pour la plus juste des causes (la liberté et le bonheur du monde), entourés par les généraux et les troupes à qui ils avaient de si grandes obligations, et qui s'étaient montrés si dignes d'eux et de la cause qui leur avait mis les armes à la main, jouissaient de leur gloire immortelle, de leur récompense de tant de travaux et de dangers ainsi que de la fin, alors prévue, des maux qui avaient désolé l'Europe pendant vingt-trois ans. Voilà ce qui s'offrait à tous les yeux, à tous les cœurs.

On ne peut juger d'un pareil spectacle, ni peindre de pareilles émotions que lorsqu'on les a vues et éprouvées. Mais, d'un autre côté, un spectacle bien différent venait affliger l'humanité. Dix mille morts ou mourants jonchaient les rues de la ville, des milliers de malades ou plutôt de cadavres ambulants, effrayés de ce tumulte et craignant d'être égorgés dans les hôpitaux, en étaient sortis pour venir chercher une autre mort dans les rues. Voilà le contraste qu'offrait aussi Leipzig dans cette journée à jamais mémorable dans les annales du monde. Nous avions des fleurs sur nos têtes, des cadavres sous nos pieds.

Cependant, en fuyant de la ville, Napoléon s'était empressé de faire sauter les ponts qui se trouvaient entre la ville et le village de Lindenau, sur la chaussée de Lutzen.

Il eut été bien à désirer que le comte Giulay eut pu faire couper ces ponts.

Il faut croire qu'il ne l'a pas pu puisqu'il ne l'a pas fait; mais si cela lui eut été possible, Napoléon n'avait plus aucun moyen de retraite. Il l'avait déjà commencé la veille, lorsque Giulay fut sans doute obligé de se retirer pour le laisser passer.

La ville était encore encombrée de troupes, de canons et d'équipages. Nous trouvâmes cinquante-sept pièces d'artillerie tout attelées près de la porte de Halle, près de deux cents furent prises à celle de Dresde.

Cependant, le feu durait encore; les ennemis avaient garni les rives de l'Elster de tirailleurs, et avaient placé deux canons et des obusiers qui tiraient sur la ville. Deux grenades éclatèrent sur la tête des souverains. Je me portai, par ordre de l'Empereur, sur la chaussée de Lutzen, avec le 29ᵉ et le 45ᵉ chasseurs que je trouvai dans la ville et que je pris avec moi ; je fus rejoint par le général Paskevitch et par le général prussien Borstell, du corps de Bulow.

Là, un spectacle encore plus terrible nous attendait !

Près du pont de l'Elster, à gauche du chemin de Lutzen, se trouve un vaste jardin qui appartenait alors à un particulier nommé Muller. Ce jardin, alors dans le goût allemand, coupé par de grandes allées, des treillages, des haies, garni de bancs, de chaises, de tables, devint le point de ralliement de tous ceux qui voulaient fuir de Leipzig par le chemin de Lutzen et qui trouvèrent le pont coupé, et aussi de ceux qui les poursuivaient. Le feu y fut très vif, on s'y battit aussi à la baïonnette. En un instant, le jardin fut rempli de blessés et de morts.

Le prince Joseph Poniatowski, commandant en chef l'armée polonaise et avancé la veille comme maréchal de France, n'ayant plus d'espoir d'éviter d'être pris et ne voulant pas l'être, se précipita dans l'Elster, au bas d'un belvédère en coquillages qui est placé au bord de cette rivière. Là, elle est très étroite, mais encaissée, surtout à la rive opposée, et rapide. Le cheval du prince en se dressant pour tâcher d'aborder le renversa dans la rivière et il se noya. Il était blessé de deux coups de fusil. Le cheval suivit le torrent, passa sous le pont et se sauva : le corps du prince fut retrouvé le lendemain.

A gauche, à quelques pas du belvédère, la rivière est plus large mais cesse d'être encaissée. Si Poniatowski s'y fut jeté il l'eut traversée heureusement. Près de ce même belvédère, étaient rangés en ordre sur trois lignes, les armes, les habits, les bottes et les chemises d'un bataillon polonais dont tous les individus, officiers et soldats, s'étaient jetés dans la rivière pour la passer à la nage. Peu d'entre eux avaient réussi à atteindre la rive opposée, la plus grande partie s'était noyée, et leurs cadavres nus flottaient sur l'eau.

Le général Borstell et moi, nous arrivâmes à cheval près du belvédère, un moment après que le prince Poniatowski et ce bataillon se fussent jetés dans la rivière; ce ne fut pas sans peine et sans périls que nous étions parvenus là; les balles ennemies et amies traversaient le jardin dans tous les sens et nous marchions sur des cadavres et des débris. J'ai rarement, dans ma carrière militaire, couru un danger plus positif que dans cette occasion.

La mort du prince Poniatowski me causa de très vifs regrets. J'étais très lié avec lui depuis longtemps et je m'honorais de son amitié. Sa bravoure, sa loyauté, ses qualités solides et aimables ne méritaient pas une fin si cruelle, qui affligea profondément ses frères d'armes et ses ennemis qui estimaient ses talents, son caractère et sa conduite.

A midi, les tirailleurs ennemis se retirèrent et le feu cessa tout à fait. On s'occupa de rétablir les ponts.

Beaucoup de généraux et, parmi eux, le général Bertrand, commandant la ville, le général Régnier, commandant le corps saxon et sept ou huit généraux polonais furent coupés du pont et préférèrent rester dans la ville, où ils se rendirent prisonniers à l'Empereur.

Telle fut la fin de cette gigantesque bataille de Leipzig, la plus mémorable, la plus décisive et une des plus sanglantes qui ait jamais été donnée.

Plus de 550.000 hommes y combattirent sous les yeux de quatre souverains; plus de 100.000 hommes payèrent leur gloire de leur sang ou de leur liberté. Nous comptâmes plus de 40.000 hommes hors de combat dans les deux armées; celle de Silésie seule en perdit 17.000.

Les ennemis comptèrent moins de victimes, ils ne perdirent pas 20.000 hommes, mais ils eurent 16.000 prisonniers, et l'on trouva dans la ville près de 30.000 malades ou blessés.

(*Mémoires inédits du comte de Langeron.*)

Napoléon compta ses forces le 18 au soir; ils reconnut qu'elles étaient encore considérables; que, malgré la trahison des Saxons, notre perte était moins grande que celle de nos ennemis. Nous leur avions fait un certain nombre de prisonniers, et pas un des nôtres n'était tombé en leur pouvoir. Nos troupes étaient encore pleine d'ardeur; mais les munitions manquaient, et il était impossible de s'en procurer. Il fallut donc songer à la retraite. Ce fut alors que nos maux commencèrent. Dans la nuit du 18 au 19 octobre, la grosse artillerie rentra dans Leipzig et gagna la route de France.

Le 19, dès le matin, toute l'armée suivit le mouvement, et bientôt la ville fut encombrée de nos troupes. Cette vaste esplanade circulaire qui la sépare de ses jolis faubourgs, et où se tiennent des foires renommées, fut remplie d'hommes, de chevaux et de bagages de toute espèce. La multitude et les voitures se pressaient dans les rues pour arriver au pont de l'Elster, et trouvaient ensuite, à quelques pas de là, un autre pont sur la Plesse qu'il fallait aussi traverser. Ces deux petites rivières baignent des faubourgs de Leipzig; elles ont un cours parallèle; on les passe facilement au gué partout ailleurs que dans cet endroit, où elles sont resserrées dans des canaux étroits et profonds, pour l'utilité et l'agrément des gens de la ville.

Le premier pont sur lequel il fallait passer, était celui de l'Elster; il était couvert et fort étroit. Il régnait là une horrible confusion; chacun se poussait sans ordre pour arriver le premier, et augmentait ainsi l'embarras commun. Un troupeau de plus de cent bœufs était arrêté à quelque distance du pont; ces animaux se pressaient vivement entre eux, et leurs dos offraient comme une plateforme sur laquelle nos soldats ne craignaient pas de s'élancer et de courir pour parvenir au pont; enfin, on y retrouvait une image trop ressemblante de ce qui s'était passé vers la Bérésina, l'année précédente.

Il paraît que le découragement s'était emparé de nos chefs, et que personne ne s'était occupé à soigner l'ordre de la retraite; on eut pu, dans la nuit, ou dès le matin, faire établir sur l'Elster, qui offrait le plus de difficultés à franchir, des ponts volants pour l'infanterie et la cavalerie, et laisser l'autre pont pour l'artillerie et les bagages. Rien n'était plus facile, car il y avait de grandes pièces de bois amarrées le long du rivage, qu'il suffisait de lier ensemble, et de disposer au travers du courant pour le passer.

Dès le point du jour, l'ennemi avait attaqué Leipzig avec toutes ses forces; il faisait tous ses efforts pour s'en rendre maître; mais la défense était vigoureuse.

Sur les neuf heures du matin, l'Empereur des Français envoya un parlementaire à l'Empereur Alexandre, pour demander une suspension d'armes, offrant pour épargner une grande cité qui semblait toucher à sa ruine, de la faire évacuer par ses troupes, et de la lui lui livrer aussitôt qu'elles en seraient sorties : il ne demandait pour cela que vingt-quatre heures. Alexandre ne rejeta pas d'abord cette proposition; mais, avant de renvoyer le parlementaire, il voulut la communiquer au prince de Suède, qui commandait l'aile gauche des alliés. Le prince de Suède lui fit répondre : « Sire, gardez-vous de donner un seul instant de relâche à notre ennemi; redoublons nos efforts pour nous emparer de Leipzig, le plus tôt possible; c'est dans cette enceinte que nous trouverons le fruit de la victoire, qu'il ne faut pas laisser échapper. » En effet, le prince savait, par ses espions, que la ville renfermait un immense butin, et il espérait même faire prisonnier Napoléon, qui n'en était pas encore sorti.

Cet espoir ne put se réaliser, car Napoléon fut hors de la ville une heure avant qu'elle fut prise : il quitta son logement sur les dix heures, dès qu'il eut reçu la réponse d'Alexandre qui refusait toute suspension d'armes. Il monta à cheval et se présenta vers le pont de l'Elster, sans suite, et précédé d'un seul chasseur de sa Garde, qui avait peine à lui faire place quoiqu'il s'écriât souvent : « laissez passer l'Empereur! » J'observai alors sa physionomie; elle était triste et consternée; son chapeau était abaissé sur cet œil dont le regard était ordinairement si fier et si imposant.

A onze heures du matin, environ, l'ennemi entra dans la ville. Quoiqu'elle fut à peine fortifiée par quelques ouvrages élevés à la hâte, les Français l'auraient conservée pendant tout le temps nécessaire à la retraite, si la porte que les Saxons devaient défendre, n'eût été livrée aux alliés, par les Saxons eux-mêmes. L'ennemi pénétra dans Leipzig du côté de Connevits, taillant en pièces tout ce qui s'offrait devant lui; il arriva jusqu'au pont de l'Elster. Alors, celles de nos troupes qui résistaient sur les autres points, s'apercevant qu'elles étaient coupées, quittèrent leurs postes, pour gagner le chemin de la retraite. Elles trouvèrent déjà l'ennemi devant elles. Un combat sanglant s'engagea dans les rues de Leipzig et sur l'esplanade qui furent couvertes des morts qui tombèrent des deux côtés. Mais quel espoir restait-il à nos braves de pouvoir échapper à leur malheureux sort ! déjà les ponts n'existaient plus ; ceux qu'on avait placés en sentinelles pour les garder, les avaient fait sauter ; en cela, ils avaient exécuté la consigne qu'ils avaient reçue, de les détruire aussitôt que l'ennemi s'y présenterait ; et, comme je viens de le dire, l'ennemi était arrivé près des ponts avant les Français qui défendaient la ville, et s'y étaient postés pour leur couper la retraite. Ces ponts d'ailleurs étaient obstrués par des embarras de toute espèce, qui en rendaient l'accès très difficile. La plupart de nos combattants ne voyant plus pour eux de moyens de salut, mirent bas les armes, et se rendirent à discrétion. Plusieurs se firent jour jusqu'au bord de la rivière, s'y jetèrent, pour la traverser à la nage: mais ils se noyèrent ou furent tués dans l'eau à coup de fusils : quelques-uns seulement parvinrent à se sauver.

(Drujon de Beaulieu, sous-lieutenant au 8e régiment de lanciers. *Souvenirs d'un Militaire pendant quelques années du règne de Napoléon Bonaparte.* Belley, J.-B. Verpillon. 1831.)

19 OCTOBRE 1813

Pour moi, ayant beaucoup souffert de l'intempérie de la saison, je me sentis pris de fièvre et force me fut de renoncer pour un temps à participer aux exploits et aux fatigues de mes camarades. J'obtins l'autorisation d'aller soigner ma santé et je me rendis à cet effet à Janer, en Silésie, où je passai près d'un mois à me traiter d'une fièvre chaude. A peine débarrassé de mon mal, et prévoyant qu'on devait être à la veille de grands événements, je me hâtai d'aller rejoindre l'armée. Mais n'ayant pas la possibilité de passer par Dresde que l'ennemi occupait, je dus faire un détour considérable par la Haute-Lusace et passant par Luckau, Dahme, Juterbogh, je ne pus rejoindre mon poste, à mon grand désappointement, que la nuit qui suivit la fameuse bataille de Leipzig, livrée le 6/18 octobre, juste un an après celle de Taroutino, qui fut, comme je l'ai dit en son temps, le premier jour de de cette longue série de revers qui devait amener en si peu de temps la chute de Napoléon. Que d'événements dans une seule année ! Ne dirait-on pas un siècle ?

J'arrivai cependant encore à temps pour prendre part à un fait d'armes inouï dans les fastes de la guerre, mais dont, bien assurément, tout l'honneur appartient exclusivement au général Emanuel qui, en cette circonstance, fit preuve d'une présence d'esprit surnaturelle et d'un courage qu'on pourrait qualifier d'audace, mais qui seul pouvait nous sauver.

Notre général, qui avait contracté l'habitude de faire tous les jours des reconnaissances à vue pour s'assurer par lui-même des mouvements de l'ennemi, ne manqua pas à cette obligation, qu'il s'était imposée, le lendemain de la bataille de Leipzig, 7 octobre, ce qui lui était d'autant plus nécessaire qu'il était chargé de poursuivre l'ennemi. S'étant donc mis à cet effet en campagne et ayant franchi la ligne de nos avant-postes, escorté seulement de trois officiers, le capitaine Knobel, le lieutenant Zelmitz et moi, un bas officier d'ordonnance, un trompette qui portait toujours sa lunette d'approche, et six Cosaques, il s'avança dans la campagne aussi loin qu'il le fallait afin de bien voir tout ce dont il voulait s'assurer. Nous rebroussions déjà chemin après nous être aventurés à une assez grande distance de nos avant-postes, lorsque nous apercevons deux individus en redingotes qui s'efforcent de passer l'Elster sur les débris d'un pont, dont il ne restait plus que quelques poutres transversales. L'un deux cherche à faire passer son cheval qui glisse, tombe et disparaît dans l'abîme. Le général Emanuel court à ces deux individus, et par des menaces les force à revenir sur leurs pas, par ce même pont démantibulé et au péril de leur vie. Le plus marquant des deux, entr'ouvrant sa redingote pour faire voir ses marques de distinction, déclare être le général Lauriston ; mais voilà que transversalement au sentier que nous parcourions, se présente une rue du faubourg de Leipzig qu'il nous faut absolument traverser pour reprendre ensuite la direction que nous suivions. Au moment où nous nous apprêtons à le faire, nous apercevons à quelques pas de nous, à droite, un bataillon français, précédé de beaucoup d'officiers qui s'avance par cette rue dans le plus grand ordre, perpendiculairement au sentier que nous suivions. Dès que nous nous apercevons mutuellement, de part et d'autre, nous nous arrêtons soudain; fort heureusement pour nous, les sinuosités du sentier que nous suivions et les broussailles qui le bordaient du côté par où se présentait ce bataillon, pouvait lui cacher le petit nombre de notre troupe et faire même présumer que nous étions suivis par une armée de cosaques. Le général Emanuel, sentant bien qu'il ne s'agissait point ici de tergiverser et qu'il fallait payer d'audace, profitant de l'hésitation du bataillon, s'écrie d'une voix de stentor : « Bas les armes ! ». Les officiers, en assez grand nombre, semblent conférer entre eux sur ce qu'ils ont à faire; mais l'intrépide général Emanuel, ne leur donnant pas le temps de réfléchir, leur crie de nouveau d'une voix de tonnerre : « Bas les armes, ou point de quartier »; et en même temps, brandissant son sabre, il se retourne vers son escorte faisant mine de lui commander l'attaque quand tout à coup à cette menace, comme par enchantement, tous les fusils tombent à terre, et les officiers viennent se constituer prisonniers, en remettant leurs épées entre nos mains; mais nous n'étions pas assez nombreux pour pouvoir les recueillir, aussi le général Emanuel leur dit avec noblesse qu'il les confie à leur honneur, et fait passer toute la troupe en avant : mesure indispensable pour ne pas leur dévoiler notre faiblesse numérique. C'est ainsi que nos prisonniers, ouvrant la marche, nous ramenèrent à notre camp, où on ne fut pas médiocrement surpris de nous voir revenir en si nombreuse compagnie. Pour nous, témoins de cette scène extraordinaire, nous étions encore tout abasourdis d'un résultat aussi merveilleux, et nous ne pouvions assez

admirer la présence d'esprit et l'intrépidité de notre général qui avait su tirer un si admirable parti de la
position la plus critique, où l'on se soit jamais trouvé à
la guerre. Si je me suis décidé à reproduire ces souvenirs
en langue française, c'est pour offrir un antidote à toutes
les vanteries et les contes bleus dont les écrivains français
sont si prodigues quand ils parlent de leurs exploits.
Parmi tous ces auteurs, je n'en connais pas de plus
exagéré que le général Guillaume de Vaudoncourt qui,
dans sa relation de la Campagne de Russie, voit des nuées
de *Tartares*, de *barbares*, fuyant à l'aspect de quelques
hommes; selon lui, ce n'est qu'à force de victoires, remportées par l'armée française, qu'elle a été exterminée
et chassée de notre pays : jamais le moindre revers. De
pareilles assertions ne méritent pas l'honneur d'une réfu-
tation; mais, pour contre partie, j'offre à M. le général
Guillaume de Vaudoncourt le fait que je viens de rapporter, avec la différence qu'il nous a donné de la fable
et que je lui donne de l'histoire : un chef de corps, le
général Duvenant, le major Augereau, frère du maréchal
de ce nom, vingt-deux officiers et un bataillon de plus
de 400 hommes faits prisonniers par un général *Tartare*
suivi de onze *barbares*. C'étaient pourtant des troupes de
la Grande Armée et, malheureusement, ici on ne peut
pas accuser le froid de la déconfiture. — Mais revenons
à nos prisonniers. A la fin de cette marche extraordinaire,
le général Lauriston, qui avait été jusque-là absorbé par
ses réflexions, s'adressant au général Emanuel auquel il
voyait rendre des honneurs militaires, lui demande : « A
qui donc ai-je eu l'honneur de me rendre? — Vous avez
eu l'*honneur* de vous rendre, répond celui-ci en riant, au
général russe Emanuel, accompagné de trois officiers et
de huit hommes.

Grande confusion de la part des prisonniers : mais il était trop tard; nous étions en lieu de sûreté. A la prière du général Lauriston, le général Emanuel alla remettre ses prisonniers entre les mains de Sa Majesté l'Empereur Alexandre qui se trouvait en ce moment avec le roi de Prusse sur la grande place de Leipzig, accompagné d'un nombreux et brillant état-major. C'est ainsi que le ci-devant ambassadeur de Napoléon à la cour de Russie fut admis devant l'Empereur; présentation un peu différente de celle qu'il avait eue à Saint-Pétersbourg; Sa Majesté par son affabilité et cette prévenance qu'il savait si bien lui gagner tous les cœurs, sut lui adoucir toute l'amertume de sa position. Mais tant de trophées avaient signalé cette journée que les nôtres passèrent inaperçus, et même on ignora longtemps la manière miraculeuse dont ils furent conquis.

(Prince Boris Galitzine, *Souvenirs et Impressions d'un officier russe pendant les campagnes de 1812, 1813 et 1814.* Saint-Pétersbourg, Imprimerie française, 1849.)

DU 22 AU 24 OCTOBRE

Le 8ᵉ lanciers fut réuni à un corps de cavalerie, commandé par le général Sébastiani, et ce corps marchait sur la droite de l'armée, à quelque distance d'elle, pour éclairer et protéger ses mouvements. Dans la nuit du 22 au 23 octobre, nous passâmes, sans nous en douter, au travers d'une troupe considérable de Cosaques qui, sous les ordres de Czernicheff, revenaient de Cassel, dont il avait chassé le roi Jérôme. Ils n'osèrent pas nous faire face; ils se rangèrent silencieusement dans les bois pour ne pas être aperçus; mais, dès que le jour fût venu, ils attaquèrent notre arrière-garde; alors mon cheval fut atteint d'une balle et tomba.

Je fus aussitôt entouré et fait prisonnier, dépouillé de tout ce que j'avais de précieux et presque déshabillé. Je fus conduit à Czernicheff. Il venait de faire halte dans un village pour déjeuner; il me reçut d'un air riant, et m'invita à me mettre à table avec lui et ses officiers pour prendre part au déjeuner, dès qu'il fût servi. Tous les convives, moi excepté, étaient dans la joie. Czernicheff éprouvait, disait-il, un grand plaisir de retourner en France; il espérait revoir bientôt la capitale où il s'était beaucoup diverti, dans le temps de l'ambassade du prince Kouraquin. Le repas fut court. Le général russe

eut la politesse de me faire donner un cheval pour me
conduire sur les derrières, et il se porta en avant avec
célérité. Je fus mené, par mon escorte, dans une ville
peu éloignée, où se trouvait une nombreuse colonne de
prisonniers français, parmi lesquels je fus déposé. Nous
marchâmes d'abord pendant trois jours, sous la conduite
des landwehrs allemands, qui se montraient pour nous
encore plus méchants que les Russes : ils maltraitaient
nos soldats et leur ôtaient le peu d'habillement que l'ennemi leur avait laissé.

Le troisième jour, nous nous trouvâmes dans une petite
ville de la Thuringe, dont le nom m'échappe, et où le
prince de Suède venait d'arriver; il s'était séparé des
alliés et marchait, avec son armée, sur le Holstein pour
faire la guerre au roi de Danemark, le seul prince de
l'Europe qui fût encore uni à Napoléon. Les officiers français prisonniers furent mis tous ensemble dans une grande
salle qui leur servit de prison pour passer la nuit. Un
colonel suédois, de l'état-major du prince, vint nous visiter
dans cette prison; il s'informa si l'on avait pourvu à nos
besoins, et il causa avec plusieurs d'entre nous, mais
particulièrement avec moi. Il se retira et reparut bientôt,
m'appelant de la voix et me cherchant des yeux parmi
mes compagnons d'infortune; il me commanda de le
suivre et de venir avec lui chez le prince, qui voulait
m'entretenir; un capitaine d'artillerie sollicita et obtint
la permission d'être aussi présenté au prince, disant qu'il
en était connu pour avoir servi sous ses ordres; sa demande lui fut accordée. Il était neuf heures du soir;
Charles-Jean travaillait avec un secrétaire, dans son appartement, quand nous fûmes introduits; il cessa de dicter
et nous fit mille questions diverses sur les événements de
la campagne; il voulut savoir notre avis sur la retraite et

ses conséquences probables. De son côté, il eut la complaisance de nous donner des détails sur les conférences de Prague, sur plusieurs faits importants de cette guerre. Il nous raconta comment il avait empêché l'empereur Alexandre d'accorder la trêve demandée à Leipzig. « Je savais, ajouta-t-il, que Napoléon y était encore renfermé; j'espérais alors que nous le ferions prisonnier; et c'eût été un grand bonheur pour nous et pour la France, car la guerre eût été finie. Voilà la seconde fois que nous le manquons, depuis le jour où Platow fut sur le point de le saisir à Osmiana. » Charles-Jean parlait avec vivacité, ses paroles étaient éloquentes et nous l'écoutions avec intérêt; critiquant la conduite militaire de l'Empereur, il lui attribuait nos désastres. Il nous dit tout ce qui va suivre et que ma mémoire a bien conservé :

« Si la victoire de Leipzig a pour nous de si grands résultats, si elle a fait essuyer à la France des pertes si considérables, c'est à Napoléon qu'on doit l'attribuer. Pourquoi a-t-il accepté la bataille dans des conditions défavorables et pleine de dangers en cas de revers? Un chef habile doit toujours songer à la retraite; la faute qu'il a commise ne serait pas excusable chez un général subalterne et même chez un simple colonel. Que va-t-il dire à la nation française? Que ses généraux n'ont pas fait leur devoir! Que les rigueurs d'une saison intolérable ont détruit ses soldats! Non, il a tout perdu par lui-même...

« Ici disparaît le prestige de cette grande gloire militaire par laquelle il imposait à la France, et qu'il s'est acquise en s'appropriant celle des généraux de la Révolution. Comment sauvera-t-il la France des nouveaux malheurs qui vont peser sur elle? Ne s'est-elle pas épuisée pour réparer les pertes qu'il a faites en Russie? Il ne lui reste ni soldats ni finances, voilà les suites de cette insatiable avidité de conquêtes! Nous lui avions offert la paix au Congrès de Prague, en lui laissant son royaume d'Italie et la France beaucoup plus grande que n'était l'apanage de nos anciens rois, n'était-ce pas assez pour un Corse! Un Corse qui fut assez audacieux, assez heureux pour s'emparer chez nous du pouvoir souverain. Vingt fois, aux Tuileries, j'ai été sur le point de le saisir au collet, et de lui dire comme Cicéron dit à Catilina : Jusqu'à quand abuseras-tu de notre patience! Mais j'étais seul contre le despote! J'avais parlé à Masséna, à Augereau ; ces hommes n'ont que du courage guerrier ; ils manquent de courage politique. Ah! si j'étais encore en France!

« Appelé près du trône des Vasas par les vœux de la Suède, je me dois tout entier à ma nouvelle patrie. Si je n'avais eu que mon ressentiment particulier à servir, je n'aurais pris aucune part à la guerre ; il n'est pas juste que le sang des peuples coule pour satisfaire la vengeance des princes. Mais Napoléon a insulté la nation suédoise dans son honneur et l'a blessée dans ses intérêts. Il a pris notre Poméranie ; il l'a fait occuper par ses troupes sans nous déclarer la guerre, sans daigner nous prévenir de ses intentions : s'il nous eût demandé cette province, s'il nous eût dit, elle me convient, nous la lui aurions cédée au moyen d'une transaction. Nous avons pris les armes pour venger l'outrage fait à la nation suédoise ; nous avons décidé l'Autriche, encore incertaine, à entrer dans la coalition ; nous avons combattu et la victoire a couronné nos efforts : aujourd'hui nous ne ferons plus d'accommodement que chaque peuple européen n'ait recouvré son indépendance et ses lois ; si Napoléon veut se contenter de cette belle France, telle que ses anciens rois se faisaient gloire de la posséder, nous lui donnerons la paix. »

Le prince nous dit ensuite avec émotion : « Mes amis, je n'oublie pas que je suis né Français ; mon cœur saigne des maux que je vois souffrir à mes compatriotes, je m'empresse de les soulager autant qu'il m'est possible. J'ai renvoyé un grand nombre de mes prisonniers, sur leur simple parole d'honneur. Mon respectable ami l'empereur Alexandre m'a fait prier de ne plus renvoyer personne, et je lui en ai fait la promesse. Je ne peux donc pas vous rendre la liberté, mais vous irez dans nos états où vous serez bien et où vous trouverez plusieurs de vos camarades ; vous pouvez compter sur l'espoir qu'à la paix vous serez des premiers rendus ou que vous serez échangés même avant la fin de la guerre. »

Après nous avoir adressé ces paroles rassurantes, le prince nous congédia ; il était onze heures du soir, et nous fûmes reconduits à notre gîte où nous nous livrâmes bientôt au sommeil, pleins d'une douce confiance dans les promesses que le prince venait de nous faire. L'affabilité avec laquelle il nous avait reçus, la confiance qu'il nous témoigna, la certitude que nous emportions, en le quittant, d'éprouver les effets de sa générosité, toutes ces choses n'étaient dues qu'à la bienveillance de Charles-Jean pour ses compatriotes et n'étaient sûrement pas le prix ni d'aucune révélation importante, ni d'aucuns services rendus par nous à la cause des alliés : il n'était ni dans notre caractère, ni dans nos intentions de favoriser les ennemis de notre patrie.

Le lendemain matin, le capitaine et moi, nous fûmes séparés des autres prisonniers et on nous donna, de la part du prince, une somme d'argent et un sauf-conduit signé de lui pour nous rendre dans la Poméranie suédoise ; nous engageâmes notre parole d'honneur de ne pas chercher à nous évader, et nous fûmes libres dès cet instant. Nous nous habillâmes sur-le-champ avec un peu de propreté au moyen de l'argent que nous avions reçu; nous nous promenâmes par la ville, pour goûter immédiatement cette liberté qui nous était rendue, et nous songeâmes à partir pour notre destination. Au moyen du sauf-conduit, nous étions logés, nourris sur la route aux frais des pays que nous parcourions et traités avec des égards convenables, conduits en outre de stations en stations sur des voitures qui nous étaient gratuitement fournies. Nous passâmes par Berlin, où nous fûmes bien reçus par nos hôtes. Il me sembla que la haine des Prussiens contre les Français s'était grandement calmée, depuis que ces derniers étaient malheureux.

Après un voyage qui ne fut nulle part désagréable, nous arrivâmes, à Stralsund, les derniers jours de décembre 1813.

(Drujon de Beaulieu, *Souvenirs d'un Militaire pendant quelques années du règne de Napoléon Bonaparte.*)

BATAILLE DE HANAU

30 OCTOBRE

Près de Fulda, la route serpente sur les deux versants d'un ravin ; nous remontions la pente opposée à celle que nous venions de descendre ; nous étions suivis à une certaine distance par une énorme colonne de ces soi-disant riz-pain-sels, qui se croyaient plus en sûreté en cheminant entre l'avant-garde et la grande armée, lorsque nous entendîmes un grand tumulte sur le plateau et la pente que nous venions de quitter : c'était le comte Orlow Demidow qui, avec ses Cosaques, chargeaient les malheureux riz-pain-sels. Ces pauvres gens se précipitaient tout éperdus dans les ravins ; nos cuirassiers, aux cœurs durs comme pierre, assistaient avec délice à cette scène, et battant des mains, criaient *bravo les Cosaques.*

L'Empereur coucha le 28 octobre à Schluchtern ; là on eut la certitude que l'armée austro-bavaroise, forte de quarante-cinq mille hommes et commandée par le maréchal Wrede, allait nous barrer la route de Francfort. Nous avions espéré les prévenir, ou plutôt nous n'avions pu croire encore à leur perfidie, malgré les renseignements que nous recevions depuis quelques jours. Nous poussâmes jusqu'à Gelnhausen, petite ville à six lieues de

Hanau, dans un défilé très dangereux ; le pont sur la Kinsig avait été rompu, nous fûmes arrêtés net. Sur les hauteurs environnantes on voyait quelques uhlans ivres, et
des hommes de la levée en masse qui nous tiraient des
coups de fusil. Si au lieu de ces chétifs soldats, les Bavarois avaient occupé Gelnhausen avec de bonnes troupes,
nous étions très compromis. Il y avait un certain désordre
parmi nous, et une ou deux pièces de canon nous auraient fait un mal affreux. Les ennemis s'en tinrent à de
vaines bravades dont nous ne tardâmes pas à les punir.
Les carabiniers qui formaient notre tête de colonne, jaloux de faire oublier leurs mésaventures de Leipzig, mirent pied à terre, et leurs petites carabines en main, leurs
grosses bottes aux jambes, ils montèrent à l'assaut de
Gelnhausen, ville entourée de ses vieilles murailles du
moyen âge. Ils en furent bientôt maîtres, et nous pûmes
alors passer à gué une petite rivière qui se jette dans la
Kinsig. Ce passage me fut fatal ; mon domestique qui était
toujours très malade, mais cependant encore à cheval,
conduisait mes deux autres chevaux et tous mes effets ; je
lui recommandai de ne pas me quitter en passant le gué.
Je le vois entrer dans l'eau, puis la colonne s'allonge, on
prend le trot pendant quelques minutes, je me retourne,
il n'était plus là : je ne l'ai jamais revu. Je retrouvai plus
tard miraculeusement un de mes deux chevaux. Nous
marchâmes jusqu'au près du village de Laugenselbaden,
où l'Empereur coucha, à trois lieues de Hanau. Nous
étions en colonne par quatre sur la route lorsque Napoléon arriva près de notre division, il s'arrêta ; bientôt un
officier supérieur d'état-major vint au galop du côté de
Hanau et lui fit un rapport. L'Empereur l'écouta attentivement, puis se tournant vers nous, il dit à haute voix :
« Les Bavarois prétendent nous empêcher de passer,

ils seront bien habiles ; n'aperçoit-on pas les clochers de Mayence ? »

... La journée était fâcheuse pour moi, j'avais perdu domestique et chevaux, et le seul cheval qui me restait avait un pied déferré ; lorsque notre bivouac fut établi, je courus à la recherche d'un fer, nos maréchaux n'en avaient plus. Enfin, j'en trouvai un dans la seconde brigade, mais on n'y voyait goutte, et le maréchal n'osait ferrer mon cheval de peur de le piquer. Nous allumâmes en désespoir de cause un grand feu de paille qu'on eut soin d'entretenir très clair, et on ferra mon cheval à cette lueur. Tranquille de ce côté, je m'en allai philosopher au bivouac, comparant les circonstances où j'avais vu ce pays il y a peu de mois à celles dans lesquelles je le retrouvais aujourd'hui. Moi-même alors, plein d'ardeur et d'espérances, ne rêvant que victoires et conquêtes, traversant, en imagination, l'Oder et la Vistule : aujourd'hui tournant le dos à toutes les gloires évanouies et obligés de nous ouvrir le lendemain un passage pour retrouver ce Rhin qui, depuis si longtemps, n'avait pas vu les ennemis sur ses bords. Pourquoi le tairais-je ? je pensais aussi à mon pauvre domestique, qui avait quitté sa patrie et sa famille pour me suivre, et qui, au moment de retrouver ces biens précieux, expirait chez nos ennemis.

Au point du jour, le canon nous apprit que notre avant-garde avait rencontré nos adversaires. Nos cavaliers avaient un bon bivouac, des vivres et surtout de l'eau-de-vie en abondance ; ils voyaient (en imagination toutefois), comme disait l'Empereur, les clochers de Mayence, ils étaient électrisés, et s'apprêtaient gaiement à tenter ce dernier effort.

Les Bavarois avaient leur avant-garde à Kuckingen ; notre corps et celui de Macdonald les attaquèrent à huit heures du matin et les forcèrent à se retirer. Notre artillerie d'avant-garde suivit les Bavarois et s'engagea imprudemment dans ce grand bois qu'on appelle bois de Lamboy ou de Puppen.

L'ennemi l'occupait avec des forces imposantes qui se démasquèrent aussitôt : quelques pièces furent prises, le reste rétrograda en désordre. La route qui conduit de Gelnhausen à Hanau traverse, comme je l'ai dit, de grands bois; à leur issue et en avant de la ville sont de vastes plaines; une partie de l'infanterie ennemie occupait le bois, le reste était à droite et à gauche de la Kinsig, communiquant par le bois de Lamboy.

Une superbe cavalerie et une formidable artillerie occupaient la plaine et foudroyaient tout ce qui se trouvait aux débouchés de la forêt. Cette position était très belle; toutefois, si les Bavarois avaient eu plus de résolution et eussent marché de bonne heure à notre rencontre, ils nous auraient fait un mal affreux. Dieu seul sait ce qui en serait advenu pour l'Empereur. Nous n'eûmes jusqu'à midi que quelques bataillons d'infanterie, la Garde était encore loin de nous. Nous étions en arrière du bois, l'Empereur en avant de nous, près de la lisière de la forêt. Le grand parc reculait toujours.

Nos fantassins entrèrent bravement dans les bois aux cris de : «Vive l'Empereur!» La fusillade s'engagea avec une incroyable vivacité, mais l'ennem, très supérieur en nombre, étendait ses ailes pour envelopper nos combattants; s'il y fut parvenu, notre artillerie, trop aventurée, était prise et l'armée perdue. L'Empereur vit qu'il fallait à tout prix gagner du temps pour donner à la Garde le temps d'arriver; il jette les yeux sur notre division et ordonne que deux escadrons de cuirassiers chargent en fourrageurs dans la forêt. On commande notre escadron et un de la seconde brigade ; nous partons au trot ; arrivés sur la lisière du bois, le général Sébastiani nous dit : « chargez et retardez l'ennemi. » Guidés par notre brave commandant d'escadron, le capitaine Le Fort, nous nous lançons à toute bride, le capitaine galopait en avant ; lorsqu'une balle le frappa au front, il tomba raide mort. Il avait assisté à toutes les batailles de la Grande Armée ; les cuirassiers, qui le chérissaient comme leur père, oubliant les dangers qu'ils couraient, pleuraient de rage en le voyant tomber. Ce n'était pas facile pour une faible troupe de cuirassiers, galopant dans un bois marécageux, forcés de se désunir et de se disperser, d'atteindre un ennemi qui, caché derrière les arbres, nous envoyait des balles que nous ne pouvions éviter.

Notre audace ne fut pas d'abord couronnée d'un succès complet. La vivacité du feu étonnait nos gens ; nous fûmes ramenés jusque vers la lisière du bois. Là, nous nous ralliâmes et nous fîmes une seconde charge ; elle fut plus brillante, et ceux qui y ont pris part se la rappelleront toujours ; les Bavarois fuyaient éperdus ou se jetaient à nos pieds. J'ai vu là des choses curieuses : un petit tambour qui avait perdu sa troupe s'était suspendu d'une main à la bride d'un cheval, il courait aussi vite que celui-ci galopait, et de sa main libre il ne cessait de battre la charge.

Pendant deux heures, nous restâmes dans cette malheureuse forêt, chargeant toujours. Un moment le général Excelmans vint à nous avec deux escadrons de chasseurs, nous ranimant par sa brillante valeur.

Je peux le dire, nos escadrons sortirent glorieusement de cette épreuve, mais elle nous coûta cher ; la plus grande partie de nos braves camarades tués, blessés grièvement ou démontés, disparaissait au milieu de nous. Bientôt, de tous les officiers de l'escadron nous restons deux à cheval, d'autres viennent nous rejoindre; le capitaine Thouret était du nombre; avant d'entrer dans le bois, il passe près de l'Empereur. « Allez, lui dit Napoléon, et imitez vos braves camarades, qui viennent de s'illustrer aujourd'hui. »

Nos efforts reçurent leur récompense, l'ennemi fut contenu; bientôt la vieille Garde arriva au pas de charge, et son aspect glaça d'effroi ces perfides qui, si peu de jours auparavant, combattaient encore sous nos drapeaux. Notre tâche n'était pas finie, car la cavalerie bavaroise attendait fièrement le moment où nous déboucherions dans la plaine pour forcer la route de Francfort.

Notre cavalerie fut donc réunie sur la chaussée, et formée en colonne par quatre; on formait les pelotons autant que l'espace le permettait, les débris de la cavalerie légère sur les ailes en tirailleurs. Notre division était en tête, puis venait la Garde, grenadiers à cheval, dragons, lanciers et chasseurs. Enfin l'artillerie, prête à se porter en avant aussitôt que nous aurions gagné du terrain en avant du bois.

Au signal donné, nous partons au trot; arrivés au débouché de la forêt, nous voyons devant nous toute la cavalerie ennemie, plus de huit mille cavaliers sur deux lignes, et sur leur front une artillerie formidable qui bat par ses feux convergents la seule issue qui s'offre à nous. La mitraille tombait comme la grêle; hommes et chevaux étaient écrasés pêle-mêle.

Ici encore les carabiniers commirent une grande faute; au lieu de charger à fond, droit devant eux sur les pièces des Bavarois, ils se jettent à gauche dans ce qui paraissait une verte prairie. Nous suivons ce mouvement, et nous nous trouvons dans un marais, exposés à ce feu

d'enfer sans pouvoir bouger. Heureusement que la seconde
brigade ne se laissa pas fourvoyer de même ; elle continua sur la route, le brave 5ᵉ de cuirassiers en tête, un magnifique régiment ; l'officier qui commandait le premier
peloton était au moins à quarante pas de la troupe. Nous
nous dégageons de notre marais, et tous ensemble nous
nous précipitons sur ces terribles canons ; déjà nous en
étions maîtres lorsque la première ligne de cavalerie bavaroise s'ébranlant, s'élança à toute bride pour nous repousser ; il fallut reculer, mais le but était atteint, l'ennemi venait de se placer sous le feu de ses propres
pièces, qui cessèrent de tirer dans la crainte de lui
nuire.

La cavalerie de la Garde se présenta alors. Ah ! que
c'était imposant de la voir sortir avec calme du défilé,
comme si elle était assurée de la victoire et qu'il ne fut
pas nécessaire de se hâter. Des charges superbes eurent
lieu ; un moment, cependant, toute la cavalerie fut ra-
menée dans la forêt ; il ne restait de pied ferme en avant,
à droite et à gauche de la route, que deux escadrons des
gardes d'honneur, dont les pelotons étaient encadrés par
des grenadiers à cheval. Ces jeunes gens étaient immobiles, le sabre à l'épaule ; derrière eux, deux paisibles
escadrons de chasseurs de la Garde, qui avaient serré sans
distance sur les gardes d'honneur. Il semblait que ce fut
une troupe sur quatre rangs ; les chasseurs, le sabre haut,
criaient aux gardes d'honneur : « Si vous bougez, vous êtes
morts ; restez fermes, pointez, pointez. »

Ainsi firent les gardes d'honneur, et les Bavarois, qui
arrivaient comme la foudre, vinrent faire demi-tour devant cette poignée de jeunes gens qui faisaient leur première campagne. Quand on n'est pas sûr de sa force d'impulsion, il faut opposer une force d'inertie. Bientôt une

puissante batterie établie sur notre droite acheva la défaite de la gauche de l'ennemi, qui se met en retraite, et ses équipages repassent le Mein.

Nous occupions cette plaine, où l'on prétendait nous anéantir; la victoire allait être complète, et notre gauche devait obtenir les mêmes succès que nous. Mais la nuit se faisait, et si noire, qu'elle mit fin au combat.

(Rilliet de Constant, *Journal d'un sous-lieutenant de cuirassiers.*)

Nous arrivâmes enfin à Hanau. Les Bavarois occupaient le bois devant la ville. L'attaque fut ordonnée aussitôt et bien soutenue; il fallait des prodiges de valeur pour faire reculer ceux qui trois fois plus forts que nous avaient le ventre bien garni. Le bois enlevé, nous y restâmes en colonne serrée, toujours sous un violent feu d'artillerie. Un obus tomba aux pieds du cheval de Napoléon, qui se trouvait à la droite de notre colonne entre quatre chasseurs à cheval de sa Garde. L'obus éclata en touchant terre et blessa un chasseur et son cheval. Celui que montait l'Empereur fit un écart, mais se remit aussitôt et Napoléon prit une prise de tabac; je n'étais pas à dix pas de lui et, dans ce moment, il s'approcha de nous en disant que *cinquante bras devaient tomber sans qu'une seule tête bouge.*

Le soir la route de Francfort était libre; nous restâmes couchés dans le bois. J'avais malheureusement reçu au genoux une balle morte. Cette contusion l'avait fait beaucoup gonfler. Pendant toute la nuit j'y appliquai de l'eau froide. Cela me fit du bien.

Le lendemain nous quittâmes Hanau pour aller bivouaquer au milieu des jardins et des maisons de campagne sur les glacis de la ville de Francfort.

Un officier d'artillerie de la Garde m'avait permis de monter, avec l'aide d'un grenadier resté près de moi, sur l'avant-train d'une pièce de 6.

(Scheltens, *Souvenirs d'un vieux Soldat belge de la Garde impériale.*)

A Hanau, l'Empereur dressa un plan d'attaque pour donner une leçon aux Bavarois. Il fut obligé d'employer sa Garde à ce sujet. Tout fut enlevé à la baïonnette et haché par la cavalerie. L'armée bavaroise ainsi culbutée disparut devant nous comme un nuage. Nous bivouaquâmes au milieu du champ de bataille, où les cadavres des Bavarois et leurs sacs nous servirent de traversins. Ces Bavarois, venant seulement de Munich, étaient tous équipés proprement : nous leur trouvâmes des chemises blanches que nous changeâmes aussitôt, sur les lieux, contre les nôtres, qui étaient pleines de vermine. Ce qui nous fut d'un grand secours.

Pendant le bivouac, j'aperçus près de moi un officier bavarois blessé mortellement, qui m'implora pour lui donner une goutte d'eau-de-vie pour le soulager, ce que je m'empressai de faire aussitôt. Pendant que je le secourais, je remarquai qu'il avait à ses pieds de belles bottes neuves. Voyant qu'il n'y avait plus d'espoir de guérison pour lui et qu'il ne tarderait pas à rendre le dernier soupir, j'attendis avec impatience qu'il eût expiré pour m'emparer de ses bottes : car les miennes étaient si usées qu'elles n'en avaient plus la forme et qu'il était absolument nécessaire de m'en procurer d'autres. Cet officier expira effectivement quelques instants après, et ses bottes passèrent à mes pieds.

(*Histoire militaire de J.-M. Merme.*)

Avant d'arriver à Hanau, nous avions à traverser un pays couvert de forêts qui nous dérobaient la vue de l'armée bavaroise; mais notre avant-garde ne tarda pas à la reconnaître, le 30 octobre au matin, et bientôt une vive canonnade ne nous permit plus de douter de sa présence.

Le brave général Drouot, à la tête de l'artillerie de la Garde, avait ouvert le feu contre les masses ennemies qui nous barraient la route. Une charge de carabiniers bavarois vint fondre sur ses canons et il faillit être sabré! Le corps des gardes d'honneur qui avait rejoint l'armée quelque temps avant notre départ de Dresde et qui, composé de jeunes gens de famille peu habitués au métier, avait vu ses rangs s'éclaircir plus par l'effet des fatigues et des maladies que par le feu de l'ennemi, se trouva ce jour-là en première ligne avec la cavalerie de la Garde et l'aida à repousser les charges bavaroises.

Le général Curial, qui avait repris le commandement immédiat de ses deux régiments de chasseurs à pied de la Vieille Garde, se porta à leur tête à travers les bois à gauche de la route, et, parvenus à la lisière de ces bois, nous pûmes enfin apercevoir la ville de Hanau séparée de nous par un terrain entièrement découvert. Ce fut dans ce moment que le général Cambronne, qui commandait l'un de ces deux régiments, eut son cheval tué sous lui par un boulet de canon et roula avec sa monture au fond du large fossé qui sert de clôture au bois. J'étais alors tout près de lui et je le crus tué; mais je le vis bientôt, et je le vois encore, se dégager de dessous son cheval et se relever tout sanglant, secouant les lambeaux de chair de cheval qui lui couvraient le visage, et se tâtant des pieds à la tête en disant : « Ce n'est rien, je n'ai point de mal... » Ceux qui ont connu le général Cambronne, dont on a tant parlé depuis, peuvent

seuls se faire une idée de l'aspect qu'offrait dans ce moment cette figure originale.....

Jusqu'assez avant dans la soirée, nous restâmes sur la
lisière du bois sans déboucher dans la plaine ; mais, un
peu avant la nuit, on fit un mouvement en avant, et nous
nous emparâmes d'une grande ferme dans le voisinage de
la ville. Déjà auparavant d'autres troupes avaient pénétré
par la grande route jusqu'aux premières maisons du faubourg, et on était venu dire à l'Empereur que la ville était
prise ; sur ce faux rapport, il était monté en voiture pour
y aller prendre son quartier ; mais, accueilli par des coups
de fusil, il était rentré dans les bois et était remonté à
cheval.

La nuit était à peu près close quand je fus envoyé au
général Drouot, pour lui rendre compte de l'occupation,
par les chasseurs à pied de la Vieille Garde, de cette ferme,
dont je viens de parler ; le général Drouot, se trouvant au
moment où je l'abordai mêlé à la suite de l'Empereur,
m'invita à m'approcher de Sa Majesté et à lui faire mon
rapport à elle-même... C'était la seconde fois que j'avais
l'honneur d'adresser la parole au grand Napoléon ! La
première fois avait été lorsque, cinq ans auparavant
(en 1808), à la revue de Burgos, il m'avait refusé, parce
que je n'avais pas encore de barbe, le grade de lieutenant,
ne se doutant pas qu'il avait, la veille même, signé mon
brevet, mais cette fois ce n'était plus sur ma mine qu'il
pouvait me juger, car il faisait nuit, et bien heureusement,
tant elle était triste, ma mine ! J'avais, en effet, la figure
empaquetée d'un large bandeau, souffrant horriblement
depuis plusieurs jours d'une grosse fluxion occasionnée
par le travail d'une maudite dent de sagesse qui avait
bien mal pris son temps pour percer ma gencive et qui
n'y pouvait parvenir, malgré les incisions cruciales que j'y

avais fait pratiquer à diverses reprises. Quoi qu'il en fût, je m'avançai donc, et je fis un rapport le plus brièvement que possible. Quand j'eus finis, l'Empereur répondit : « C'est bien : *dites qu'on marche sur la ville et qu'on fasse des prisonniers…* » En prononçant ces mots, il montrait du doigt la direction dans laquelle il croyait que se trouvait la ville ; moi, qui venais de la voir dans une autre direction, j'eus, sans la moindre utilité et, par conséquent, le plus maladroitement du monde, l'impertinence de le contredire, en lui répliquant que ce n'était pas du côté qu'il montrait qu'était la ville, mais bien d'un autre côté que j'indiquais ; je ne sais, en vérité, où j'avais alors l'esprit ; mais toutes les fois que le souvenir m'en revient, je me sens honteux du peu que j'en montrai dans cette occasion. L'Empereur, en face de mon assurance, se crut apparemment dans son tort ; ce qu'il y a de certain, c'est qu'il ne se fâcha point et ne répondit rien.

Je rapportai fidèlement le tout au général Curial ; mais l'ordre de marcher sur la ville ne fut pas exécuté et la nuit se passa très tranquillement. L'Empereur bivouaqua, comme nous, dans le bois, ces malheureux Bavarois ne lui ayant pas permis d'aller coucher en ville ; mais eux-mêmes l'évacuèrent cette même nuit et, au point du jour, elle fut occupée par nos troupes. Je n'y entrai pas, le général Curial ayant dû prendre sans s'arrêter la route de Francfort.

Avant de terminer mon récit au sujet de la bataille de Hanau, il ne faut pas que j'oublie l'histoire de ce pauvre père qui emportait son jeune fils, lequel venait d'avoir une jambe enlevée par un boulet de canon, lorsque ce même fils fut atteint d'un second coup de canon qui lui emporta l'autre jambe, sur le dos même de son père ! Tous deux servaient dans la Garde impériale ; leur nom 'm'échappe, mais me reviendra peut-être. Il y a peu d'années que j'ai revu le fils avec ses deux jambes de bois, ami et compagnon inséparable du peintre Gudin.

(Général baron Girod de l'Ain, *Dix ans de mes Souvenirs militaires de* 1805 à 1815.)

Parmi les militaires grièvement blessés que nous opérâmes sur le champ de bataille, je ferai remarquer un lieutenant de chasseurs à pied de la Garde qui perdit deux membres dans ce combat. Ce jeune officier, nommé Robsomen, beau-frère du général Gros. Son colonel marchait à la tête de sa colonne lorsqu'il fut atteint d'un boulet qui lui emporta l'avant-bras gauche à l'articulation du coude. On le conduisait derrière la ligne des combattants, où je le rencontrai, lorsqu'il fut atteint, à quelques pas de ma position, d'un second boulet qui lui emporta, dans sa presque totalité, la jambe droite près de l'articulation du genou. Son père, capitaine dans les chasseurs de l'ex-Garde, informé de son premier accident, était accouru à son secours; il le trouva étendu presque mort sur le sable. L'ébranlement imprimé par les deux coups de boulet dans les organes intérieurs, la perte considérable de sang qu'il avait éprouvée, le froid qu'il ressentait et les privations l'avaient réduit à cet état alarmant. Cependant le père, plein de courage et de sensibilité, chargea son fils sur ses épaules et s'empressa de me le porter pour m'inviter à lui donner mes soins.

Il était pâle, décoloré, sans chaleur, et les pulsations des artères radiales se faisaient à peine sentir. Malgré cet état de prostration extrême et d'épuisement, je sentis la nécessité impérieuse de lui amputer sur-le-champ les deux membres mutilés. Comme nous étions très près du lieu

du combat, je me trouvais seul avec un de mes élèves et
le père de ce jeune homme. Je n'osais lui faire la proposition de le tenir pendant les deux opérations graves que
j'allais pratiquer, et je cherchais en vain autour de moi
les assistants dont j'avais besoin. « Vous pouvez compter
sur moi, monsieur, me dit ce capitaine, puisqu'il s'agit de
sauver la vie à mon fils. » Celui-ci ne fit pas un cri pendant que je l'opérai, et le père montra une fermeté rare.

Je procédai d'abord à l'amputation du bras dans sa con-
tinuité ; les vaisseaux en avaient été rompus, aussi y avait-il
peu d'hémorragie. Je coupai, immédiatement après, la
jambe dans l'épaisseur des condyles du tibia, au lieu de
remonter à la cuisse, comme la blessure semblait l'indiquer. Je trouvai assez de linge sur le blessé et sur moi
pour le pansement des deux plaies résultant de l'amputation des deux membres.

Je comptais peu sur le succès de mes opérations, vu
l'état de faiblesse où était cet officier. Toutefois je con-
seillai à M. Robsomen père de chercher quelques soldats
pour transporter son fils au premier village. Je l'engageai
à se constituer prisonnier et à rester auprès de lui jusqu'à
l'époque de sa guérison, ou jusqu'à ce qu'il l'eut fait placer convenablement dans l'une des villes voisines.

Mon conseil fut suivi ; et, à ma grande surprise, ce jeune
militaire est venu me rendre visite, à son retour des prisons d'Allemagne, en octobre 1814.

(Baron D.-J. Larrey, *Mémoires de chirurgie militaire.*)

Notre brigade, qui fermait la marche de l'armée, arriva
le soir de la seconde journée de la bataille de Hanau, jusqu'à Langensecbold.

Lorsque la nuit approcha, le duc de Trévise nous fit

parvenir l'ordre de nous mettre en marche pour suivre le
mouvement général. Nous avancions par une nuit déjà
sombre, sur la grande route directe. Nos chefs, à côté
desquels je cheminais à cheval, en tête de la colonne, ne
s'expliquaient point le but de cette marche nocturne. A la
fin du jour le canon avait cessé de tonner ; mais lorsque,
sortant de la forêt de Lamboï, qui redoublait l'obscurité
du terrain, notre troupe déboucha dans la plaine, en
rase campagne, nous fûmes surpris de ne voir devant
nous aucun feu de campement nous annonçant la présence de Napoléon. Nous avions pensé cependant que
nous le rejoindrions en cet endroit. — On continua néanmoins à marcher dans les ténèbres et par la pluie. Le
chef de notre brigade, le général Marquet, avait l'ordre de
suivre sa route jusqu'à ce qu'on l'arrêtât.

Tout à coup, on entendit crier devant nous, du fond de
cette obscurité, les mots de « *Qui vive ?* » auquel notre
chef répondit, suivant l'usage, par celui de « France ! »

Un aide de camp du duc de Trévise, le colonel de Choisy,
parut alors ; notre général avait fait quelques pas au-devant
de lui ; notre colonel, le chef de bataillon et moi, les seuls
cavaliers qui fussions en tête de cette colonne d'infanterie, l'avions accompagné.

L'aide de camp nous dit, en baissant la voix pour ne
pas être entendu des soldats :

« — La ville de Hanau a été reprise par les Autrichiens
et les Bavarois ; toute l'armée de l'Empereur a continué
sa marche vers le Rhin : n'avancez donc plus sur cette
route, elle conduit droit à Hanau ; à cinq cents pas d'ici,
vous trouveriez l'ennemi en force considérable.

« — Quelle direction m'indiquez-vous ? »

« — Je dois, mon général, vous conduire à droite par
les chemins de traverse ; ils m'ont été montrés à la chute

du jour, et j'espère les reconnaître. Vous devez tourner autour de Hanau; mais nous passerons assez près de la ligne des sentinelles de l'armée ennemie.

« — Marchons donc », répondit le général.

« — J'ai encore », reprit l'aide de camp, « un ordre important à vous transmettre. — Un officier doit être laissé ici même, au point où nous allons quitter la grande route pour nous jeter dans les terres. Cet officier attendra la colonne qui va suivre, il la dirigera sur nos pas pour l'empêcher de tomber, si elle continuait à marcher droit devant elle, au pouvoir de l'ennemi ! »

« — Le duc de Trévise », ajouta l'aide de camp, « a dit que cet officier répondra sur sa tête de l'exécution de cet ordre. »

Le général Marquet me désigna pour remplir, auprès du bataillon d'arrière-garde qui nous suivait, cet office important.

« — Vous avez entendu les paroles de l'aide de camp de M. le duc de Trévise »? me dit-il.

« — J'obéirai, mon général », répondis-je.

La colonne reprit alors sa marche dans la direction indiquée. Les commandements se faisaient à voix basse, et le plus profond silence était recommandé. Dix-huit cents hommes environ défilèrent ainsi devant moi. Près de six cents devaient les suivre après moins d'une demi-heure d'intervalle, me dit-on. Bientôt la colonne tout entière eut quitté la route; elle disparut dans l'ombre et je me trouvai seul.

Je prêtai l'oreille, tour à tour dans la direction de Hanau, et du côté d'où je devais attendre la venue des Français. Les minutes s'écoulaient, je n'entendais rien. Tout à coup le bruit d'une troupe de cavalerie au galop retentit au loin, sur la route de la ville ennemie; des cavaliers accouraient… s'arrêtaient… puis reprenaient leur course en se rapprochant. Je cherchai en moi l'inspiration de ce que je devais faire. Quitter le poste qui m'était confié, nul n'en aurait eu la pensée: le sort de toute une colonne, ma responsabilité, mon honneur dépendaient de ce que j'allais faire. D'autre part, me laisser prendre maladroitement eut été tout aussi fatal à la colonne que j'attendais, et dont j'avais à guider les pas; je crus bien faire en prenant la détermination que voici :

La route sur laquelle j'avais été placé avait une teinte plus claire que les champs qui la bordaient; cette route était donc reconnaissable à une soixantaine de pas; je m'en éloignai à cette distance sans la perdre de vue et courir le risque de m'égarer. Je m'arrêtai alors au milieu d'un terrain parsemé de broussailles et de touffes de genêt; la couleur de mon manteau et celle de mon cheval m'y rendaient complètement invisible; une faible pluie, qui continuait, ajoutait à l'obscurité de la nuit.

Je distinguais pourtant les deux chevau-légers bavarois arrivés en avant du peloton qui les suivait, et s'avançant alors sur la route.

La forme des casques de ces cavaliers que je connaissais depuis la campagne de Russie, se dessinait en noir sur la faible clarté du ciel. Ils parlaient allemand, j'entendis quelques mots de ce qu'ils disaient; je ne sais du reste s'ils étaient officiers ou soldats; en tous cas, ils venaient là pour reconnaître l'approche de nos colonnes. Au bout de quelques instants, je les vis brusquement retourner en arrière, puis j'entendis toute la troupe qu'ils avaient précédée reprendre au galop le chemin de Hanau. Je retrouvai alors la place que j'avais dû leur céder un moment. Peut être avaient-ils eu à l'instant même l'indice de l'approche de notre arrière-garde; car peu après leur départ, j'entendis dans le silence profond de cette nuit, un bruissement léger, mais déjà assez rapproché : celui que fait une troupe dont les fusils se balancent en marchant.

Je poussai alors à mon tour le cri retentissant de : « *Qui vive?* » et ce fut pour moi une satisfaction indicible d'entendre celui de : « France! » répondu à mon interrogation de guerre.

Cette dernière colonne fut donc aussi détournée de la route qu'elle allait suivre et qui l'eût conduite au milieu de nos ennemis. Un officier me remplaça dans le poste que je venais d'occuper; il devait, à son tour, diriger à droite les derniers détachements de notre colonne. Nous tournâmes ensuite, comme la troupe qui nous avait précédée, autour de la ville de Hanau.

De distance en distance, nous trouvions des officiers ou des sous-officiers placés, dès la veille au soir, comme guides ou jalons, afin de diriger les colonnes retardataires arrivant à la suite l'une de l'autre. Ces dispositions, si bien calculées à l'avance par le duc de Trévise, eurent le succès désiré.

Une marche de nuit aussi prolongée est l'une des opérations de guerre les plus difficiles et les plus pénibles. Nos tirailleurs étaient exténués de fatigue par les journées précédentes; chez beaucoup d'entre eux, le sommeil, cet ennemi qui souvent triomphe des plus vigoureuses organisations, prenait tellement le dessus, que ces soldats de dix-neuf ans se laissaient tomber sur la terre détrempée par la pluie et s'y endormaient, sans que ni les ordres, ni les menaces, ni la certitude d'être prisonniers à leur réveil, les remissent debout. Les officiers eux-mêmes résistaient à peine; car le grade et la ferme volonté ne prémunissent pas complètement contre cette torpeur envahissante, mêlée de rêves confus, qui s'acharne et persévère, soit que l'on reste à cheval, soit que l'on espère lutter avec plus d'avantage en cheminant à pied, la bride à la main. Il est certain que je ne succombai point dans ce combat contre le sommeil, et que je n'eus pas la chance funeste de passer la nuit couché dans les boues de Hanau, pour me réveiller sous la lance des uhlans autrichiens. Le souvenir de cette nuit n'en devra pas moins compter parmi les plus pénibles de ceux que j'ai conservés.

Richard de Soultrait, bien qu'il portât encore le bras en écharpe, avait rejoint son régiment et assisté à la bataille de Leipzig. Je le rencontrai vers minuit pendant cette marche accablante; nous nous encourageâmes réciproquement; je lui prêtai mon cheval à plusieurs reprises. Lorsque l'ordre de faire halte nous fut enfin donné, cette arrière-garde avait accompli la tâche qui lui était prescrite.

Au point du jour, la colonne s'ébranla de nouveau, le duc de Trévise était à cheval à l'issue du chemin de traverse qui nous avait été si favorable et par lequel nous allions déboucher sur la grande route de Francfort, au delà de Hanau.

« — J'avais hier soir », dit-il à notre général, « retrouvé sur mes cartes ce chemin qui nous a tiré d'affaire; je le salue en ce moment comme une ancienne connaissance de nos premières campagnes d'Allemagne avec l'armée de Moreau. »

Le corps du duc de Trévise continua, dès ce moment, sa marche vers le Rhin.

(Baron Paul de Bourgoing. *Souvenirs d'Histoire contemporaine. Épisodes militaires et politiques.* Dentu, éditeur.)

2 NOVEMBRE

Nous touchons Cassel, la tête du pont de Mayence ; c'était déjà terre française, il nous restait une dernière formalité à accomplir avant de franchir le Rhin. Le croira-t-on ? C'était la visite de la douane ! Oui, les échappés de la Katzbach, de Leipsick, de Hanau, étaient tenus de mettre pied à terre, de défaire leurs porte-manteaux et de se soumettre à la visite des douaniers. Ces messieurs durent éprouver un grand mécompte en ouvrant le mien, gros comme un saucisson, seuls débris de ma fortune passée.

Ces ordres rigoureux émanaient directement de l'Empereur. Dès l'établissement du système du blocus continental, les maréchaux, les généraux, les colonels et surtout les employés avaient la louable habitude de bourrer leurs voitures de marchandises anglaises sur lesquelles ils réalisaient d'énormes bénéfices. L'Empereur le sut et ordonna que l'on fouillât dès lors impitoyablement tout ce qui repasserait le Rhin, généraux et soldats, « sans oublier mes propres équipages, ajouta-t-il, car c'est probablement ceux qui renferment le plus de contrebande. » Peut-être avait-il raison.

(Rilliet de Constans, *Journal d'un sous-lieutenant de cuirassiers.*)

BLOCUS D'ERFURT

(DU 24 OCTOBRE 1813 AU 15 MAI 1814.)

Le blocus d'Erfurt, qui dura près de sept mois, n'offre pas d'épisodes aussi marquants que ceux de la campagne précédente. Il est cependant du plus haut intérêt pour celui qui désire étudier le caractère du soldat français. La science de nos généraux, la patience dévouée de nos soldats, leur entrain de chaque jour, leur courage et leur fidélité, leur gaieté à supporter toutes les privations sont d'utiles leçons au jeune guerrier désireux d'apprendre les devoirs de sa noble profession dans toutes ses parties. On a dit que les Français ne sont à craindre qu'au premier choc, que les besoins matériels et les souffrances ont vite raison de leur patience et de leur fermeté. Que ce récit et celui des sièges de Mayence, Gênes, Malte, Dantzig, Hambourg, Torgau, etc., servent de réponse !

Avant d'entrer plus avant dans la narration de ce blocus, je dois payer un juste tribut de gratitude et d'estime aux deux braves généraux qui nous commandaient et auxquels je suis redevable d'obligations sans nombre.

Le comte Alexandre d'Alton, qui avait le commandement de la ville et du fort, était cousin germain du duc de Feltre. Élégant de tournure, soldat accompli, il alliait la prudence et l'habileté à l'intrépidité. Il avait pris part à l'expédition de la baie de Bantry avec son frère James, lequel fut également l'adjoint de mon père durant la dernière et si désastreuse expédition du général Hardy. Ce dernier, dans ses Mémoires, les mentionnent d'ailleurs tous deux honorablement. Il perdit un autre frère, William, aide de camp de Napoléon à Marengo, et fut lui-même aide de camp de Berthier, avec lequel il se distingua dans les campagnes d'Espagne, d'Allemagne et de Russie. Dans cette dernière, il commanda l'un des plus beaux régiments d'infanterie de l'armée et eut la cheville droite emportée par un biscaïen à l'assaut de Smolensk. Promu peu après général, d'Alton fut nommé gouverneur sédentaire d'Erfurt, commandement alors de la plus haute importance, cette ville couvrant non seulement les derrières de l'armée, mais contenant aussi des approvisionnements énormes et étant la clef des communications avec la France.

Le général Bagueris, issu d'une honorable famille de Gascogne, avait pris du service comme volontaire au début de la Révolution, et avait passé successivement par tous les grades. Pendant treize ou quatorze ans, il avait servi en qualité d'adjudant-général et de chef d'état-major en Corse, et avait fait presque toute la guerre d'Espagne. Il venait de passer général et amenait de France une belle brigade. Forcé de rester à Erfurt par suite d'une circonstance fortuite, il reçut le commandement en chef de toutes les forces de la place. Ce vieux brave avait l'âme la mieux placée et la plus pure que j'aie connue.

C'était un chaud patriote, plein d'énergie, d'une honnêteté strictement scrupuleuse et d'une vraie philanthropie. Tous deux étaient couverts d'honorables blessures.

Le lendemain ou le surlendemain de mon arrivée, le général d'Alton me procura un logement à la citadelle e ordonna à la municipalité de me fournir un lit et des matelas. Mais les habitants, persuadés que nous serions bientôt dans la nécessité de nous rendre, ne se pressaient pas d'obéir aux réquisitions. Pendant ce temps, enveloppé dans mon manteau en lambeaux et tout couvert de sang, je restai étendu deux ou trois nuits sur le pavé, grelottant de fièvre et souffrant horriblement. Je perdis patience à la fin. Rassemblant mes forces, je me rendis tout en colère à la municipalité : j'invectivai le maire dans un langage abominable et injurieux (je ne sais trop si je ne tirai pas mon sabre) et l'obligeai lui et ses acolytes à faire transporter au fort un lit et tous les objets de literie dont j'avais besoin. Après cet exploit (la seule exaction militaire qu'on me puisse reprocher), je tombai sur mon grabat presque mourant, et j'eus le délire. J'étais perdu si j'eusse été conduit en cet état à l'hôpital infecté et bondé de malades. Le général d'Alton heureusement, dont l'état-major était au complet, proposa au général Bagueris de me prendre comme aide de camp, lui affirmant de la façon la plus honorable pour moi que je pourrais lui être utile par mon zèle militaire et mes connaissances littéraires, si je revenais à la santé. Cette dernière supposition était alors peu probable; du moins, mon aspect ne pouvait guère le faire supposer. Mais cet excellent et digne homme, ému de compassion pour un blessé, jeune et étranger, me fit transporter dans son propre logement et me soigna lui-même avec la tendresse d'un père.

A mon retour à la santé, au bout de quelques jours, je trouvai mes vêtements, ou plutôt mes loques, disparus. Ce n'était pas une grande perte; je pensai que les soldats les avaient jetés. Quant à mon vieux manteau que je continuais à appeler mon « Leipzig », comme il m'entourait le corps, je le conservai de cette façon. Mais ce qui me

frappa le plus au cœur fut également la disparition de
mon sabre, ce compagnon que j'avais pu sauver au milieu
de tous mes malheurs. Mon général m'équipa à l'aide des
magasins publics avec un uniforme de simple soldat; il
me fournit également un sabre et un cheval. Cet accou-
trement bizarre était accompagné d'épaulettes. Je fus reçu
à l'état-major comme un membre de la famille et peu
après je commençai mon service. Je ne puis trop exprimer ma gratitude envers cet excellent homme. Mes occupations étaient pénibles par moments, mais fort instruc-
tives ; car d'Alton et Bagueris, tous deux officiers pleins
de vigilance, inspectaient nuit et jour l'ensemble de leurs
travaux : les batteries, les magasins, les hôpitaux.

L'ennemi avait entrepris alors un blocus en règle. Un
cordon de troupes, entourait la ville, cantonné dans les villages voisins. Le blocus fut d'abord conduit, je crois, par
le général Kleist, puis par Ziethen et à la fin par Tauen-
zien, une fois qu'il eut successivement réduit Glogau,
Dresde, Torgau, Wittenberg, Magdebourg, etc. Les troupes assiégeantes furent relevées de temps en temps;
chacune des divisions de l'armée alliée se rendant en
France, s'arrêtait quelques jours pour nous saluer d'une
canonnade et d'un bombardement. Nous remarquâmes au
début du siège qu'elles consistaient presque exclusivement en landwehr ou milice et qu'elles se gardaient exces-
sivement mal. Nous résolûmes en conséquence une sortie
pour leur apprendre à être plus circonspectes et, par une
nuit obscure, des détachements de nos trois régiments
d'infanterie, conduits par des officiers rompus à la petite
guerre d'Espagne, se glissèrent dehors, surprirent leurs
avant-postes sans donner la moindre alarme et entourèrent le village de Ilversgehofen, à un peu plus d'une
portée de canon du front nord de la ville. Avant que fut

parti un coup de fusil, des détachements furent placés en
embuscade dans les fossés ou derrière les haies d'alen-
tour pour empêcher tout secours d'arriver. Cela fait, le
village fut attaqué et incendié au même instant. Bien que
surpris en chemise, car la plupart étaient au lit dans les
maisons, les Prussiens — un corps de volontaires silésiens — firent une résistance désespérée et, refusant tout
quartier, continuèrent à tirer par les fenêtres jusqu'au
moment où les flammes les entourèrent. Nous fîmes peu
de prisonniers ; peu parvinrent à s'échapper, mais plusieurs centaines trouvèrent la mort dans les ruines fu-
mantes du village. Quoique bien faible encore, je pris
part à la sortie et courus de grands dangers en parcourant à cheval les rues pour engager l'ennemi à se rendre.
On me tira dessus et fus obligé de battre en retraite plus
vite que je n'étais venu. Mais l'alarme était donnée : tous
les postes ennemis marchaient en avant. Ils firent bientôt
demi-tour, salués de tous les côtés par le feu de nos em-
buscades. Au petit jour, nous rentrâmes dans la ville avec
peu ou presque aucune perte.

Cet exploit exaspéra le général Kleist. Il montra son
ressentiment en construisant quelques batteries d'obusiers et en commençant, le 6 novembre, un bombardement terrible sur la pauvre ville. Pendant cette scène,
j'observai : tout d'abord la supériorité des obus ordinaires
sur la plupart des engins de destruction inventés depuis.
J'ai ouï dire et lu que, pendant la bataille de Leipzig, les
alliés se servirent de fusées à la congrève et d'obus à
balles. Je répondrai qu'au milieu de ce feu violent leur
effet ne se faisait même pas sentir. Quant aux obus ordinaires, d'une construction et d'un maniement beaucoup
plus simples, ce sont des engins de destruction par excel-
lence et, comme machine incendiaire, ils mettront en feu

une ville ou un village en quelques minutes. J'en ai
acquis la preuve à Bischofswerda, à Leipzig et à Erfurt.
En second lieu, j'ai été frappé de l'effet insignifiant d'un
bombardement sur les travaux d'art d'une place fortifiée.
C'était abominable pour les habitants d'Erfurt, parce que
cela brûla un quartier important de la ville et laissa entre
celle-ci et la citadelle un grand espace vide qui nous fut
utile par la suite. C'était plutôt pénible pour ces pauvres
gens qui nous détestaient cordialement et d'une façon si
patriotique. Mais, quant à la garnison, c'est à peine si
elle en fût gênée. Quelques baraquements ou écuries et
un peu de fourrage furent incendiés; mais tout cela ne
parvint pas à diminuer nos moyens de défense. Les soldats furent un peu étonnés, le premier jour, par le nombre d'obus qui éclataient autour d'eux à chaque instant;
après quelques heures, ils n'y pensèrent plus. Des abris
furent construits à l'aide de poutres contre les remparts,
à un angle variant de 30 à 45 degrés, et ils pouvaient s'y
tenir en parfaite sécurité. Une bombe venait-elle à tomber près d'eux, ils se jetaient à plat ventre et attendaient
son explosion; elle ne pouvait les blesser dans cette position, aussi sept à huit hommes à peine en tout furent-ils
blessés. Le bombardement dura trois jours et l'ennemi
lança sur la ville environ six mille projectiles.

Pendant ce bombardement, un incident très alarmant
eut lieu à l'hôpital où les malades prirent peur au bruit
des obus qui frappaient le toit. Le général d'Alton fit
hisser un drapeau noir, mais cela ne sembla qu'attirer le
feu de l'ennemi. Les malades et les blessés, dans leur
terreur, voulurent forcer la porte et nous fûmes obligés de
les repousser, car la toiture étant en ardoises, les bombes
roulaient dessus et aucun lieu ne pouvait les mieux protéger. Pendant que nous étions sur les remparts, occupés à

contempler ce spectacle, nous reçûmes l'avis qu'un magasin de spiritueux avait pris feu et que les soldats quittaient leur poste pour courir en foule en vue de sauver ou plutôt de boire le *schnaps*. Je courus avec un autre officier, le sabre au poing, et nous barrâmes la porte : les agitateurs s'enfuirent aussitôt et nous ne les laissâmes se sauver un à un en se courbant sous nos armes qu'avec un bon coup sur la tête, le dos ou les épaules, car cela ne valait pas la peine de faire un exemple. En fait, nous eussions été en danger s'ils s'étaient tous enivrés. Tant que dura le bombardement, je ne cessai de galoper à travers la ville en portant des ordres sous le feu, tant et si bien que le danger me devint indifférent. J'aperçus dans l'une de mes courses un malheureux libraire se désespérant à la vue de l'incendie de son magasin. Je lui donnai tout l'argent que j'avais sur moi, environ 35 francs. Il me permit, par contre, de choisir autant de volumes que je pourrais en emporter. Je pris une collection de classiques latins, d'historiens et de poètes, un Dante, un Boccace, un Arioste, ce qui me procura une ressource inappréciable durant l'hiver.

Au commencement du siège, nos moyens de défense étaient nombreux. Mais un fléau secret apporté par des fuyards et des traînards de la Grande Armée, devint bientôt plus destructif que tous les efforts de l'ennemi. Le typhus se déclara dans les hôpitaux et en ville, emportant, pendant quelque temps, des centaines d'hommes par jour. Des voitures remplies de cadavres sortaient chaque matin des hôpitaux; on les jetait en tas dans de grands trous creusés pour la circonstance. Je les y ai souvent contemplés entièrement nus, changés par la décomposition, passant d'une teinte livide au vert, gelés à la dureté du marbre, ressemblant à des statues de couleur, dans toutes les attitudes contournées, causées par les souffrances de l'agonie. J'en fus moi-même attaqué au commencement du bombardement et eus une rechute sérieuse.

Je me souviens peu — ou plutôt pas du tout — de cette période, car j'eus le délire presque constamment. On m'assura que je restai en cet état vingt et un jours. Je dus sûrement la vie à la Providence qui me réservait le bonheur de revoir ma mère et de la consoler, mais aussi aux soins tendres et généreux du général Bagueris. Quand j'entrai en convalescence, l'hiver arrivait et il me prit envie de prendre des bains de neige, à la mode russe. Chaque matin, je me frottai de neige de la tête aux pieds tant que le froid persista et, tout en ne voulant point m'aventurer à recommander ce remède à autrui, il me réussit cependant fort bien, me ramenant les forces et l'appétit à un degré surprenant.

Au commencement de décembre et comme je recouvrais la santé, notre situation devint très critique. Le froid était intense et plusieurs sentinelles furent gelées. La neige tourbillonnait dans nos fossés, épaisse de plus de vingt pieds et à plusieurs endroits un ennemi entreprenant pouvait tenter d'escalader de nuit les remparts. Nous prîmes toutes les précautions exigées par l'art de guerre moderne et ancien, construisant des cavaliers, plantant des palissades et suspendant sur nos parapets de solides poutres pour les précipiter sur l'ennemi s'il tentait de nous assaillir. Mais la fièvre nous avait déjà emporté quatre à cinq mille hommes; nos hôpitaux étaient pleins. Nous n'étions pas quinze cents aptes à faire le service. Le périmètre que nous avions à garder était immense et nos soldats, que des veilles incessantes avaient exténués, étaient incapables de garder même les portes et les entrées en forces suffisantes.

Dans de telles circonstances, le général d'Alton finit par écouter les propositions répétées de l'ennemi et conduisit les négociations avec une adresse et une habileté remarquables, cachant sa faiblesse réelle par des démonstrations aussi vigoureuses que désespérées. Les conditions suivantes (que l'ennemi n'eût certes point offertes s'il eût connu notre situation véritable) furent acceptées après de longs débats :

1° Les troupes françaises devaient conserver constamment la citadelle de Pétersberg, le fort de Cyriacsberg et la colline sur laquelle ces ouvrages étaient construits, les deux cathédrales, et le cours supérieur de la rivière sur lequel était établi le moulin à eau dont la possession nous était indispensable. Toute cette étendue devait être reliée par des travaux de campagne et des palissades ; on nous laissait d'ailleurs pour leur construction tout le temps nécessaire ainsi que pour celle de nombreux nouveaux cavaliers dans la citadalle et sur la partie des remparts de la ville que nous conservions ;

2° La ville était déclarée neutre. Les alliés ne devaient pas attaquer les forts et les forts ne devaient pas tirer sur eux ; mais les hostilités continuaient sur le front donnant sur la campagne ;

3° Les malades français incapables d'être transportés devaient rester jusqu'à leur guérison dans les hôpitaux de la ville et être transportés ensuite au fort.

Grâce à cette dernière condition, nous conservâmes quelque communication avec cette partie du monde dont nous étions isolés sur le haut de nos deux rochers. M. de Turenne, officier supérieur de cavalerie, fut autorisé le 27 décembre, à porter cette convention en France. Par lui, j'écrivis encore à ma mère.

Pendant le dernier mois de notre possession de la ville,

je me rappelle de l'avoir souvent visitée et d'avoir fait
d'agréables connaissances parmi les infortunés habitants
qui avaient tant souffert. Je crois me rappeler que c'est
vers le 1er janvier 1814 que nous abandonnâmes définitivement la ville pour nous renfermer sur notre rocher.
Les Prussiens y entrèrent immédiatement. Pendant le
mouvement, les habitants s'insurgèrent, battirent quelques-uns de nos soldats et de nos commissaires employés
à lever des contributions et des réquisitions, et qui s'é-
taient attardés. Les Prussiens présentèrent des excuses
pour cet acte de violence.

Aussitôt concentrés dans la citadelle d'Erfurt, notre
situation s'améliora sensiblement. Nos malades, transportés sur le sommet de notre rocher battu par les vents,
où l'une des cathédrales fût transformée en hôpital à leur
usage, se remirent rapidement. L'ennemi remplit la ville
de ses malades, ce qui était un avantage certain pour lui,
mais aussi une garantie pour nous, et ce qui l'empêchait
de commettre la moindre violation du traité, de crainte
que nous tirions sur la ville, ce que nous étions à même
de faire à tout moment. Notre garnison était alors suffi-
sante pour nos étroites limites. Nos provisions, du fait de
notre réduction, étaient abondantes. Nous avions près de
trois cents pièces en batterie sur le seul côté par lequel
nous pouvions être attaqués. Notre situation était suffisamment étrange : — d'un côté, la paix ; les sentinelles des
deux parties se tenaient tranquillement à dix pas l'une de
l'autre ; — de l'autre, la guerre ; dès qu'un Prussien dépassait ses limites, nous tirions dessus. Toujours aux batteries, je me perfectionnai beaucoup dans le métier d'in-
génieur et d'officier d'artillerie, dont j'avais étudié les
principes à l'école de Saint-Germain. Cette occupation fût
pour moi un excellent cours d'instruction pratique. Notre

principale préoccupation consistait à entretenir le moral de la troupe dans notre espace si exigu et, dans ce but, le général d'Alton déploya tous ses moyens avec un succès merveilleux.

L'une des cathédrales, comme je l'ai déjà dit, fût convertie en hôpital. De l'autre, on fit une écurie pour nos chevaux et un théâtre. Nos ingénieurs déployèrent toute leur industrie dans l'agencement de ce dernier qui eût un aspect très suffisant, supérieur même à celui de bien des théâtres de province. Nos officiers donnèrent une ou deux représentations par semaine auxquelles les troupes assistèrent à tour de rôle et qui leur procurèrent une grande distraction. On y joua de petites comédies, des vaudevilles, des actes de Molière qui furent bien interprétés, quoique nos dames fussent obligées de se raser avant d'entrer en scène. Il y eût également des concerts et des danses. On organisa un orchestre et les vieux airs de la Révolution, la *Marseillaise* entre autres, furent ressuscités et produisirent pour un temps un prodigieux effet. Des rivalités s'élevèrent entre notre musique et celle de l'ennemi qui jouait tous les soirs la marche tyrolienne sur l'esplanade de la ville, au-dessous de nos remparts et sur la zone neutre. Nous répondions par le chant de guerre : « La victoire est à nous », qui, je le confesse, n'était pas parfaitement approprié à notre situation et qui résonnait un peu comme une rodomontade. Une autre de nos distractions, qui intrigua au début et effraya beaucoup la population d'Erfurt, fut de construire et de lancer un ballon à air chaud, du système de Montgolfier; de son côté, et en réponse, l'ennemi tirait des feux d'artifice à Cyriacsberg. La première montgolfière que nous lâchâmes répandit la terreur sur tout le pays; on ne pouvait se rendre compte du signal qu'il pouvait emporter ou du terrible engin qu'elle pouvait contenir dans ses flancs. Aussi, dès qu'elle fût arrivée à terre, les paysans s'élancèrent-ils sur elle et la mirent-ils en pièces pour les rechercher.

En inspectant ses approvisionnements, le général d'Alton ne fut pas long à s'apercevoir que la viande de bœuf allait lui faire défaut. Il fit abattre discrètement et distribuer quelques chevaux. Quand il vit que le soldat mangeait de bon cœur la viande de cet animal sans s'apercevoir du changement, il les assembla et leur avoua la chose, en leur annonçant qu'il avait de cette *viande*-là en quantité. Ils poussèrent de grands cris de joie et coururent immédiatement chercher les têtes et les sabots des chevaux qu'on avait cachés et les mirent dans leur soupe. Leur gaieté d'esprit à chaque nouvelle privation était vraiment admirable. J'ajouterai toutefois que la chair du cheval est une viande très tolérable, difficile à distinguer de celle du bœuf ordinaire : je crois que la principale raison de ne point la consommer généralement comme nourriture consiste en ce que le cheval est beaucoup plus utile et coûteux que le bœuf pendant sa vie, et qu'il a un peu plus de la moitié de la même quantité de chair sur les os.

Dans cette position étrange et isolée, j'imaginai un grand nombre d'amusements et d'occupations. J'avais une chèvre à nourrir qui me payait en lait. Mes classiques latin m'offrirent une ressource constante : je lus pour la première fois mes auteurs italiens dans leur propre dialecte. J'en étudiai leur force et leur puissance. La *Divine Comédie*, le *Roland amoureux* et le *Décaméron*, que je pouvais à peine supporter en traduction m'apparurent alors dans toute leur beauté. J'avais toujours eu un goût passionné pour la musique, mais je n'avais joué d'aucun instrument. Je m'exerçai alors à jouer sur un vieux piano relégué près de la tribune de l'orgue, d'abord de simples

sons, puis des sons harmonieux et enfin je laissai courir
mes doigts *ad libitum*.

Dès que les alliés eurent traversé le Rhin, ce qu'ils ne
tentèrent que vers le 1ᵉʳ janvier 1814, les assiégeants nous
envoyèrent une note en règle indiquant leurs progrès
qu'ils exagéraient bien entendu et que nous ramenions,
nous, à leur juste valeur. Enfin au sortir de l'hiver, se
trouvant trop faibles pour nous attaquer du côté de la
campagne et se refusant à le faire ostensiblement de
l'autre côté, ils tentèrent de se soustraire à la convention
en barrant la rivière de façon à arrêter nos moulins.
Ceci produisit d'abord une certaine émotion; c'était évidemment contre le sens, sinon contre le terme exact de
notre convention, et il fut décidé de les traiter avec nos
canons et de les forcer à renoncer à leur projet. Mais,
examen fait du terrain, nos ingénieurs nous prièrent de
laisser l'affaire à leurs soins, promettant, comme ils commandaient les régions supérieures, de tourner cet artifice
contre leurs auteurs. Nous restâmes toutefois parfaitement tranquilles, permettant aux ennemis de travailler
jusque sous notre nez. Mais dès que les eaux eurent
atteint une certaine élévation et que les moulins eussent
été arrêtés, nos ingénieurs dérivèrent cette masse d'eau
et la dirigèrent en droite ligne sur l'esplanade, entre la
citadelle et la ville, ce qui empêcha pour un jour ou deux
que ce dernier quartier fut gardé par leurs sentinelles.
L'ennemi chercha à barrer de nouveau à deux reprises
différentes et il en fut empêché chaque fois par les
mêmes moyens.

Pendant cet essai d'adresse, un petit incident excita
beaucoup de rires, remonta le moral de nos soldats et procura un soulagement sérieux à nos malades. Les pionniers
en creusant découvrirent, sous un amas de fumier et

d'ordures de toute sorte qu'ils enlevèrent, une porte de
fer et ensuite une cave énorme remplie de vins du Rhin
des meilleurs crus, ainsi qu'une grande quantité de champagne et de bourgogne. Nous en arrivâmes à conclure que
c'était un dépôt sacré, le sanctuaire du couvent, dérobé
à la vue des profanes par les bons chanoines de la cathé-
drale qui, en évacuant la place, avaient voulu le cacher
au milieu de leurs trésors les plus saints et les plus précieux. Nous ne fûmes pas longs à changer ce dépôt de
place. Chaque officier reçut une certaine quantité de bouteilles, mais la majeure partie fut réservée à l'usage de
l'hôpital. Ce nectar fut des plus efficaces pour faire disparaître la débilité résultant de la fièvre typhoïde. Nous
refermâmes ensuite la cave et remirent tout en place,
ménageant de la sorte une agréable surprise aux bons
moines à leur retour.

C'est ainsi que nous passâmes l'hiver. A l'apparition
des premières feuilles, nos soldats se jetèrent sur tout ce
qui ressemblait à une racine, à une feuille ou à un brin
d'herbe, pour le dévorer. Un grand nombre d'entre eux
furent très malades pour avoir fait bouillir de la ciguë
dans leur soupe. Je me souviens que notre cuisinier inexpé-
menté recueillit les glands d'une espèce de chêne pour
assaisonner notre bouillon de cheval ; la décoction était
aussi amère que de l'encre et cette nouvelle recette culi-
naire fut rejetée à l'unanimité avec force éclats de rire. Dès
qu'il y eut apparence dans les champs de quelque verdure
et de légumes, le bruit de la mousqueterie recommença.
Le général, bien plus pour ranimer l'esprit de ses hommes
que pour recueillir les vivres dont ils avaient besoin, les
laissa faire de fréquentes sorties dans lesquelles l'ennemi
craignant la portée de nos grosses pièces, après une courte
résistance, s'éloignait constamment de nos hauteurs.

Nous avions quelque difficulté à arrêter la poursuite. A la fin, les sorties furent répétées jusqu'à ce que nous eussions repris à la façon des sauterelles et des chenilles tout le terrain s'étendant sous nos canons. Je me rappelle une anecdote caractéristique arrivée dans l'une de ces sorties. Un parti de Cosaques, qui avait essayé de couper quelques-uns de nos rôdeurs, fut mis en fuite par une décharge de nos batteries et un cheval fut tué. On le voyait à terre des remparts, mais à une grande distance. Le lendemain matin, dès que les portes furent ouvertes, un groupe de soldats courut à toutes jambes vers les postes ennemis, les délogea après un feu vigoureux et rapporta en triomphe une tranche du cheval. C'était bien inutile; mais c'était un simple accès de gaieté. Un autre groupe le jour suivant répéta la même opération. Enfin le troisième jour, les restes mutilés de l'animal procurèrent à une troisième bande un amusement semblable. C'est alors qu'un grenadier, en signe de bravade et pour montrer à l'ennemi que c'était simplement par gloriole et non pas à cause de notre état de famine que nous mangions leur cheval, laissa un morceau de pain sur la carcasse mutilée.

Vers cette époque, le général d'Alton distribua parmi ses officiers et ses hommes des graines, et on ensemença avec tous les fossés. Cette occupation ne fut pas seulement un amusement; mais elle apporta encore un soulagement important et une nourriture salutaire à nos hommes atteints du scorbut. Nos communications avec le Cyriacsberg furent répétées journellement, et un incident curieux qui arriva un matin nous causa la joie la plus folle. De ce fort, on découvrit à l'aurore une chaise de poste côtoyant le bas de nos ouvrages de façon à éviter les avant-postes prussiens qui d'ailleurs conservaient une très prudente distance. Quelques hommes furent envoyés pour l'arrêter et ils découvrirent un jeune chirurgien de la milice prussienne paraissant très inquiet sur son sort. On l'amena à la citadelle, et il avoua franchement que, quelques jours auparavant, vers le milieu de février, il s'était échappé des mains de ces diables incarnés, les Français, à la bataille de Montmirail près Paris, l'une des plus glorieuses victoires de cette mémorable campagne de Napoléon, et que ces mêmes diables chassaient tout devant eux. Il s'était procuré une chaise de poste, et de peur d'être renvoyé aux misères et aux dangers de la guerre qu'il décrivit sous les couleurs les plus sombres, ou d'être arrêté comme déserteur, il évitait tous les postes militaires qu'il trouvait sur sa route lorsque, à son grand étonnement, il trouva un corps français au cœur même de l'Allemagne et tomba en son pouvoir. On le renvoya comme inoffensif et on lui aurait rendu sa chaise de poste si, pendant que le général l'interrogeait, son cheval n'avait pas été dépecé et mangé par la garnison de Cyriacsberg.

Notre sort toutefois paraissait entouré de destinées plus élevées, et cette lueur momentanée de bonne fortune s'assombrit vite. Au milieu de mars, l'ennemi nous transmit la nouvelle des victoires de Blücher, victoires évidemment très enflées et reçues par nous avec une incrédulité tout aussi exagérée. Nous apprîmes les revers de notre dernière armée, la prise de Paris le 30 mars, l'abdication de Napoléon ainsi que la défection de ces beaux parleurs et de ces conseillers que l'Empereur avait élevés à un si grand pouvoir et à une si haute situation. Les ennemis ne cessèrent point de nous engager à déserter une cause perdue et à subir notre destinée. Enfin, l'arrivée des Bourbons, l'abdication de Napoléon le 6 avril, la reconnaissance par la France entière de la nouvelle dynastie et le départ de l'ex-Empereur pour l'île d'Elbe nous furent encore annoncés, une seconde fois annoncés, et toujours sans arriver à nous convaincre. On nous répéta que nous étions seuls à lutter contre le gouvernement nouvellement établi en France aussi bien que contre l'Europe entière; on nous menaça même d'être exclus, par suite de notre obstination, de tout traité et d'être envoyés en Sibérie. Notre fermeté ne nous abandonna quand même pas.

Nos approvisionnements commençaient à manquer; nous étions réduits à seize ou dix-sept chevaux étiques, les étrangers commencèrent à déserter nos rangs bien que nous eussions passé par les armes comme exemple une sentinelle qui avait tenté de passer à l'ennemi pendant sa faction. L'ennemi, par une insulte cruelle, rassembla une douzaine des déserteurs sur l'esplanade, sous les murs de la citadelle et sur la zone neutre, et leur prépara un grand festin accompagné de musique, de discours et de chants. Nos soldats s'exaspérèrent à cette vue et nous pûmes difficilement les empêcher de se précipiter pour les prendre. Le général m'envoya porter au commandant prussien une requête impérative pour arrêter cette scène aussi méprisable qu'anti-militaire et pour retirer ces misérables, lui faisant savoir en outre que s'il n'obtempérait pas, il considérerait la convention comme nulle et mettrait le feu aussitôt à la ville. Dès que j'arrivai aux barrières, les déserteurs se levèrent et s'enfuirent; le commandant prussien me répondit d'une manière évasive, mais ne fit rien pour qu'un spectacle aussi scandaleux ne blessât pas nos yeux. A cette époque, nous agitâmes les projets les plus désespérés tels que de sortir et de nous diriger sur le Rhin, car nous continuions à croire à toute l'exagération des rapports que nous faisait parvenir l'ennemi; et cela bien que les journaux de Paris nous fussent transmis. A la fin, le général d'Alton

consentit à négocier à la condition que deux officiers, l'un
français, l'autre prussien, fussent envoyés à Paris et qu'ils
rapportassent à l'un et à l'autre des partis en présence,
les ordres définitifs de leur gouvernement respectif. Je
ne puis exprimer combien je fus flatté du choix que fit le
général d'Alton de ma personne pour cette mission déli-
cate. Je me figure qu'il avait pour moi confiance et estime
et qu'il comptait sur ma prudence et ma discrétion. Je
crois également qu'il pensa aimablement à ma pauvre
mère et à la joie qu'elle ressentirait en me revoyant.

Je reçus du général des instructions verbales sur ce que
j'aurais à faire et à dire en quelque hypothèse que ce soit
et des ordres que j'aurais à donner en vue de l'adhésion
de la garnison au nouveau gouvernement, au cas où les
nouvelles que nous avait communiquées l'ennemi se trou-
veraient confirmées ; nous ne pouvions pas décemment
séparer notre cause de celle de la France. Je pris un état
précis de nos forces, de nos moyens de défense et de
notre situation à Erfurt pour en faire part au gouvernement français (quelqu'il fût). — Par crainte d'accident, je
les inscrivis en latin comme des annotations marginales
sur les pages de mes *Commentaires de César*. Le tableau
suivant démontrera à quelle force numérique nous étions
alors réduits :

BATAILLONS	RÉGIMENTS	OFFICIERS	SOUS-OFFICIERS	TROUPE
3.	2ᵉ régiment d'artillerie de marine.	59	82	387 h.
1.	15ᵉ régiment d'infanterie.	21	35	243
1.	49ᵉ *id.*	21	33	202
1.	77ᵉ *id.*	22	30	199
Détachement..	Artillerie, train d'artillerie et travailleurs . .	8	10	123
Détachement..	Sapeurs et pontonniers.	8	18	197
Détachement..	Cavalerie.	8	15	99
		147	223	1450
Total. . . .		1820 h.		

N. B. — C'était les restes de huit à neuf mille hommes. — Aussitôt que les malades sortaient de l'hôpital, ils étaient incorporés dans l'un de ces corps.

Le 26 avril, juste un an jour pour jour de mon départ de ma garnison de Gray pour la Grande Armée et six mois environ depuis que j'étais entré à Erfurt, je partis accompagné d'un aide de camp prussien pour retourner en France par la même route que j'avais prise au départ. Je ne puis ou ne saurais dépeindre la nature de mes émotions à la vue des humiliations que subissait la France et des troupes alliées installées triomphalement à Paris. Je dois cependant déclarer que, loin d'avoir été molesté, je fus traité par tous les officiers étrangers avec une courtoisie presque obséquieuse. Les alliés semblaient extrêmement désireux, surtout les Russes, de se concilier les Français. Ils les prisaient hautement, mais ne se faisaient pas scrupule d'exprimer une opinion diamétra-

lement opposée sur leurs auxiliaires, les Allemands. —
« *Si nos deux nations étaient unies,* — répétaient-ils fréquemment, — *nous pourrions dicter des lois à l'univers.* »
En passant par Metz, je rendis visite à un guerrier illustre
par ses exploits de début aux armées de la République et
ensuite simplement fameux par son immense fortune et
sa sordide parcimonie, le maréchal Kellerman, duc de
Valmy. Je voulais d'abord lui présenter mes hommages
et obtenir de lui quelques informations sur l'état présent
des affaires. Il m'invita à dîner; il y avait comme convives
une douzaine d'officiers. Le dîner fut médiocre et silencieux. Chacun de ces messieurs avait une petite demi-
bouteille de vin du pays. Mais le maréchal, auquel Napoléon avait donné le riche vignoble de Hochheim, se fit
apporter une bouteille de ce vin exquis; il en but, mais
n'en offrit pas une goutte à aucun de ses convives. Je dois
confesser que je n'appris pas plus tard sans plaisir que
les alliés lui avaient confisqué cette propriété. De là, traversant des nuées de Cosaques, je me lamentai à l'aspect
des ruines de la Champagne et fis mon entrée à Paris au
commencement de mai.

A mon arrivée à Paris, ma première visite fût pour ma
mère, que j'embrassai à la hâte (il n'est pas besoin de
m'appesantir sur les sentiments mutuels que nous res-
sentîmes). Puis, me rendant chez le général Dupont, alors
ministre de la guerre, je le mis au courant de notre situation. Il me présenta au comte d'Artois auquel je donnai
l'adhésion de notre garnison. Le 5 mai, je reçus l'ordre
de retourner immédiatement à Erfurt par Wurtzbourg.
J'emportai, pour les gouverneurs de ces deux forteresses,
les généraux Thureau et d'Alton, des instructions portant
de les évacuer après les avoir remises aux Bavarois et
aux Prussiens, et de gagner Strasbourg avec leur garnison

respective. Du consentement et avec l'approbation du roi
de Prusse, nous devions emmener avec nous toute l'artillerie et les magasins militaires d'Erfurt, artillerie et magasins d'ailleurs d'origine française. Je me rendis en poste à
toute vitesse à Strasbourg et delà je continuai nuit et jour
sur Wurtzbourg. Je communiquai mes ordres au général
Thureau et partis pour Erfurth où j'arrivai vers le 10 ou
le 12 mai. Les Prussiens étaient alors aussi flatteurs et
complimenteurs qu'ils avaient été insolents. Ils firent à
la citadelle un repas de viande de cheval. Ils admirèrent
nos théâtres, nos inventions. Quand nous leur dîmes que
nous avions enterré six mille hommes, ils nous déclarè-
rent que le blocus leur en avait coûté treize mille. Nous
avions deux cents pièces d'artillerie à transporter à Strasbourg d'après la convention; mais les chevaux et l'argent
nous faisaient défaut. Ils nous offrirent immédiatement
de laisser au fort une compagnie de notre artillerie pour
garder ces pièces jusqu'à ce que nous pussions nous procurer des moyens de transport. Rassurés sur ce point,
nous partîmes, le 16 mai, en bon ordre avec nos couleurs
flottantes, n'emportant avec nous que six pièces de campagne et notre bagage personnel. Le second jour, nous
fûmes rejoints par nos artilleurs que les Prussiens avaient
renvoyés sans plus de cérémonie aussitôt que nous avions
été hors de vue. Je ne sais si cette artillerie a jamais été
réclamée par le gouvernement français ou si satisfaction a
jamais été demandée pour cette insulte. A cette occasion, je
dois répéter que le caractère prussien, sur lequel a déteint
le despotisme militaire rigoureux de son gouvernement,
n'est ni aimable ni généreux. Les Prussiens n'ont ni la
politesse ni les sentiments d'honneur des Français, ni la
bonne nature, pleine de rudesse, des Autrichiens et des
Allemands. Fiers et insolents dans la prospérité, plats

dans l'adversité, ils sont universellement détestés par
tous leurs voisins.

Dans notre marche, nous formions un solide petit corps
de 1.800 hommes présentant l'aspect d'une troupe disci-
plinée et bien entraînée. Nous étions fiers d'être les tout
à fait dernières troupes à avoir conservé intact l'honneur
de la France et de nous être rendus finalement non point
à l'ennemi, mais au vœu de notre propre nation. Partout
nous fûmes reçus avec déférence et politesse. C'était, je
pense, le troisième jour après notre départ que je fus
détaché pour préparer notre logement à Meiningen. Cette
jolie et romantique vallée, située au centre des montagnes
d'Hercynie, forme une principauté de 30.000 âmes sous la
régence d'une femme respectable et excellente, la duchesse
douairière de Saxe-Meiningen, le souverain le duc Ber-
nard, son enfant unique, n'ayant à cette époque que huit
à dix ans. Je fus logé chez le premier ministre, un bon
vieux baron, qui exerçait dans ce petit gouvernement des
fonctions multiples. Il était à la fois ministre, chambellan,
maître des cérémonies, majordome, magistrat de police,
et ambassadeur quand s'en trouvait l'occasion, comme
au congrès de Vienne ou ailleurs, par exemple. En
cherchant un emplacement favorable pour parquer notre
artillerie, je n'en trouvai point d'autre que le parc de
la duchesse. Ceci mit le pauvre baron dans des transes ;
il exerça toutes ses facultés de diplomate à me convaincre
que je devais placer nos pièces sur la place du marché,
au milieu de la vile populace de la cité, cherchant à me
démontrer combien c'était contraire aux dignités et privilèges de l'Empire. Je fus inflexible, lui assurant que nos
canons se tiendraient très tranquillement et très innocem-
ment dans le parc, que d'ailleurs j'étais tout à fait certain
que Son Altesse prisait trop les existences de ses sujets

pour permettre que de tels dépôts de poudre fussent laissés sur une place publique. Son Altesse se vengea d'une façon très flatteuse de mon manque de considération pour ses privilèges féodaux. A l'arrivée de la troupe le lendemain, elle invita les deux généraux avec tout leur état-major et nous reçut avec une hospitalité tout à fait aimable.

Après le dîner, elle nous convia à une promenade dans le parc sans faire la moindre allusion par un simple mot au spectacle déplacé de notre artillerie au milieu de ses orangers et de ses buissons de rosiers. Pendant que nos officiers généraux s'entretenaient avec la duchesse, j'eus, ainsi qu'un aide de camp, mon camarade, l'honneur d'escorter les deux jeunes princesses Ida et Adélaïde, aussi aimables, simples et sans prétention qu'elles étaient accomplies et charmantes.

Cette petite cour ne montrait aucune des formalités ennuyeuses de l'étiquette allemande. La réception était plutôt celle d'un gentilhomme campagnard que d'un prince souverain.

Nous fîmes halte un jour ou deux à Wurtzbourg, où nous nous réunîmes à la garnison et au général Thureau. Nous présentions alors un très imposant effectif de près de 3.000 baïonnettes avec lequel nous traversâmes les riches vallées du Palatinat et du grand-duché de Bade.

Je me souviens d'avoir logé une nuit au château du prince de Salm-Reifferscheid-Bedbur dont le nom m'a frappé par sa rudesse teutonique. Nous n'y trouvâmes point la même hospitalité qu'à Meiningen, parce que le maître de céans était absent et que la place était absolument démeublée.

Le dernier jour de la marche fut marqué par un incident qui faillit tourner au tragique. Comme nous approchions

du pont de Kehl, je fus soudainement saisi de voir une
grande agitation sur le front de notre colonne. Nos troupes
couraient, se formaient rapidement en ligne sans commandement; de leur côté, nos canonniers mettaient en
batterie et pointaient leurs pièces. J'accourus avec l'état-
major. Nous trouvâmes nos soldats dans la plus grande
irritation. Un régiment du duc de Bade s'avançait vers
nous les schakos ornés d'un rameau, comme c'est l'habitude allemande lorsqu'on rentre dans ses foyers à la fin
d'une campagne. Nos soldats se crurent insultés et tous
nos efforts parvinrent à peine à les empêcher de charger.
Les Badois se montèrent aussi de leur côté et quand leurs
officiers connurent la cause du tumulte, ils présentèrent
leurs excuses, protestant que ces rameaux n'étaient pas
un signe de triomphe, qu'il ne les portaient que par suite
d'un vieil usage du pays en honneur de la paix, qu'ils
n'avaient pas eu l'intention de nous insulter, mais que,
puisque nous considérions ce signe comme une offense,
ils consentaient à l'enlever. Ainsi firent-ils. Ils s'avancèrent, nous saluèrent nous et nos soldats qui continuaient
à grommeler et à froncer le sourcil, puis défilèrent devant
nous.

Arrivés à Strasbourg, je partis à cheval pour Paris,
courant la poste, nuit et jour, pour gagner du temps.
J'eus encore des sentiments amers à maîtriser en traversant les armées alliées qui couvraient les routes de
Bourgogne et de Champagne. Mais, tout le long du chemin, je reçus d'elles de grandes marques de civilité et
d'attention. L'un des plus cruels moments de ce voyage
fut celui où je rencontrai les braves lanciers polonais avec
lesquels j'avais si souvent combattu. Engagés au service
d'Alexandre, ils s'en retournaient avec des contenances
abattues et désappointées. Mais cependant leur figure

s'éclairait lorsqu'ils criaient : « Vive l'Empereur ! » (*Pas l'Empereur de toutes les Russies.*)

En arrivant à Paris au commencement de juin, je me jetai dans les bras de ma mère, fermement convaincu que de longtemps nous ne serions plus séparés. Ainsi se termina ma seconde campagne.

(Traduit de l'anglais de *Life of Theobald Wolfe Tone,* — edited by his son William Theobald Wolfe Tone, with a brief account of his own Education and Campaigns under the Emperor Napoléon — Washington, Gales and Seaton. 2 vol. in-8°, 1826.)

TABLE DES MATIÈRES

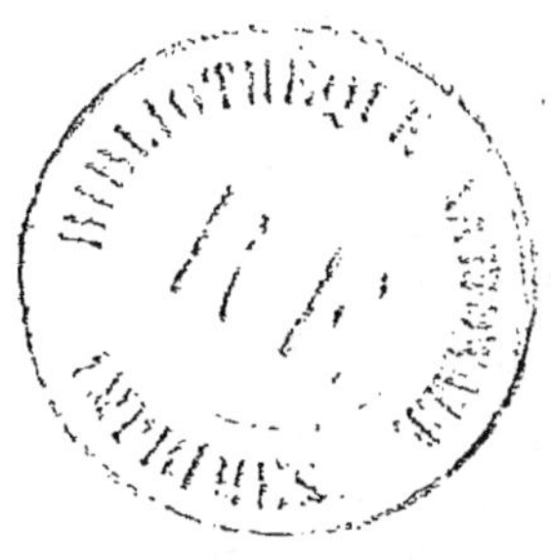